Einer unter 6 Milliarden

Ein Projekt von Yann Arthus-Bertrand und der Organisation GoodPlanet
Durchführung: Sibylle d'Orgeval und Baptiste Rouget-Luchaire

Aus dem Französischen von
Elsbeth Ranke und Stephanie Singh

KNESEBECK

UND WIE WÜRDE IHRE

Machen Sie mit beim Projekt »Einer unter 6 Milliarden« und beantworten Sie

Zu Beginn des Interviews wird der Befragte gebeten, sich vorzustellen und Name, Alter, Beruf, Familienstand und Staatsangehörigkeit anzugeben.

Was ist Ihr Beruf? Mögen Sie ihn?

Was bedeutet Ihnen die Familie?

Was möchten Sie Ihren Kindern mitgeben?

Was haben Sie von Ihren Eltern gelernt?

Worüber lässt sich nur schwer mit seinen Kindern sprechen? Und mit seiner Familie?

Was macht Ihnen am meisten Freude?

Wovor haben Sie am meisten Angst?

Worüber empfinden Sie die größte Wut?

Wovon träumten Sie als Kind?

Was ist heute Ihr größter Traum?

Was haben Sie aufgegeben?

Sind Sie glücklich? Was bedeutet für Sie Glück?

Was würden Sie an Ihrem Leben gerne verändern?

Was ist für Sie Liebe? Finden Sie, dass Sie genug Liebe geben und bekommen?

Worüber haben Sie zum letzten Mal hemmungslos gelacht?

Wann haben Sie zum letzten Mal geweint? Warum?

Was war die schlimmste Erfahrung, die Sie in Ihrem Leben machen mussten? Was haben Sie daraus gelernt?

Haben Sie Feinde? Warum?

Worüber empfinden Sie die größte Wut? Und warum?

Wofür wären Sie bereit zu töten? Wofür würden Sie Ihr Leben geben?

ANTWORT LAUTEN?

den Fragebogen unter: www.goodplanet.org oder www.6milliardsdautres.org

Fällt Ihnen das Verzeihen leicht? Was könnten Sie niemals verzeihen?

Fühlen Sie sich frei? Worauf in Ihrem Alltag könnten Sie nicht verzichten?

Lieben Sie Ihr Heimatland? Hatten Sie schon einmal das Bedürfnis, Ihr Land zu verlassen? Warum?

Was bedeutet Ihnen die Natur?

Hat sich die Natur seit Ihrer Kindheit verändert? Und was tun Sie, um sie zu schützen?

Haben Sie ein besseres Leben als Ihre Eltern? Inwiefern?

Was bedeutet Ihnen Geld? Warum?

Was ist für Sie Fortschritt und was erwarten Sie davon?

Wer ist der größte Feind der Menschheit?

Wer ist der größte Freund der Menschheit?

Warum führen die Menschen Krieg? Was kann man tun, damit es weniger Kriege gibt?

Verantworten Sie sich in Ihrem Alltag vor einem Gott?

Was glauben Sie, was nach dem Tod geschieht?

Kennen Sie ein Gebet? Können Sie es mir aufsagen?

Worin besteht für Sie der Sinn des Lebens?

Welche Botschaft oder welche Frage haben Sie an Ihr künftiges Publikum?

Wie heißt Ihr Lieblingslied? Singen Sie es mir vor ...

Was halten Sie von diesem Interview, diesem Austausch? Was, meinen Sie, soll damit bezweckt werden?

Möchten Sie zum Schluss noch etwas hinzufügen?

»EINER UNTER

6 Reporter / 4 Jahre Drehzeit / 75 Länder / 5000 Interviews
über 50 Stunden Video / erste Ausstellung im Pariser Grand
von 30 Themenfilmen / über 20 Filmstunden / Homepage:

Am Anfang stand eine Hubschrauberpanne, irgendwo in Mali. Während ich auf den
Piloten wartete, unterhielt ich mich einen ganzen Tag lang mit einem Dorfbewohner.
Er erzählte mir aus seinem Alltag, von seinen Hoffnungen, seinen Ängsten: Sein einziger
Ehrgeiz bestand darin, dass seine Kinder zu essen hatten. Bei dieser Unterbrechung
meiner Arbeit für eine Zeitschrift befand ich mich plötzlich mitten in den elementarsten
Sorgen. Und er blickte mir offen in die Augen, ohne Klage, ohne Forderung, ohne Groll.
Ich war aufgebrochen, um Landschaften zu fotografieren, und ich wurde gefangen vom
Gesicht dieses Mannes, von seinen Worten.

Als ich später für meine Arbeit an *Die Erde von oben* rund um die Welt flog, fragte ich
mich oft, was ich von den Männern und Frauen, die ich zu Gesicht bekam, wohl lernen
könnte. Ich träumte davon, sie reden zu hören, zu ermessen, was uns verbindet. Denn
von oben betrachtet sieht die Erde aus wie eine grenzenlose Fläche, die wir miteinander
teilen. Sobald ich aber landete, begannen die Schwierigkeiten. Ich war mit den starren
Behörden jedes Landes konfrontiert und vor allem mit der Wirklichkeit der Grenzen,
die die Menschen gezogen hatten, dem Symbol dafür, wie schwer sich zusammenleben
lässt.

Wir leben in einer unglaublichen Zeit. Alles geht wahnsinnig schnell. Ich bin 60 Jahre
alt, und wenn ich denke, wie noch meine Eltern lebten, kann ich es kaum fassen. Wir

6 MILLIARDEN«

/ 43 Sprachen / 40 Fragen / 3500 Stunden Filmmaterial /
Palais vom 10. Januar bis zum 12. Februar 2009 / Vorführung
www.goodplanet.org oder www.6milliardsdautres.org

verfügen heute über fantastische Kommunikationsmittel: Wir können alles sehen, alles erfahren, und niemals waren derart viele Informationen im Umlauf. Alles das ist sehr positiv. Und doch – und genau da liegt die Ironie – kennen wir unsere Nachbarn noch immer genauso schlecht. Dabei besteht heute der einzig mögliche Schritt darin, auf den anderen zuzugehen. Ihn zu verstehen. Denn bei allen künftigen Herausforderungen, sei es die Armut oder der Klimawandel, können wir nicht mehr allein kämpfen. Die Zeiten sind vorbei, in denen man es sich erlauben konnte, nur an sich selbst zu denken, nur an seine Dorf- oder Volksgemeinschaft. In Zukunft können wir das, was uns verbindet, genauso wenig ignorieren wie die Verantwortung, die darin liegt.

Wir sind über sechs Milliarden Menschen auf der Erde, und eine nachhaltige Entwicklung wird es nicht geben, wenn wir es nicht schaffen, zusammenzuleben.

Deshalb liegt mir *Einer unter 6 Milliarden* so am Herzen. Ich glaube daran, weil es jeden Einzelnen von uns betrifft und weil es eine Aufforderung zum Handeln ist. Ich hoffe, dass alle hinausgehen und ihrerseits jemandem begegnen möchten, ihrerseits dem anderen zuhören, hoffe, dass sie *Einer unter 6 Milliarden* weiterleben lassen, indem sie selbst die Fragen beantworten und damit ihren Wunsch zum Ausdruck bringen, zusammenzuleben.

Yann Arthus-Bertrand

DIE MENSCHHEIT IN DEN AUGEN DER MENSCHEN

Wie alle geschlechtlichen Lebewesen lebt und stirbt auch der Mensch. Nur seine Gesamtheit, die Menschheit, kann überleben. Die aufeinanderfolgenden Generationen begnügen sich nicht damit, gegen den Verschleiß der Zeit anzukämpfen, indem sie die kollektive genetische Grundausstattung weitergeben; vielmehr nutzen sie die wenige Zeit, die ihnen zusteht, zur Bereicherung des Schatzes an Fragen und Einsichten, an Emotionen und Aufbegehren, an schöpferischen Werken und Momenten der Überwältigung – seit Jahrtausenden wächst dieser Schatz und wird heute unter den derzeit sechs Milliarden Vertretern unserer Spezies ausgesät.

Wir waren in der Lage, diese Menschheit aufzubauen, auszuformen, weil der Natur ein paar Fehler unterliefen; über den Weg der Mutationen hat uns der Zufall ein überentwickeltes Gehirn verschafft, das es uns ermöglicht hat, eine unerreicht ausgeklügelte Sprache herauszubilden. Worte und Blicke machen unsere Begegnungen zu einem schöpferischen Ereignis, aus dem in der Synthese ein unendlich reicheres Wir entsteht als das Du und das Ich allein. Indem ich im anderen den erkenne, der mir hilft, mehr zu sein als ich selbst, entkomme ich dem vorprogrammierten Schicksal, das der Kosmos jedem seiner Elemente auferlegt. Als Werk von Menschenhand ist die Menschheit zur Prägeform jedes einzelnen Menschen geworden; und erst durch sie wird er zur individuellen Persönlichkeit.

Von diesen anderen, die unser Urquell sind, sehen Sie hier einige Beispiele; sie sind bereit, uns offen in die Augen zu schauen, uns auf den Grund ihres Wesens blicken zu lassen. Jeden von ihnen sehen wir mit dem Reichtum seiner persönlichen Geschichte, die aus Begegnungen besteht. Doch er weiß gar nicht, dass er noch reicher ist: durch all die Verbindungen, die seine Gedanken mit den Gedanken der anderen geknüpft haben, egal ob mit Zeitgenossen oder mit Älteren. Er hat sie nicht immer ausgesprochen, doch bei tausend Gelegenheiten sind sie in ihn eingedrungen und haben alles Material, alle Geheimnisse mitgebracht, die zur Herausbildung dieses einmaligen Wesens geführt haben, dieses vorläufigen Schlusspunktes eines Stammbaums, der die gesamte Menschheit umfasst. Wenn ich ihm zuhöre, ihn ansehe, begreife ich, dass der verschlungene Pfad seines Lebens sich mit meinem eigenen Pfad hätte kreuzen können.

Sie und ich haben eine gemeinsame fixe Idee: die Zukunft. Diese Zukunft, die nicht existiert, deren künftige Existenz wir, die Menschen, aber erfunden haben, sie alle möchten sie zähmen wie ich. Die Vergangenheit ist unverrückbar; die Gegenwart entflieht uns, und nur die Zukunft hängt von uns ab; geben wir uns die Fähigkeit, sie zum Anbruch des neuen Tages zu machen.

Albert Jacquard

Hazel

Lebt in der Türkei

Als ich klein war, wollte ich unter einem Regenbogen hindurchgehen, ... in der Hoffnung, so schnell wie möglich zur Frau zu werden.

Porträt / Ich bin 1975 in Istanbul geboren, ich bin 31 Jahre alt, ich bin Wassermann, meine Familie stammt aus Erzincan, ich bin Alevitin, ich habe einen Gymnasialabschluss, ich lebe bei meiner Familie. Für die Türkei und eine kosmopolitische Stadt wie Istanbul kann ich sagen, dass ich die einzige Transsexuelle bin, die bei ihrer Familie lebt und sich nicht prostituiert. Ich habe mich dafür entschieden, bei meiner Familie zu bleiben. __ Mein Vorname ist Hazel. Wie alle Menschen habe ich Zukunftspläne: Mein Ziel lautet, Frau zu sein, wie eine Frau zu leben; ich werde wohl niemals Mutter sein, denn ich kann nicht gebären, diesen Luxus habe ich nicht; um meinen Wunsch, Mutter zu sein, zu befriedigen, werde ich nur den Kindern meiner Freundinnen Liebe und kleine Aufmerksamkeiten schenken können.

Erinnerung / Ich ging aufs Gymnasium, ich hatte gute Noten, nie im Leben habe ich die Schule geschwänzt, immer war ich da. Doch wegen meiner besonderen Situation haben meine Lehrer mir gesagt: »Stell dir einen großen Korb Orangen vor; sie sind alle ganz frisch, nur eine ist verfault; diese eine Orange bist du. Und du musst gehen.« Das werde ich nie vergessen ... Sie haben mich von der Schule geworfen. Mein Schulleben war aus, aber ich habe mich nicht unterkriegen lassen, ich habe die Prüfungen extern abgelegt. Ich habe das Gymnasium abgeschlossen. Trotzdem war das wie ein Messerstich, der mich für mein Leben verletzt hat. __ Mein sexuelles Verhaltensmuster fiel meiner Familie auf, als ich drei Jahre alt war. Ich kam sofort zu einem Psychiater und zu einem Urologen. Während meiner Schulzeit ist das Problem wieder aufgekommen, schon mein alter Lehrer sagte zu meiner Mutter: »Ihr Kind ist anders, Sie müssten es jemandem zeigen.« Mein Fall hat sich nicht gelöst, er dauert bis heute an, und ich bin zu dem Menschen geworden, der ich bin. Ich bin eine Frau, die in einem Männerkörper eingesperrt ist.

Kinderträume / Als ich sechs oder sieben Jahre alt war, träumte ich von Hochzeitskleidern, ich schob mir einen Ball unter die Kleider und spielte eine normale Geburt nach, ohne Kaiserschnitt. Ich nahm die Kristalle der Deckenlampe, machte mir Ohrringe daraus, ich klaute meiner Schwester ihre Monatsbinden, goss Farbe darauf, als könnte ich meine Regel haben. Ich bin sehr verträumt. Vielleicht haben mich diese Träume bis hierher gebracht. __ Als ich klein war, wollte ich unter einem Regenbogen hindurchgehen: In der Türkei gibt es eine Art Aberglauben, wonach ein Mann, der unter einem Regenbogen hindurchgeht, zur Frau wird, und umgekehrt. Nach jedem Regen wartete ich auf einen Regenbogen, ich lief los wie eine Verrückte, in der Hoffnung, so schnell wie möglich zur Frau zu werden.

Familie / Ich würde gerne eine eigene Familie gründen: ich, mein Freund und unser Kind. Die Familie ist für mich eine ganz besondere Institution, vor der ich großen Respekt habe, aber auf meine eigene Familie habe ich ein Veto gelegt. __ Warum es mir wichtig ist, eine eigene Familie zu gründen? Weil das meine Familie wäre. In der Familie, aus der ich komme, liebte ich sehr meinen Vater, der heute tot ist, und meine Mutter auch, aber ich hatte keine wirkliche Kindheit: Da gab es Gewalt, Streit, Alkohol – deshalb trinke ich nicht. Heute ist mir meine Familie wichtig, eine, die mir gehört, Hazel. Meiner Herkunftsfamilie gegenüber war ich immer zurückhaltend.

Identität / Im Augenblick habe ich einen blauen Personalausweis. Nach den Regeln der Türkei bin ich offiziell ein Mann, und ich sage immer, ich bin der Tapferste von allen. Ich bin der Tapferste, weil ich noch einen blauen Personalausweis habe, aber ich laufe in Frauenkleidern herum, das ist wirklich radikal. Denn in der Türkei bist du entweder blau oder rosa, du bist entweder ein Fan von Fenerbahçe oder von Galatasaray, du bist entweder weiß oder schwarz; es gibt nie eine goldene Mitte, wir leben in einem Land mit sehr vielen Problemen. Gott sei Dank ist hier nicht der Iran, aber ich habe viel durchgemacht. Meine Panikattacken habe ich wegen der Türkei. Das kann ich sagen: Die Türkei ist meines Erachtens ein Paradies für Homosexuelle, denn bis heute hat mich kein Mann abgewiesen. Wenn ein Mann mich einer »Frau« vorzieht, dann ist er eigentlich ganz wie ich ein natürlicher Homosexueller. In der Türkei werden die Homosexuellen »transsexualisiert«, unser Land ist sehr dualistisch: Du bist entweder Frau oder Mann, du musst dich entscheiden. Ich bin eine Transsexuelle homosexueller Herkunft.

Liebe / Die Männer in der Türkei wissen nicht, was Liebe ist, sie verstehen nichts vom weiblichen Wesen. Ich spreche nicht nur für mich selbst, ich habe viele verheiratete Freundinnen, die es mir immer wieder sagen: »In der Türkei bedeutet Frau gleich Sex, in der Türkei bedeutet Sex Koitus.« Das ist falsch! Für mich ist Sinnlichkeit die Harmonie zweier Häute, ein Blick … eine ganze Nachtmusik!

Frau / Ich kann sagen, dass ich mehr Frau bin als eine Frau. Es ist mir unmöglich, mich wie eine echte Frau zu benehmen! Unser Verhaltenstyp ist weiblicher als der einer Frau, vielleicht etwas exaltiert; wir haben oft hohe Erwartungen in Bezug auf die Liebe oder auf das Verständnis der anderen; wir sind sehr empfindlich, sehr sentimental. Ich habe die Frauen nie geliebt! Ich liebe sie überhaupt nicht! Sie sind meine hauptsächlichen Feinde. Ich mag Frauen nicht, das sage ich überall. Ich bin die Frau, hier, das ist alles!

Schlimmste Erfahrung / **Identität** / In der Türkei transsexuell zu sein, ist schon ziemlich heftig: Jedes Mal, wenn ich einen Rock angezogen habe, bekam ich eine Depression. Aber ich, diese Hazel, die durch so harte Winter gegangen ist, habe mich nicht geschlagen gegeben. Es gab Tage, an denen ich untergegangen bin wie die *Titanic*, aber ich bin wieder aufgetaucht, weil es keine andere Hazel gibt, es gibt keine andere Hazel!

Frau / **Identität** / Einerseits fühle ich mich als Frau, aber mein Körper ist der eines Mannes, diesen Widerspruch spüre ich in mir. Als mich zum letzten Mal jemand verurteilt hat, habe ich ihn gefragt:»Als Sie das letzte Mal auf der Toilette waren, haben Sie sich da die Frage gestellt, ob Sie im Stehen oder im Sitzen pinkeln sollen? Kennen Sie das? Ich kenne das!« Das habe ich gesagt, und die Frau hat mir recht gegeben.

Diskriminierung / Keine Diskriminierung? Das wird es niemals geben, das ist ein Traum, völlig virtuell, in der Türkei wird es das nie geben. Ich habe nicht nur Probleme wegen meiner sexuellen Veranlagung, sondern auch wegen meiner kulturellen Identität, weil die Aleviten in diesem Land nicht sehr geschätzt sind. __ Auch wegen meines Charakters musste ich schon viel einstecken. Weil die Stumpfsinnigen keine psychoneurotischen Probleme haben, können sie nicht nachdenken. Ich habe einen IQ von 120, aber ich finde einfach zu keinem Gleichgewicht. __ Stellen Sie sich vor, neulich begegne ich einem großen Bruder, jemandem, den ich kenne, und sofort spricht er mich auf Sex an. Ich sage ihm:»Hazel möchte nicht von ›Sex‹ reden! Frag mich nach der Welt! Frag mich nach Atatürk, nach dem Bosporus, nach den Fischen, nach allem! Aber von Sex reden wir nicht! Mir reicht es, ich kann nicht mehr!«

Sinn des Lebens / Auf diese Frage möchte ich mit einem Lied antworten:»Ich war wie Wellen, dann wurde ich still, ich lief dir nach, dann wurde ich müde, ich liebte tausend Schöne, aber zuletzt liebte ich dich.«

Sarah

Alain

Lofti

Zuoqi

Mário

Mohammed

WOVON TRÄUMTEN SIE ALS KIND?

Zuoqi / *Lebt in Yunnan, China*
Einen Traum habe ich, seit ich ganz klein bin, einen sehr innigen Traum, nämlich dass ich eine besondere Macht hätte, so dass ich jemand sein könnte wie Superman! Davon träume ich noch heute!

Alain / *Lebt in Frankreich*
Als wir klein waren, hatte ich Freunde. Und bei den Eltern dieser Freunde gab es einen Dachboden, da stand ein Bett, und wir verbrachten ganze Nachmittage auf dem Dachboden über einem alten Erdkundeatlas. Wir hatten das alte Bett da oben in ein Flugzeug verwandelt, und dann stiegen wir alle in das Bett, nahmen den Erdkundeatlas mit, und los ging's. Wir flogen nach Südamerika, wir flogen über Amazonien, wir flogen nach Kanada, wir erfanden ganze Geschichten im Flug um die Welt, dabei blieben wir die ganze Zeit auf dem Dachboden.

Màrio / *Lebt in Portugal*
Mein Traum war es, Pilot zu werden. Warum? Ich weiß nicht. In der Luft sein, in der Luft leben, Pilot sein. Vielleicht bin ich deshalb Taxifahrer! Im Spaß sage ich immer, ich sitze am Steuer meines Flugzeugs, und ich muss auf meine Passagiere achtgeben. Aber das war eigentlich mein Kindertraum.

Mohammed / *Lebt in Pakistan*
Mein Lehrer – er hieß Hashmat Ullah Khan am führenden Gymnasium von Gilgit – fragte alle Schüler: »Was wollt ihr werden?« Manche sagten Arzt, andere etwas anderes. Ich erinnere mich, dass ich gesagt habe, ich wollte der Vater der Nation werden.

Lofti / *Lebt in Tunesien*
Wenn du Jugendliche fragst, von welchem Beruf sie träumen, sagt der eine, er träumt davon, Arzt zu werden, ein anderer Ingenieur, ein anderer Pilot, aber wir haben irgendwann diese persönlichen Träume aufgegeben und haben begonnen, an das Allgemeinwohl zu denken.

Sarah / *Lebt in Tel Aviv, Israel*
Mit 13 oder 14 ging ich zu meinen Eltern und sagte: »Ich will die Welt verändern.« Und als ich sagte, ich wollte die Welt verändern, meinte ich die Politik, ich wollte Politik machen. Und mir kommt es so vor, als hätte ich mir das seither bewahrt, diesen Wunsch, eine Veränderung auszulösen, die Welt zu verändern.

Mein Traum war es, Pilot zu werden. Vielleicht bin ich deshalb Taxifahrer!

Bekkram / *Lebt in Tschetschenien*
Wovon kann ein Kind in einer Ruinen-
stadt schon träumen? Wahrscheinlich
träumte ich schon damals davon, dass
unsere Stadt wiederaufersteht. Ich
erinnere mich, wie wir vor dem ersten
Krieg mit meinen Eltern jeden Weih-
nachtsbaum anschauen gingen, jeden
Park. Wir ließen nicht einen Brunnen
aus, der in der Stadt eingeweiht wurde.
An all das erinnere ich mich. Natürlich
hat mir das alles nach diesem Krieg sehr
gefehlt, und da begann ich, vom Leben
vor dem Krieg zu träumen.

Kunping / *Lebt in Yunnan, China*
Als ich klein war, träumte ich davon,
Krieger zu sein. Weil man in allen guten
chinesischen Filmen den Krieg sah.

Leni / *Lebt in Ohio, USA*
Ich wollte Soldat werden. Meine Familie
hat diesem Land gedient, als wir als
Nigger galten, mit all dem Schlimmen,
das die Schwarzen durchgemacht haben.
Meine Familie hat die Sklaverei gekannt,
aber sie hat diesem Land immer gedient.
Besonders während und nach der Sklaverei und während der Rassentrennung
galt es in meiner Familie als wichtig,
am Leben in diesem Land teilzuhaben,
damit hinterher keiner sagen konnte,
wir hätten nichts getan. Das war immer
wichtig für uns. Deswegen wollte ich Soldat werden, und ich bin es geworden.

Mohamed / *Lebt in Mali*
Alles, wovon ich geträumt habe, konnte
ich auch verwirklichen. Ich hatte einen
Säbel, ein Messer, die Ledertasche – den
Stolz eines Mannes –, den Grand Boubou, der damals in Mode war, den indigo-
blauen Turban, und in diesem Moment,
in dem ich mit dir spreche, besitze ich
noch immer den Säbel, die Tasche und
das Messer.

Gloria Julia / *Lebt in Buenos Aires,*
Argentinien
Als ich ein Kind war, träumte ich von
etwas Unglaublichem, das Wirklichkeit
geworden ist, nämlich zu tanzen. Ich
habe schon immer davon geträumt zu
tanzen, auf einer Bühne, mit Scheinwer-
fern, dem Publikum ... Es ist herrlich für
mich, denn ich konnte diesen Traum
verwirklichen. Ich bin jetzt 60 und trete
noch immer als Tänzerin auf. Und das
macht mich wirklich glücklich!

Clément / *Lebt in Benin*
Als ich jung war, war es mein Hauptziel,
ein Feld zu besitzen. Wenn eine Frau erfährt, dass du genug zu essen hast, kommt
sie und heiratet dich. Wenn sie dich
heiratet, wird Gott dir etwas geben, das
Kind, das Leben, das wussten schon
unsere Vorfahren. Wenn du nicht arbei-
test, kommt die Frau nicht. Sie kommt,
wenn sie das Essen sieht. Dann wird
Gott dir die Tiere geben, das Schaf, die
junge Ziege, die Eier und die Kinder.
Wenn du das nicht machst, wirst du
nichts haben.

Alles, wovon ich geträumt habe, konnte ich auch verwirklichen.

Leni

Zekkram

Clément

Kunping

Mohamed

Gloria Julia

Pesikaka

Shanta Kumar

Gustav

Stanje

Fahimeh

Pesikaka / *Lebt in Tamil Nadu, Indien*
Von dem, wovon alle Frauen träumen:
heiraten und Kinder kriegen. Ich wollte
tausend Jungen haben, so hätten wir
unsere eigene Cricket-Mannschaft aufstellen können! Das war etwas Fantas-
tisches, wenn ich mich jetzt erinnere!
Denn wissen Sie, Bombay ist die Heimat
des Cricket, und das war schon etwas.

Fahimeh / *Lebt im Iran*
Einer meiner Träume war es, ein Junge
zu werden, weil Jungen mehr Freiheiten
hatten. Sie konnten spielen und hüpfen.
Uns Mädchen sagte man, wir dürften
nicht hüpfen, weil sonst unsere Jung-
fräulichkeit herunterfiele ... Ich verstand
nicht, wie so ein Mädchending herun-
terfallen sollte und warum ich nicht hüpfen durfte. Ich sah meine Brüder, die
ihre Ruhe hatten: Alles, was man auf der
Toilette macht, durften die Jungen einfach überall in unserem Dorf machen,
aber wir mussten erst eine Toilette finden. Ein Mädchen muss sich immer
mehr schützen, manchmal sollten wir
Houlou sagen (das Wort »Pfirsich«), damit unser Mund zuging, damit er nicht
zu weit offen stand, wir durften den
Leuten nicht in die Augen sehen, nicht
laut lachen ...

Stanje / *Lebt in den Niederlanden*
Es zirkuliert da eine Geschichte, und ich
erzähle sie dir, weil sie ziemlich witzig
ist, vor allem heute: In Amsterdam gibt
es viele Prostituierte, die hinter dem
Schaufenster arbeiten. Sie sind wirklich
sehr schön, und den ganzen Tag spielen
sie auch die Schöne. Also, als ich klein
war, habe ich meine Mutter gefragt:

»Wer sind diese Frauen, und was tun
sie?« Meine Mutter sagte: »Das sind die
Frauen, die die Liebe der Stadt hüten.«
Eine sehr vornehme Art und Weise, den
Beruf der Prostituierten zu umschrei-
ben. Und ich fragte: »Was tun sie da?«
»Sie streicheln einsame Männer und
bekommen Geld dafür.« Und ich sagte:
»Und deshalb haben sie so schöne Kleider an?« Meine Mutter antwortete: »Ja,
deshalb haben sie so schöne Kleider
an.« Da sagte ich mir: Das will ich auch
machen, schöne Kleider anhaben und
Männer streicheln.

Gustav / *Lebt in Schweden*
Als ich klein war, wollte ich »Kettensäge-
arbeiter« werden und Traktorfahrer, das
war das Coolste, was ich mir vorstellen
konnte. Ich hatte eine Kettensäge aus
Pappe, und ich lief im Haus herum und
zersägte alles. Ich habe auch kurz daran
gedacht, Zimmermann zu werden. Das
Seltsamste daran ist, dass ich handwerk-
lich absolut unbegabt bin, ich habe fast
alles, was ich bei Ikea gekauft habe,
kaputt gekriegt.

Shanta Kumar / *Lebt in Nepal*
Als ich klein war – damals lebte meine
Mutter noch –, gingen alle meine Klas-
senkameraden zum Essen, und ich legte
mich an dem Tag, an dem das Flugzeug
kam, auf den Hof, um es zu beobachten.
Und da fragte ich mich, wie so etwas
fliegen konnte, und ich suchte mir Bücher mit Bildern von Flugzeugen und
sagte mir, eines Tages wollte ich solche
Gefährte steuern. Und dann kamen auch
manchmal Autos; auch die schaute ich
an, und ich fragte mich, wie sie wohl

funktionierten. Wenn eines stehen blieb, ging ich heran, um es besser anschauen zu können, und ich sagte mir, so eines würde ich auch irgendwann fahren. Das war wirklich mein großer Ehrgeiz. Leder konnte ich wegen des Todes meiner Mutter keine gute Ausbildung bekommen.

Hun / *Lebt in Kambodscha*
Als ich ein Kind war, wollte ich lernen, sonst nichts.

Wassilij / *Lebt in Sibirien, Russland*
Mein Kindertraum war es, zu sehen, wie es im Ausland ist, denn ich bin in Sibirien geboren, und der Sommer ist bei uns sehr kurz. Ich wäre gern dahin gereist, wo es sehr heiß ist, irgendwo nach Afrika zum Beispiel. Wenn ich Märchen las, ließ ich mich dorthin entführen. Mich zogen Gegenden an, in denen es keinen Winter gibt. In Sibirien ist der Winter sehr lang, die kalte Jahreszeit dauert beinahe ein halbes Jahr, der Sommer nur zwei, höchstens drei Monate; deshalb träumte ich von heißen Gegenden. Mein Traum hat sich leider nicht erfüllt.

Putali / *Lebt in Nepal*
Ich wäre gern ins Ausland gereist. Hier leben wir nur, um zu essen, und damit vergeht die Zeit. Ich trug diesen Traum tief in mir, aber leider ist niemand bis hierher gekommen, um mich mitzunehmen. Das ist alles.

Lucie / *Lebt in Frankreich*
Als ich acht oder neun Jahre alt war, bekam ich einen Globus geschenkt, es war eine Nachttischlampe in Form eines Globus. Ich war völlig fasziniert davon; wenn ich diese Länder sah, hatte ich das Gefühl, dort zu sein. Und eines faszinierte mich ganz besonders: ich hier, am einen Ende des Kontinents, in Frankreich, und auf der anderen Seite Wladiwostok, in Russland. Ich sagte mir: »Okay, wenn ich groß bin, fahre ich nach Russland, nach Wladiwostok.« Der Gedanke ist mir immer geblieben, immer, immer, bis zu dem Tag, an dem ich gefahren bin. Ich war damals 26 oder 27 und war von meinem Arbeitgeber in den Kaukasus geschickt worden, nach Tschetschenien. Und eines Tages haben mein Mann und ich die Transsibirische Eisenbahn genommen; wir sind auf den Spuren von Michael Strogoff bis nach Irkutsk gefahren. Da habe ich mir gesagt:»So, entweder steige ich jetzt aus und fahre nach Usbekistan, oder ich fahre weiter nach Wladiwostok.« Dann dachte ich:»Lucie, sei kein Dummkopf, nutz die Erfahrung der anderen, du weißt genau, wenn man an den Ort eines Traumes kommt, zerstört man diesen Traum, und am Ende ist man enttäuscht.« Zudem weiß ich ja auch, dass Wladiwostok nicht gerade eine Traumstadt ist. Also habe ich beschlossen, es bleiben zu lassen; lieber habe ich mir meinen Kindertraum bewahrt. Außerdem hatte ich ihn ja halb verwirklicht, das ist ja fast schon, als hätte ich es getan.

Hun

Lucie

Wassilij

Putali

Mark

Lebt in Moskau, Russland

In jedem Auto saßen vier KGB-Beamte, die uns nie aus den Augen ließen.

Porträt / Ich heiße Mark. Ich bin 26. Ich bin verheiratet. Ich bin in dem Dorf Ust-Nera in Jakutien geboren ... Ich arbeite als Korrespondent beim Fernsehen.

Erinnerung / Ich wohnte mit meiner Mutter in der Stadt Kirschatsch in der Oblast Wladimir, während unser Vater im Gefängnis saß. Es war eher ein Dorf, kleine Häuschen mit Gemüsegärten, unsere Nachbarn hatten Kühe ... __ Ich war noch ganz klein, aber ich erinnere mich an zwei Nachbarhäuser. Zu den Leuten, die in diesen beiden Häusern wohnten, hatten meine Mutter und ich sehr guten Kontakt. Für alle anderen waren wir die »Klassenfeinde« (keine Kommunisten). __ Übrigens ist das sehr erstaunlich für ein russisches Dorf, denn jetzt, da ich viel durch Russland reise, muss ich sagen, dass die meisten Leute sich einen feuchten Kehricht um Etikette scheren! Am wichtigsten ist ihnen, was du in Wirklichkeit bist. Aber damals hatten die Leute große Angst, und um nicht ihren Ruf mit Beziehungen zu »Illoyalen« zu beschmutzen, redeten sie lieber gar nicht mit uns. __ Da waren nur die alten Frauen in diesen beiden Häusern, die uns sehr mochten und uns halfen. Dann kam mein Vater zurück: Das war 1984. Er war Arzt, und er wollte diesen Beruf auch ausüben. In unserem Dorf ging das nicht, denn wir waren ja die »Klassenfeinde«. __ Er fand Arbeit in einem Dorf 40 Kilometer von unserem entfernt. Er kaufte sich ein Motorrad und fuhr jeden Morgen damit zur Arbeit, und manchmal nahm er mich mit. Im Grunde ist es den Leuten ganz egal, ob der Arzt ein »Klassenfeind« ist oder nicht. Hauptsache, er versorgt sie gut! Deshalb mochten ihn die Leute und mich auch. __ Das sind meine klarsten Erinnerungen, wenn ich mit meinem Vater auf Krankenbesuch war. __ Eine meiner Kindheitserinnerungen – ich glaube, für Ausländer ist das etwas äußerst Seltsames – ist ein endloser Autokonvoi, der uns ständig verfolgte. In jedem Auto saßen vier KGB-Beamte, die uns nie aus den Augen ließen. Wir hatten sogar ein Familienspiel: die Verfolger abschütteln ... Sie verfolgten uns ständig, und meine Eltern versteckten die verbotenen Bücher zwischen meinen Windeln, Solschenizyn zum Beispiel.

Liebe / Die Liebe ist etwas Wunderbares, weil du meistens gar nicht weißt, woher die Liebe kommt, die du für einen Menschen empfindest, den du gar nicht kennst. Da kommt jemand daher, und plötzlich liebst du ihn oder sie. Aber wenn du Vater wirst, spürst du in deinem Innersten nicht so sehr die Liebe, sondern eher ein Gefühl von Verantwortung und vielleicht eine Art Angst um deine Kinder. Diese Angst ist oft unbegründet, dir ist ja sofort klar, dass du sie vor allem Ärger und allem Unglück beschützen wirst, das nicht da ist, aber vielleicht kommen kann. Trotzdem liegen dir schon die Nerven blank, und du machst dir Sorgen, das ist das richtige Wort: Besorgnis, beinahe schon Panik.

Sein Leben geben / Natürlich bin ich bereit, mein Leben für meine Frau und meine Tochter zu geben. Sie sind das Wichtigste in meinem Leben. Ohne sie kann ich mir mein Leben nicht vorstellen.

Arbeit / Es kommt vor, dass ein Journalist gezwungen ist, seine Kamera wegzulegen, sein Mikrofon hinzuwerfen und jemanden aus einem brennenden Auto zu retten. Ich übertreibe natürlich, aber das ist ein Widerspruch, der einen regelrecht zerreißen kann. Einerseits willst du filmen, und andererseits muss man helfen – ich glaube, es ist richtiger, zu helfen. Aber das ist kein Konflikt, das ist eigentlich eine andere Geschichte ...

Freiheit / Ich finde, in Bezug auf die Pressefreiheit in unserem Land ist das Schrecklichste nicht einmal die Zensur, die es natürlich gibt, sondern die Selbstzensur. Wenn einer etwas sagen will, aber begründete Angst um sich selbst haben muss: »Das hier sollte ich lieber nicht sagen. Und das da sollte ich besser anders sagen ...«

Sein Land verändern / Die Staatsform unseres Landes lässt sich schwer auf den Punkt bringen. Wenn es eine Demokratie ist, dann jedenfalls eine kontrollierte. Meines Erachtens steht stark zu befürchten, dass unsere Staatsform sich zur Diktatur hinentwickelt, und das ist sehr traurig. Andererseits kann ich auch keine Staatsform nennen, die ich gut finde. Genauso ist es mit der Politik: Ich glaube, als Politiker kann man nicht unbescholten und ehrbar bleiben.

Am traurigsten ist, dass die meisten sich mit der Diktatur zufriedengeben.

Zukunft des Landes / Am traurigsten ist, dass die meisten sich mit der Diktatur zufriedengeben. Ich bin sicher, dass in Russland in den nächsten paar Jahren die meisten Menschen deutlich besser leben werden: Die Löhne werden steigen, man wird Krankenhäuser bauen ... Aber für eine Minderheit wird das Leben schlimmer werden.

Schlimmste Erfahrung / Es ist schwierig, die schlimmste Erfahrung zu definieren ... __ Ich denke Tschetschenien und der Nordkaukasus; ich bin schon acht Mal dort gewesen. Ich mag dieses Land, und die Menschen dort sind fabelhaft. Im Vergleich zu den Russen oder den Einwohnern von Russland mag ich die Tschetschenen lieber. __ Denn dort kann man spät in der Nacht in einem entlegenen kleinen Dorf an die Tür klopfen, und man bekommt zu essen und zu trinken und ein Bett, und wenn einer das nicht macht, ist es eine Schande für ihn. Wenn du das in Moskau machst, hundert Kilometer weit hinausfahren und an eine Tür klopfen, dann macht dir bestenfalls ein Betrunkener auf, mit einem Gewehr in der Hand! Und der beschimpft dich dann. Das ist besorgniserregend, weil die Menschen mit großem inneren Reichtum ins Elend gezwungen werden und ständig ihr Leben riskieren.

Fortschritt / Vor 20 Jahren kommunizierten meine Eltern mit ihren vielen Freunden im Ausland. Und einer dieser Freunde erzählte meinen Eltern von der Erfindung des Faxgeräts, dass man da ein Papier in eine Kiste steckt und dass in einem anderen Land aus einer anderen Kiste dasselbe Papier herauskommt. Er nannte das ein Kommunikationsmittel. Meine Eltern haben ihm nicht geglaubt!

Botschaft / Für viele ist es ein Traum, den Menschen auf der Welt etwas sagen zu können. Ich wünsche mir, dass die Menschen den Sinn für Humor nicht verlieren. Ein trauriger Mensch ist ein moralisch Behinderter. Je fröhlicher, desto besser!

Moussia

Lebt in Tel Aviv, Israel

»Ich liebe dich, weil du meine Tochter bist, aber ich habe dich nicht gewollt.«

Porträt / Ich heiße Moussia, ich bin 86 Jahre alt. Ich bin in Russland geboren, aber meine Jugend habe ich in Frankreich verbracht. Verheiratet, zwei Kinder. 1960 sind wir nach Israel gegangen, wir haben uns ganz plötzlich, innerhalb einer halben Stunde, entschieden, denn wir wollten – vor allem ich – einen Flecken Erde finden, auf dem wir uns wohlfühlten. __ Wenn Sie mich nach etwas ganz Persönlichem fragen: Ich glaube unverrückbar an das Leben!

Von den Eltern gelernt / Ich hatte eine sehr unglückliche, sehr einsame Kindheit. Müsste ich mich definieren, so würde ich sagen, ich bin eine Einzelgängerin, und darauf beruht meine ganze Stärke: Im Falle eines Unglücks ziehe ich niemanden mit hinein. __ Aber in Bezug auf meine Eltern war meine Kindheit sehr schwierig: Sie lehnten mich ab. Als ich noch klein war, schwor ich mir, dass ich niemanden würde durchmachen lassen, was ich durchgemacht habe. __ Dieser Schwur war die treibende Kraft meines Lebens, mein Pilgerstab ...

Erinnerung / Der schwierigste Moment ... das war, als ich fünf war. Wir kamen aus Russland, wo die Revolution wütete. Wir hatten es bis Paris geschafft. Ich kannte meine Eltern nicht. __ Mein Vater und meine Mutter waren Ärzte. Sie waren verbannt worden, er in den Kaukasus, sie nach Sibirien. Ich wurde von meinen Großeltern aufgezogen, und bis ich fünf war, lebte ich im Paradies auf Erden. __ Als ich mit meinen Eltern in Paris ankam, verstand ich die Sprache nicht. Also habe ich zwei oder drei Wörter gelernt. Ich sagte: »Monsieur Papa, Madame Mama.« Papa und Mama klangen für mich wie Vornamen ... __ Eines Tages war ich mit Mama unterwegs, ich erinnere mich, es war in der Rue Réaumur, und ich fragte sie: »Mama, warum liebst du mich nicht?« Meine Mutter antwortete: »Ich liebe dich, weil du meine Tochter bist, aber ich habe dich nicht

25

gewollt.« Bei dieser Enthüllung, bei der mutigen Geradlinigkeit dieser Frau begriff ich, dass es aus war: Meine Persönlichkeit war ein für alle Mal ausgereift. Ich wusste, wo mein Platz war. Ich wusste, dass es stimmte. __ Danach ließ ich es weder an Respekt noch an Aufmerksamkeit für meine Eltern mangeln, aber es bestand nie wieder ein Band zwischen uns: Ich war frei, völlig frei. Sie hatte mir die Wahrheit gesagt.

Familie / Die Familie ist ein Geschöpf. Man bekommt nichts. Man erschafft unter Schmerzen. Man erschafft mit Freude. Aber vor allem erschafft man ohne Bitterkeit ... __ Mein Sohn ist während des Krieges geboren, und ich wollte es so. Unter diesen Umständen, in denen das Leben verneint wurde, musste ich Leben geben, um noch an das Leben glauben zu können. Trotz allem, trotz des Krieges ... Wir waren Studenten, wir hatten nichts ... Ich brauchte ein Kind!

Vermitteln / Als Erstes habe ich meinen Kindern vermittelt, mit offenen Augen um sich zu blicken. Und nicht zu lügen: nicht, weil das unmoralisch ist, sondern weil es so kompliziert ist, zu lügen! Man muss sich an so vieles erinnern, und am Ende verheddert man sich doch! __ Zweitens, nicht neidisch zu sein: Das habe ich bei verschiedenen Spielen angewandt ... Im Neid verliert man sich, man weiß nicht mehr, wer man ist; man weiß nicht mehr, was man will. __ Dann, kein Feigling zu sein, anderen nicht wehzutun. Geradeaus weiter, egal, was kommt. Vielleicht ist das ein bisschen meine russische Herkunft ...? »Das ist die Bestimmung! So steht es geschrieben!« ... Ich weiß nicht.

Arbeit / Mir fehlte die Zeit, um meine Berufe auszuüben! Ich wollte Kinderärztin werden. Aber dann kam der Krieg ... Ich bin Jüdin, also Studierverbot, Verbot von allem, Verbot, zu leben. Um aber doch irgendeinen Abschluss zu haben, habe ich an der Sorbonne Literatur studiert. __ Während des Krieges habe ich in der Schweiz im Lager gearbeitet: Klos putzen, Essen ausgeben, Kinder betreuen und so weiter. Dann habe ich in Genf die Psychologievorlesungen von Jean Piaget gehört. Da konnte ich einen meiner sehnlichsten Wünsche verwirklichen: mit Kindern in Kontakt sein und in ihnen eine kleine Flamme zum Leben erwecken. In Frankreich konnte ich nicht mehr studieren. Wir mussten damals entscheiden: entweder das Ingenieurstudium meines Mannes oder meines ...

Verliebt / Ich will versuchen, mich kurz zu fassen! __ Wir waren alle beide Flüchtlinge. Mein Mann hatte die unglaubliche Leistung vollbracht, Deutschland und Polen zu durchqueren. Ich kam nach dem Gefängnis von Frankreich in die Schweiz, über Saint-Julien, in den Bergen ... Und da soll einer nicht ans Schicksal glauben! Unter demselben Regen, praktisch zu derselben Uhrzeit, kam mein Mann aus Deutschland in die Schweiz und ich aus Frankreich! Und einen Monat später begegneten wir uns in einem Lager ... Er erzählte mir von seinen Forschungsplänen, er wollte ein Labor gründen ... Mit 21 Jahren hatte er alles verloren, und plötzlich, mit 25, erschien an seinem Horizont etwas Weibliches ... Wir waren einfach gute Freunde, die gemeinsam die Drecksarbeit machten. Und da teilte ich eines Tages eine Sardine mit ihm, die für drei Tage hätte

reichen sollen. Ich fragte mich: »Warum er? Warum teile ich diese Sardine mit ihm?«
Ich begriff, dass ich ihn liebte … __ Da verabredete ich mich an einer bestimmten Stelle
mit ihm … Ich nahm all meinen Mut zusammen und sagte ihm:»Weißt du, ich liebe
dich.« Wissen Sie, was er mir darauf geantwortet hat? … __ »Was für eine Katastrophe!«
__ Ich fiel in Ohnmacht. Tja! Fortsetzung folgt! __ Jetzt sind wir seit über 65 Jahren
verheiratet!

Gewalt / Für mich bedeutet Gewalt das Versagen unserer Kultur. __ Ich glaube von
ganzem Herzen, dass im Menschen etwas … Göttliches liegt! Das mag bei einer
Ungläubigen lächerlich klingen, aber manchmal kann man in einem Blick diesen
Funken, diese Offenbarung erkennen. __ Mehrmals stand ich während meiner Flucht
einem Nazi gegenüber. Ich sagte:»Hören Sie zu …« Der Mann war allein, und ich blickte
ihm gerade in die Augen:»Hören Sie zu, ich bin Jüdin. Machen Sie mit mir, was Sie
wollen.« Der Typ war völlig erschüttert, und ich ging weiter. Das war nicht ein oder zwei
Mal so, sondern sehr häufig; dabei setzen meine Augen doch keine ultravioletten
Strahlen frei, die den anderen innerlich zerschmelzen lassen. Das Erste, was ich bei
jemandem anschaue, sind die Augen, weil sie nicht lügen. Man kann lächeln, Grimassen
schneiden, sich aufblasen … Das Auge ist eine Informationstafel; und da gehe ich bis
ins Tiefste.

Verzeihen / Ich habe die ganze Palette des Leids durchlebt … __ Zum Beispiel hat meine
zehn Jahre jüngere Schwester im Krieg sehr gelitten. __ Ich verstehe sie nicht. Mein
Mann hat sich bemüht, sich ihr anzunähern … aber sie schwankt zwischen Liebe und
Hass. Manchmal kommen Momente der Liebe durch, aber sie sind umhüllt von
schrecklichem Hass. Wahrscheinlich, weil ihr unsere Mutter gefehlt hat … __ Ich glaube,
ich verstehe ihr Leid … Gut! Aber sie hat mich furchtbar leiden lassen, boshaft,
wissentlich. Zum letzten Mal bin ich ihr vor Gericht begegnet, wo sie mir vorwarf, sie
beraubt zu haben, einen Tresor geknackt zu haben …! Eine Erfindung, die ihrem Hass
eine Gestalt gab … __ Ich sagte mir: Wenn sie so ist, dann deshalb, weil es ihr übel geht …
und ich suchte nach dem Übel. Ich habe es versucht, habe ihr gesagt:»Das ist doch zu
schade, bald ist das Leben aus …« Sie antwortete, sie wolle nie wieder von mir reden
hören … __ Nicht verzeihen? Es gibt nichts zu verzeihen. Bei diesem Menschen hat sich
ein schreckliches Drama vollzogen. Was soll ich verzeihen? Lieber gehe ich meinen
Weg weiter. Aber der Schmerz bleibt doch. Ich habe mich mehrmals selbst analysiert
und Psychoanalysen gemacht … __ Würde sie aber heute an meine Tür klopfen oder
mich anrufen, oh mein Gott, wie würde ich sie empfangen! Nicht einmal den Nazis
habe ich etwas zu verzeihen. Das ist alles zu unermesslich, zu unbegreiflich … Wer bin
ich, um über dich zu richten, um zu sagen:»Ich verzeihe dir.« Das ist lächerlich …
lächerlich …

Glück / Das Glück – ehrlich gesagt weiß ich nicht, was das ist. Ich sehe es wie durch
einen Spiegel: Ich bin glücklich über die Meinen, über die, denen ich helfen konnte,

aber in mir trage ich einen Panzer, der sich nicht durchdringen lässt. __ Ich habe nie Zeiten des Glücks erlebt. Nur Momente ... Die Geburt meiner Kinder zum Beispiel. Dabei war ich keine Übermutter, oder wie sagt man, keine jiddische *Polania*, keine polnische Mama. Ich habe ihnen größtmögliche Freiheit gegeben ... Ich wollte, dass sie stabil sind, bescheiden, großzügig. __ Ich habe keine Zeiten des Glücks erlebt, weil die Vergangenheit zu schmerzhaft war. Wie soll ich sagen? ... Das große, das schreckliche Problem lautet: Warum sind die geliebten Menschen fort? Und warum bin ich noch da? Vollkommenes Glück kann man nicht erleben ... Ich habe einen Beweis, wenn zum Beispiel mein Mann mir sagt, er sei glücklich, dann schaut er dabei geradezu furchterregend drein ... Ja, ich bin glücklich, weil ein schrecklicher Tod auf uns wartete und unsere Kinder wachsen und gedeihen.

Angst / Meine größte Angst? Ich habe keine Angst, solange ich durchhalte. Ich habe die Angst gesehen, ich habe den Tod gesehen und habe keine Angst davor ... Doch! Ich habe Angst, zum Krüppel zu werden, den anderen zur Last zu fallen ... __ Aber mit dem Tod habe ich einen Pakt geschlossen ... Die Abbildungen des Todes machen mich wütend: dieses Menschenskelett mit der scharfen Sense ... __ Nein, doch! Der Tod ist gut; er ist sanft; er ist ehrlich; er legt offen, was wir gewesen sind ... Sehen Sie doch die Gesichter der Toten: Sie sind glatt, friedlich. Endlich leiden sie nicht mehr. Warum stellt man sie so furchtbar dar? Nein, vor dem Tod habe ich keine Angst.

Träume von heute / Weiterzumachen ... Ich weiß, dass das Leben vorbeigeht ... morgen ... übermorgen ... Aber ich habe keine Angst. Es ist schon etwas Besonderes, dass mein Mann und ich mit 86 noch aktiv sind. __ Wenn es nicht mehr geht, sitzen wir auf dem Balkon. Wir lächeln, trotz allem Übel; wir betrachten unsere Nachkommen: Sie sind gut, bescheiden, wie wir es wollten. Was will man mehr?

Ich habe in meinem Leben alles Mögliche erlebt, aber ich habe immer in die Zukunft geblickt.

Weinen / Ich weine häufig heimlich, jedes Mal, wenn unser Sohn und seine Kinder nach Amerika zurückfahren. Aber das ist ein inneres Weinen, verschleiertes Weinen, das man nicht zeigt. __ Als unser Sohn in den Krieg gezogen ist, haben wir breit gelächelt und ihm vom Fenster aus heftig nachgewinkt. Wir haben nicht geweint.

Vom Leben gelernt / Ich habe alles von meinen Kindern gelernt. Zum Beispiel, wie man ein Leben zur Katastrophe werden lassen kann ... Wie man – das ist ja große Mode –

zu Geld kommen kann ... Aber diese Millionäre sind ja doch arme Teufel! __ Ich habe gelernt, mich mit dem zufriedenzugeben, was ich habe, ohne die anderen zu beneiden: Ganz ehrlich, ich freue mich über den Reichtum meiner Nachbarn ... __ Eines Tages vor 60 Jahren bin ich in Paris zu Cartier gegangen: »Sie haben solche Herrlichkeiten! Erlauben Sie, dass ich sie anschaue? Ich kann nichts kaufen, nur schauen ...« Da zeigte mir der Juwelier fabelhafte Geschmeide. Als ich ging, war ich glücklich, reich an all dem, was ich gesehen hatte, ohne es besitzen zu können.

Schwer auszusprechen / Man kann alles sagen. Man kann sich alles sagen, auch wenn manches schmerzhaft ist, wenn manches nicht sehr schön ist, wenn manches unverständlich ist ... Ich habe in meinem Leben alles Mögliche erlebt, aber ich habe immer darüber hinaus gesehen, es gibt immer etwas zu tun, immer etwas zu verbessern. Bloß nicht urteilen. Versuchen, den anderen zu verstehen. __ Mit der Zeit werden so viele Dinge klar, mit der Zeit lernt man so vieles, wenn man sich aber an diese kleinen Urteile klammert, an diese Kleinlichkeiten, diese Ansprüche, mein Gott, wie viel Leben verschwendet man da! Weiter, weiter, Kinder, ihr versteht mich, ihr habt gelitten, wir haben euch allein gelassen, wir haben euch angelogen, gut, weiter, weiter, sucht nach etwas Besserem. Es gibt immer etwas zu tun. Und das haben wir bewiesen.

Sinn des Lebens / Der Sinn des Lebens? Na, mein ganzes Leben! Für heute: zu Ende kommen, ohne eine Last zu werden. Meine Würde wahren und respektiert werden. __ Das ist der Sinn meines Lebens: würdig bleiben. Mir sagen: »Gut, ich habe Blödsinn gemacht, aber so schlecht war es nicht ...« Und am Ende lache ich darüber. __ Mein Mann hätte von den Deutschen riesige Geldsummen bekommen sollen ... Wir haben abgelehnt! Geld kann die Grausamkeit nicht wiedergutmachen. Profit daraus ziehen, dass unsere Familien im Krematorium endeten? Oh nein! __ Ich klage die anderen nicht an: Wir haben ihnen sogar geholfen, Wiedergutmachung zu bekommen. Aber mir ist unverständlich, wie man das annehmen konnte.

Botschaft / Als Erstes: Seht euch an. Seht euch in die Augen. Nicht: Er ist weiß, er ist schwarz; er ist schön, er ist hässlich; er ist groß, er ist klein; er ist bucklig ... Seht euch tief in die Augen. Da findet ihr eine Antwort für euch selbst und für den anderen.

Reden / Vor zehn Jahren noch sprach ich nie von mir. Nie. Alles war zweimal abgesperrt. Und dann habe ich gemerkt, wie wenige Leute von der Vergangenheit wissen. Ich empfand es als Pflicht gegenüber den Toten, und ich habe ein Buch geschrieben, das jetzt ins Hebräische übersetzt wird. Man muss das Wissen weitergeben, damit sie nicht umsonst gestorben sind. __ Reden ist wertvoll; Schweigen dagegen ist gefährlich. Im Privaten, im Eheleben und mit den Kindern. Manch einer wird sagen: »Die gute Alte geht uns auf den Geist!« __ Aber es stimmt doch: Solange man von den Toten spricht, bleiben sie lebendig.

Ardeshir

Sol

Jorge Luis

Mizraim

Ahmet

Nasser

WAS IST IHRE FRÜHESTE ERINNERUNG?

Mizraim / *Lebt in Mexiko*
Ich erinnere mich an ein Bett, und ich erinnere mich, dass ich im Arm meiner Mutter lag; ich erinnere mich nicht so genau an ihr Gesicht, aber ich erinnere mich sehr genau an ihren Körper, ihre Brust, an die weiße Farbe ihrer Haut, an ihren Geruch: Daran erinnere ich mich sehr genau. Ich glaube, das ist meine früheste Erinnerung von der Welt, ja ich glaube schon. Meine Mutter.

Sol / *Lebt in Spanien*
Ich erinnere mich, dass mich eines Tages mein Vater ausgeschimpft hat, ich weiß nicht mehr warum, und ich bin in die Küche gegangen und habe es dem Hund erzählt. Und ich erinnere mich, dass ich auf dem Boden saß, den Hund im Arm, und ich habe ihm erzählt, was mit meinem Vater und mir passiert war. Und ich habe wirklich gemerkt, dass der Hund mir zuhörte, und er hat sich um mich gekümmert, und als ich ihm alles erzählt hatte, hopp, da war alles wieder gut.

Jorge Luis / *Lebt in Kuba*
Meine schönste Erinnerung, einen Moment mal ... Ah ja! In der Grundschule, mein erster kleiner Kuss in der Grundschule. Ich habe ungefähr zwei Stunden gebraucht, um das Mädchen herumzukriegen. Ich war neun oder zehn Jahre alt. Ich habe ihr gesagt: »Komm, meine Schöne, einen kleinen Kuss, komm!« Da hat sie mir einen ganz kleinen Kuss gegeben, und ich bin so glücklich nach Hause gegangen! Oh mein Gott! Ich ging glücklich nach Hause und sagte mir: »Wow! Ein kleiner Kuss!« Das war ein super glücklicher Moment.

Ardeshir / *Lebt in Italien*
Die Erinnerung, die mir einfällt, spielte sich in einem Dampfbad ab: Ich war ein kleines Kind unter lauter nackten Frauen, die sich mit ihren unterschiedlichen Gerüchen um mich herum bewegten. Ich war damals zwei oder drei.

Nasser / *Lebt in Südafrika*
Ich erinnere mich an etwas: Ich zog immer alle meine Kleider aus und verschenkte sie. Und kam dann nackt nach Hause zurück. Da muss ich zwei Jahre alt gewesen sein.

Mein erster kleiner Kuss in der Grundschule.

Ahmet / *Lebt in der Türkei*
Ich kam immer zu spät zur Schule, weil ich Tiere zu versorgen hatte. Jeden Morgen sagte ich zum Lehrer: »Es ist wegen der Tiere.« Eines Tages klopfte ich an die Tür, und keiner war im Raum. Der Lehrer wusste ja, dass ich wieder zu spät kommen würde, und wollte sich einen Scherz mit mir machen. Er hatte die

anderen Kinder aufgefordert, sich im Klassenzimmer nebenan zu verstecken, ich sollte glauben, ich käme als Erster. Ich ging in den Raum und setzte mich auf meinen Stuhl, und auf einmal sah ich die ganze Klasse hinter dem Lehrer hereinspazieren, und sie klatschten mir Beifall, weil ich als Erster gekommen war.

Jasper / *Lebt in den Niederlanden*
Ich glaube, eine meiner frühesten Erinnerungen ... das ist, als ich anfing, die Vorschule zu schwänzen. Ich konnte Schule nämlich nicht ausstehen. Schon damals fand ich das ätzend, und auch später fand ich es immer ätzend. Ich fing an zu schwänzen, als ich vier oder fünf Jahre alt war. Kann das überhaupt sein? Aber das ist wirklich eine meiner frühesten Erinnerungen. Schon damals suchte ich die Freiheit, ich wollte mich nicht in eine Schublade stecken lassen.

Ruihe / *Lebt in Schanghai, China*
Meine früheste Erinnerung ist, als ich vier oder fünf Jahre alt war und mein Vater mir Schreiben und Zeichnen beibrachte. Nach jedem Arbeitstag erzählte er mir in Bildern, was er den Tag über gemacht hatte, und damals begann ich, die Malerei zu mögen.

Octav / *Lebt in Rumänien*
Ich erinnere mich ziemlich genau an den Moment, in dem ich anfing, Tagebuch zu führen. Ich sah immer meinen Großvater abends Tagebuch schreiben, und da setzte ich mich in mein kleines Tretauto und begann auch mein Tagebuch. Ich schrieb:»Es ist Mittag ...«; dann wusste ich nicht mehr weiter. Da rief

mich meine Großmutter zum Essen, und ich war erleichtert, weil ich nicht mehr wusste, was ich in dieses Tagebuch hätte schreiben sollen.

Ramashani / *Lebt in Tansania*
Einmal war ich mit meinem Hund auf der Jagd und bin einem Leoparden begegnet. Ich nahm meinen Bogen und zielte zwischen seine Augen, und der Leopard fiel vom Baum. Ich rief einen meiner Großväter und fragte ihn, was für ein Tier das da war, und mein Großvater sagte:»Du, Kind, bleib fort von diesem Tier, es ist gefährlich!«

Mamadou / *Lebt in Mali*
Wie es war, als wir Kinder waren? Die Leute bebauten ihre Felder bis zur Ernte, als die Heuschrecken alles abfraßen. So etwas ist nicht in letzter Zeit passiert. Das war in unserer Kindheit, wir waren nicht älter als acht oder neun. Hast du verstanden, wir waren jung. Also das kann man niemals vergessen, etwas, was dir das Essen geraubt hat, kannst du nicht vergessen.

Bibi Fida / *Lebt in Pakistan*
Mein Vater war fünf oder sechs Jahre lang in China. Damals musste ich meiner Mutter helfen und arbeitete sehr hart. Jeden Tag beim Kochen legte ich etwas Mehl zur Seite, für den Tag, an dem wir kein Brot mehr hätten. Ich sagte dann zu meiner Mutter, wir hätten eine Reserve. Meine Mutter war sehr glücklich. Ich arbeitete sehr hart, um mit den anderen zu wetteifern. Ich dachte, wenn ich hart arbeitete, würden wir reich werden.

Mamadou

Jasper

Bibi Fida

Ramashani

Mohammed

Octav

Ruihe

Mian

José Bertrand

Ereman

Pierre-André

Arvo

Carlos

Mohammed / *Lebt in Pakistan*
Aus meiner Kindheit gibt es etwas, was
ich nicht vergessen kann; als ich noch
sehr klein war, ist meine Mutter gestorben. Ich erinnere mich, wie es war, als
meine Mutter im Sterben lag. Sie nahm
mich in die Arme und sagte mir: »Mein
Gott, ich habe keine Angst vor dem Tod,
aber ich habe Angst, dass eine Stiefmutter
meinen Platz einnimmt und dich schlägt.«
Daran erinnere ich mich. Sie ist gestorben, während sie mich im Arm hielt.

Mian / *Lebt in Frankreich*
Meine Mutter war nie sehr zärtlich, ich
glaube, das ist bei Chinesen in der Beziehung zwischen Eltern und Kindern auch
sehr oft so. Ich erinnere mich, als ich
klein war, sagte ich mir: »Ich möchte
krank sein.« Denn wenn ich krank war,
war Mama sehr, sehr lieb, sie erzählte
mir Geschichten und streichelte mich.

José Bertrand / *Lebt in Spanien*
Die früheste Erinnerung aus meiner
Kindheit betrifft die erste Tracht Prügel
von meinem Vater, weil ich angeblich
»homosexuelle Neigungen« hatte. Er
hatte mir ein Pferd aus Pappe geschenkt,
das ich gegen eine Puppe eingetauscht
hatte ... Das werde ich nie vergessen.

Carlos / *Lebt in Bolivien*
Als ich vier Jahre alt war, wohnte ich in
einem Ort weit weg von der Stadt; dort
kamen fast keine Fahrzeuge vorbei. Eines
Tages sah ich einen kleinen Transporter.
Innen saß ein blonder Junge; er streckte
mir die Zunge heraus und ich starrte
ihn bloß an, sehr überrascht. Und ich begann nachzudenken: »Warum macht er

das? Weil ich schmutzige Kleider habe?
Weil meine Haut braun ist? Ich weiß
nicht, warum er mir die Zunge heraus-
gestreckt hat!« Diese Szene habe ich nie
vergessen können.

Ereman / *Lebt in Papua-Neuguinea*
Ich erinnere mich an den Tag, an dem
ich zum ersten Mal Weiße gesehen habe,
es waren Australier. Ich war ein bisschen
verängstigt, wirklich! Sie sahen so anders aus! Aber später habe ich begriffen,
dass sie sind wie wir. Heute muss ich
lachen, wenn ich denke, dass ich Angst
vor den Australiern hatte.

Pierre-André / *Lebt in Frankreich*
Meine früheste Lebenserinnerung ist
absolut schrecklich. Es ist eine Schie-
ßerei in einer Straßenbahn während des
Krieges, ich war noch keine vier Jahre
alt. Und in diesem Moment begriff ich,
was der Tod ist. Ein junges Mädchen
hatte mit mir gesprochen. Kurz darauf
hörte ich Gewehrschüsse, und sie fiel
direkt neben mir zu Boden. Eine Kugel
war ihr durch die Schläfe gedrungen.
Und ich habe wirklich begriffen, was
Gewalt ist, mit kaum vier Jahren. Ein
ziemlich schlechter Start ins Leben.

Arvo / *Lebt in Finnland*
Ich war dreieinhalb, als der Krieg begann, im November 1939, und das ist
meine früheste Kindheitserinnerung:
Ich wurde auf einen Pferdeschlitten
gesetzt. Als ich mich umblickte, sah ich,
wie unsere Häuser angezündet wurden,
wir sind ein paar Kilometer gefahren
bis zum Bahnhof, wo wir mit dem Zug
weiterfahren sollten. Es war eine kalte

Sternennacht. An der Bahnhofsmauer lagen in Grüppchen Leichen von Soldaten, und da habe ich zum ersten Mal Tote gesehen, ich habe ihre gefrorenen Gesichter gesehen. Und das hat mich zum Pazifisten gemacht.

Salah / *Lebt in Ägypten*
Ich war ungefähr sechs Jahre alt. Sobald wir auf die Straße hinunter konnten oder in den Klub, spielten wir Krieg, Soldaten und Diebe. Unsere Generation wurde mit der Erinnerung an den Krieg von 1973 aufgezogen. Das hat uns sehr geprägt. (Gemeint ist der Jom-Kippur-Krieg)

Cris / *Lebt in Rumänien*
Meine Mutter hatte mir gesagt, Babys würden vom Storch gebracht. Ich wünschte mir einen Bruder oder etwas Kleineres, natürlich, um es zu quälen. Die Vorstellung, einen Kameraden zu haben, war ziemlich seltsam. Weil ich das Bedürfnis hatte, dass die Aufmerksamkeit meiner Eltern sich auf jemand anderen richtete, wünschte ich mir ein Geschwisterchen. Und als ich wusste, dass »der Storch schuld war«, ging ich an einen See und sprach mit ihm. Da überraschte mich meine Mutter, sie hat meinen Wunsch erhört, der Storch ist tatsächlich gekommen.

Bing / *Lebt in China*
Als ich fünf Jahre alt war, erinnere ich mich, kam einmal mittags mein Vater mit dem Traktor nach Hause, und da war eine Gruppe von ungefähr zehn Geburtskontrolleuren zu Hause, sie wollten das Kind meiner schwangeren Mutter wegnehmen. Ich war sehr wütend, das

durften sie nicht tun. Sie wollten sie mit Gewalt mitnehmen.

Hans / *Lebt in Ohio, USA*
Als mein kleiner Bruder geboren war, kam mein Vater aus dem Krankenhaus zurück und trat ins Zimmer. Er hob mich hoch über seinen Kopf und sagte: »Du hast einen kleinen Bruder!« Er war so glücklich! Das ist eine ganz körperliche Erinnerung, so hochgehoben zu werden.

Maria / *Lebt in Moskau, Russland*
Eine meiner frühesten Erinnerungen ist, wie mein Vater mich auf den Schultern trägt. Ich habe ein Kleid mit Margeriten an, ich bin ganz winzig, auf dem Kopf habe ich einen lächerlichen weißen Hut. Da ist nichts Konkretes, nur das Gefühl von den Schultern meines Vaters, dass ich größer bin als alle anderen und dass mein Vater sehr stolz auf mich ist.

Romina / *Lebt in Buenos Aires, Argentinien*
Ja, ich erinnere mich, dass ich freitags und samstags bei meinen Großeltern schlief, weil ich das wollte. Meine Großmutter weckte mich mit einem Milchkaffee. Ein schön schaumiger Milchkaffee, ich habe später nie wieder so einen bekommen. Das mag ich aus meiner Kindheit am liebsten. Morgens im Bett Milchkaffee trinken, mit meinem Großvater, denn ich schlief bei ihm, meine Großmutter schickten wir zum Schlafen ins Wohnzimmer. Und meine Großmutter kam dann mit ihrem Milchkaffee, und mein Großvater saß neben mir und las die Zeitung. Und der Geschmack dieses Milchkaffees, das ist, ich weiß nicht ...

Salah

Romina

Bing

Maria

Cris

Hans

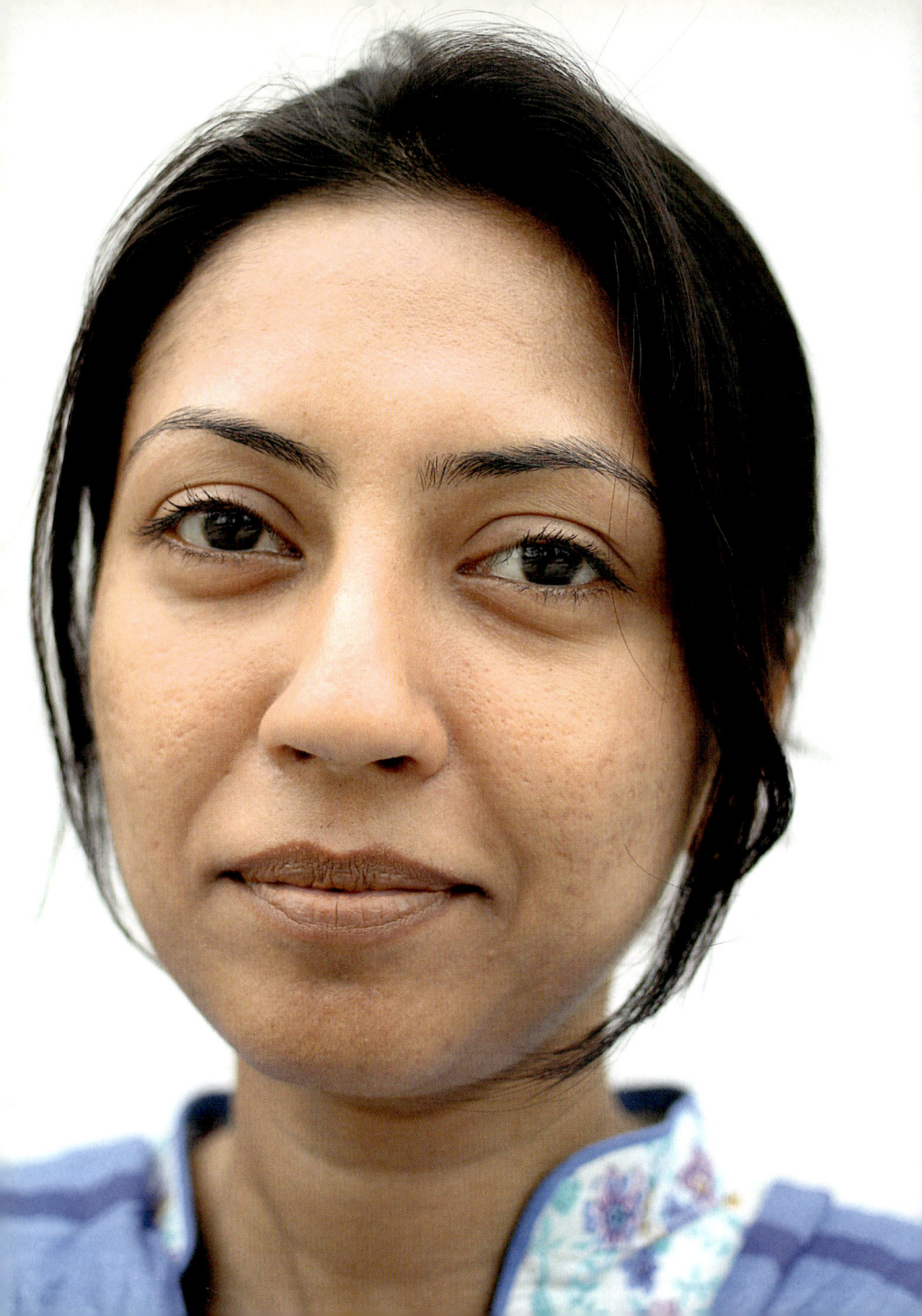

Nukhbat

Lebt in Pakistan

Wenn die Leute hören, dass
ich allein lebe, fragen sie, wo denn
meine Familie sei und warum
ich allein lebe. ... In unserer Gesellschaft ist das ein Tabu.

Porträt / Ich heiße Nukhbat, ich bin Pakistanerin. Ich wohne in Lahore. Dort bin ich geboren, aufgewachsen, habe meine gesamte Ausbildung absolviert und arbeite heute auch dort.

Arbeit / Die Arbeit, das muss ich ganz klar sagen, ist meine erste Liebe. Ich kann ohne meine Arbeit nicht leben. Sonst bin ich nicht frei ... Das ist mein wichtigster Überlebensfaktor. __ Als ich noch zur Schule ging, und selbst später an der Universität, hätte ich nie gedacht, dass ich es schaffen würde, dass ich einen Beruf ergreifen und eine unabhängige Frau sein würde. Das kommt wahrscheinlich von den Werten meiner Familie und daher, dass mein Vater arbeitende Frauen nie gemocht hat. __ Er hat sie immer schlecht behandelt, meine Mutter durfte nicht arbeiten. __ Als ich mit meiner Ausbildung fertig war, kam eines Tages meine Mutter zu mir und sagte: »Dein Vater arbeitet nicht. Für die Familie müssen wir aufkommen. Du bist die Älteste, also such dir eine Arbeit!« __ Aber damals war ich der Urtyp eines schüchternen Mädchens. Ich wusste nichts von der Welt draußen. Nichts. Ich war so verschlossen, dass ich von der Universität direkt nach Hause ging. Ich hatte keine Freunde, nicht einmal meine Cousins bei den Familienfesten. Ich blieb eingesperrt in meinen vier Wänden. __ Selbst als ich zu arbeiten anfing, war ich noch weit davon entfernt mir vorzustellen, dass ich einmal Journalistin werden würde, dass ich für einen Fernsehsender arbeiten würde, fotografieren, Dokumentarfilme drehen und viel reisen würde. Niemals hatte ich mir das vorgestellt.

Früheste Erinnerung / Meine früheste Erinnerung … Das erste Mal, als mein Vater mich geohrfeigt hat. Das ist etwas, was man nicht vergisst.

Gewalt / Ich habe drei jüngere Brüder, ich bin das einzige Mädchen. Die Leute hier glauben, wenn man das einzige Mädchen ist, lieben und schützen einen die Eltern erst recht. Das war bei mir nicht der Fall. __ Mein Vater schlug mich, sogar noch als ich Studentin war. Ich war schon eine junge Frau, und er schlug mich immer noch. Er setzte mich auf einen Stuhl, band mir die Hände hinter dem Rücken zusammen und ohrfeigte mich. Ich hatte ziemlich lange Haare, also nahm er mich bei den Haaren und schleuderte mich von einem Ende des Hauses zum anderen, manchmal sogar auf die Straße. __ Seine Brutalität isolierte mich, tötete mich gleichsam innerlich ab. Ich war unfähig, meine Persönlichkeit zu entwickeln, ich konnte nicht lächeln, glücklich sein, was Glück war, wusste ich nicht. __ Ich war immer sehr, sehr deprimiert und aggressiv. Diese Aggressivität behielt ich für mich, ich zeigte sie niemandem. Wenn ich aber allein zu Hause war, hatte ich Neigungen, mir ganz allein wehzutun, mich selbst zu verstümmeln und viel zu weinen. Aber niemals vor jemand anderem, nicht einmal vor meiner Mutter. __ Durch meine Adern fließt Blut, ich habe ein Gehirn zum Denken, eine Zunge, um zu sprechen, ein Herz, das schlägt. Und doch stellte ich mir immer dieselbe Frage, und ich stellte sie auch Gott: »Bin ich überhaupt ein lebender Mensch?« Ich meine, wenn mein Vater mich schlug, sah er mich nicht als Lebewesen, er behandelte mich wie ein Spielzeug. Alles, was er wollte, war, mich zu misshandeln. Er hat mich immer misshandelt. __ Da ich keine Antwort bekam, begann ich, mich zu schneiden, bloß um zu sehen, ob wirklich Blut durch meine Adern floss und ob ich Schmerz empfand. __ Das also hat die Gewalt in mir ausgelöst.

Erfolg im Leben / Ich bin von zu Hause ausgezogen. __ Als ich gemeinsam mit meinen Eltern im Büro eines Rechtsberaters stand, fragte mich meine Mutter: »Bist du wirklich sicher, dass du allein leben möchtest?« Sie wusste, dass ich wirklich ganz allein war. Ich hatte keinen, der mir half. Keine Freunde, niemanden. Ich hatte weder Geld noch Arbeit. Ich hatte noch nicht einmal einen Mantel. Meine einzigen Kleider trug ich am Leib. Ich hatte nur meine Papiere und meine Zeugnisse. __ Als sie sah, wie beharrlich ich blieb, weinte sie und sagte: »Aber wie willst du nur durchkommen?« Damals hatte ich keinerlei Erfahrung, und ich konnte mir auch keine Vorstellung von der Zukunft machen. Und dennoch, trotz dieser Ungewissheit, sagte ich in feierlichem Ton, ja, ich wolle allein leben, selbst zurechtkommen, studieren, arbeiten und mein eigenes Leben führen. __ Wenn ich daran zurückdenke, kommt mir das unglaublich vor, auch wenn ich Allah dankbar bin. Denn mein Leben ruht auf zwei sehr, sehr starken Überzeugungen: dem Glauben an Allah und dem Vertrauen in mich selbst.

Tradition / Fast überall versucht einen ein Familienmitglied zu zerstören. Manchmal ist es der Vater, manchmal der Bruder, manchmal die Mutter … Aber die neue Generation lässt das nicht mehr zu. Sie versucht, sich zu wehren, aber die Gesellschaft verweigert diese Rebellion. __ Mein Vater hätte nie gedacht, dass seine einzige Tochter ihm entkommen würde. Dabei habe ich nichts anderes getan, als ihm zu sagen, dass ich beschlossen hatte, nicht mehr mit ihm unter einem Dach zu wohnen, und zwar wegen seines Verhaltens. __ Aber in unserer Gesellschaft ist dieses Thema ein Tabu. Wenn die Leute hören, dass ich allein lebe, fragen sie, wo denn meine Familie sei und warum ich allein lebe. Die Leute begreifen nicht, dass ich von zu Hause weggegangen bin, weil es diese Auseinandersetzung mit meinem Vater gab, wegen seiner Wesensart, der Art, wie er meine Mutter behandelt hat, wie er mich und meine Brüder behandelt hat. Das ist etwas, was ich am Ende nicht mehr hingenommen habe.

Tabus / Damals sagte mein Vater: »Sie ist von zu Hause weggegangen, weil sie eine Liebschaft hatte. Sie wollte heiraten, frei sein. Wäre sie allein gewesen, hätte sie nicht gehen können. Sie hätte sich nicht getraut. Ganz sicher nicht!« Das dachte mein Vater, aber auch, davon bin ich ehrlich überzeugt, 98 Prozent der Leute in unserer Gesellschaft. In dieser Gesellschaft kann sich niemand vorstellen, dass eine Frau sich ein Herz nimmt und beschließt, allein zu leben.

Glück / Wenn ich zurückblicke, merke ich, dass ich in meinem Leben viele Glücksmomente erlebt habe, aber alle erst, nachdem ich meine Familie verlassen hatte. Ich habe keine einzige schöne Erinnerung an zu Hause. Ich wusste damals nicht einmal, was Glück ist. __ Aber als ich anfing, allein zu leben, unabhängig zu sein, als ich zum ersten Mal in meinem Leben etwas geschafft hatte ... da war ich vielleicht glücklich! Ich habe es an die Filmschule geschafft. Das war sehr schwierig, das Niveau war sehr hoch, die Prüfung war sehr schwer. Viele versuchen es ... und ich habe es geschafft! Ganz allein! Daran erinnere ich mich wie heute. Das war der glücklichste Tag in meinem Leben.

Gott / Gott hat mir den freien Willen gegeben. Er hat mich zum Menschen gemacht. Diesen freien Willen nutze ich ganz und gar aus. Ich bin ihm sehr dankbar, dass er mir das größte Geschenk der Welt gemacht hat. Davon lebe ich jeden Tag.

Angst / Meine größte Angst ist, mein Gott könnte auf mich zornig sein. Ich bin nicht religiös, aber ich bin ein spiritueller Mensch. Ich bete nicht oft. Ich bin seit jeher Muslimin, aber meine Religion ist die Menschheit. Ich vertraue ihr. Gott existiert. Ich liebe ihn, und er liebt mich. Läge sein Zorn auf mir, so wäre nichts mehr möglich.

Familie / Ehrlich gesagt, nach sechs Jahren Alleinsein lastet die Einsamkeit manchmal schwer auf mir. Aber meine Laufbahn ist wichtiger als eine Familie. Ich glaube nicht, dass ich eines Tages eine eigene Familie gründen kann. Wann immer ich eine Beziehung erwäge, an eine Heirat denke, daran, meine eigene Familie zu gründen, stellt sich etwas in mir quer. Das ist wirklich sehr schwer für mich ... Vielleicht werde ich eines Tages, in drei oder vier Jahren, Kinder adoptieren. Und dann gründe ich meine eigene Familie. Aber heiraten, mit jemandem eine Beziehung leben ... bei der Vorstellung, zu zweit unter demselben Dach zu leben, ist mir unwohl.

Khedeyja Toua

Lebt in Mali

Die Meinen sind für mich wie die Zweige eines Baums.

Porträt / Ich bin Khedeyja. »Toua« ist der Vorname, mit dem ich meistens gerufen werde.

Erinnerung / Als ich ein kleines Mädchen war, spielte ich einmal im Regen. Ich ging aus dem Lager hinaus. Es regnete, regnete und regnete; ich schlief ein, weit entfernt vom Lager, im »Ténéré«. Im Lager suchten sie mich. __ Irgendetwas, ein Dschinn, kam und holte mich aus dem Schlaf, versetzte mich, brachte mich in die Nähe des Lagers, zeigte mir das Feuer. Dieses Etwas sagte mir: »Da ist das Lager.« Als ich im Lager ankam, nahm mich jemand in die Arme und brachte mich zu meiner Mutter. Das ist eine Erinnerung, die ich nie vergessen werde.

Familie / Familie ist für mich ein Lager von Blutsverwandten, bei denen ich lebe, egal ob sie Weiße sind oder Schwarze. __ Die Meinen sind für mich wie die Zweige eines Baums. Dass ich heute hier bin (auf dem *Festival au Désert* nahe Timbuktu), liegt daran, dass ich mit meiner Zeit harmonieren möchte. Wenn deine Kinder und alle Deinen aktiv in einer Epoche leben, dann ist man es sich doch schuldig, dasselbe zu tun und als Zeitzeuge zu leben. __ Die Geschwisterrunde ist für mich Zeichen der Fülle, eines Glücks und einer Dankbarkeit gegenüber dem Leben. __ Wenn du hier bist bei allen, die dich lieben, dann fehlt dir nichts mehr, um in diesem Leben glücklich zu sein. Sich mit den Seinen umgeben, alle Hautfarben miteinander, sie zusammenholen, das muss heute die Lebensgrundlage sein. Du hast moralische Verpflichtungen gegenüber deinem eigenen Sohn, und der Sohn deines Bruders ist auch dein Sohn.

Mit auf den Weg geben / Eine sehr gute Erziehung, Freundlichkeit, dass die Kinder selbstsicher sind durch ihr Benehmen, ihre Erziehung und ihre Geduld, damit sie mit jedem Menschen, dem sie auf ihrem Weg begegnen, ein Stück weit gehen können. Das sind Werte, die meines Erachtens den größten Reichtum darstellen: die Würde zu besitzen, die dich zum idealen Wegbegleiter macht. Das möchte ich meinen Kindern mitgeben. __ Ich könnte ihnen auch etwas Materielles vermachen, aber lieber gebe ich ihnen gute Manieren mit. Denn wenn du deinen Kindern gutes Benehmen, Freundlichkeit und Würde mitgibst, sind sie in der Lage, jedem beliebigen Menschen ein guter Gefährte zu sein. __ Wer sich nicht gut benehmen kann, kann sich nur aus Gründen der Vorteilnahme an jemand anderen binden. Und wenn er es auch lange versucht hat, wird der andere einen schließlich aufgeben. Denn selbst wenn er geduldig ist – einen Tag, zwei Tage oder über Jahre hinweg – mit jemandem, der sich aus Eigenliebe nicht gut benimmt, irgendwann gerät diese Geduld doch an ihre Grenzen.

Denn wenn du deinen Kindern gutes Benehmen ... mitgibst, sind sie in der Lage, jedem beliebigen Menschen ein guter Gefährte zu sein.

Besseres Leben als die Eltern / Ich merke, dass sich die Zeiten ändern. Es hat viele Veränderungen gegeben, und sie sind unvermeidlich, gehören eben zum Leben. Das Leben wird so enden, wie es begonnen hat, niemand kann daran irgendetwas ändern. Die Einsichten, die wir gestern hatten, sind heute nicht mehr gültig. Aber wir danken unserem Gott, und wir geben uns zufrieden mit dem, was er für uns entscheidet. Denn unsere Pflicht ist es nur, Gott zu gehorchen und anzunehmen.

Schlimmste Erfahrung / Was mir heute am meisten Kummer macht, ist die Entzweiung der Brüder. Es ist nicht mehr wie früher. Das tut mir am meisten weh. Hörst du, mein Kind? Das ist überhaupt keine Lüge! Früher nämlich wohnte jeder Bruder fest im Herzen des anderen. Heute wird alles durchgesiebt, und das macht mir sehr viel Kummer.

Glück / Was mich vor allem glücklich macht, ist das Leben, ich mag nämlich das Leben und weiß, dass es sich nur aus dem Leben schaffen lässt. Ich will reich sein, und ich weiß, der größte Reichtum sind die festen Bruderbande, die Brüder untereinander halten. Das macht mich überaus fröhlich, weil ich das verstanden habe.

Liebe / Die Liebe ist unvergleichlich. Wenn du jemands Blick begegnest und sofort weißt, dass du ihn liebst – mag er dir auch keinerlei Nutzen bringen –, dann kannst du sicher sein, dass sein Herz über allem steht. Du bist sicher, dass er dein Herz mit keinem anderen vergleichen wird, um nichts in der Welt. Und damit wird er dir beweisen, dass die Liebe nie auf etwas Materiellem gründen kann. Geschaffen hat die Liebe Gott, und er richtet es so ein, dass zwei sich lieben.

Anders als die anderen / Ich bin in niemands Geist. Es kommt vor, dass ich in meinen eigenen Gedanken nicht vorkomme und noch weniger in denen der anderen. Mein Geist trennt sich manchmal von meiner Seele. Mein Denken verändert sich ständig durch die sachlichen Zwänge und die göttliche Gnade. Wenn man davon ausgeht, wie soll ich dann die Seele der anderen in mir aufnehmen und wissen, was sie enthält?

Lachen / Daran, hemmungslos zu lachen, hindern mich meine Gedanken und meine Taten. Jedes Mal, wenn ich in mir selbst denke, wenn ich lache, kommt mir »die andere Welt« in den Sinn. Aber wenn jemand etwas tut, was ihn nicht entehrt, kann er schließlich maßvoll lachen. Anders kann man nicht lachen, nicht jemand, der tief in seinem Inneren denkt.

Freiheit / Für Gott gibt es keine Absurdität. Ich weiß, dass er allmächtig ist, denn er hat uns erschaffen, und als diesen seinen Geschöpfen ließ er uns freien Lauf auf der Erde; also kann er jedem die Freiheit geben, zu tun, was er will, in diesem Leben und in dem nach dem Tod, das vereinfacht ihm seine Schöpfung.

Sinn des Lebens / Das Leben ist für mich nichts anderes als dieser Schatten des Morgens, der kommt und der geht. Ich sehe keinen anderen Zweck in ihm als den, dass Gott es geschaffen hat: Wenn er es eines Tages anhält, wird es weg sein. Ich denke, aber ich behaupte nicht, dass das für jeden dasselbe ist, Gott hat es nun einmal geschaffen, da lässt er es laufen, wie es will.

Laya

Inoussou Asséréou

Wladimir

Marina

WAS BEDEUTET IHNEN DIE FAMILIE?

Laya / *Lebt in Mali*
Für uns hier bedeutet die Familie alles. Die Familie sind all die Menschen, die demselben Vater, derselben Mutter geboren sind, denselben Ahnen, demselben Blut. Die weitere Familie ist die Großmutter, der Großvater, der Onkel, die Tante, die Neffen, hier leben wir das so. Familie ist Einigkeit, Zusammenhalt, gegenseitiger Respekt; wir ergänzen einander. Das bedeutet hier Familie. Deshalb ist uns bis heute von Herzen daran gelegen, als geeinte Familie beisammenzubleiben, aber allmählich sehe ich die Entzweiung aufkommen, weil alle dazu neigen, sich loszulösen, um eine Kernfamilie zu bilden: der Mann, seine Frau, ihre Kinder.

Wladimir / *Lebt in Moskau, Russland*
Die Familie ist der Ort, das kleine Nest der Liebe, wohin du kommst, um dich zu erholen. Der Mensch wurde geschaffen, um seine Liebe zu den anderen zu entwickeln. Die Familie ist das erste Versuchsfeld. Es ist uninteressant, nur für sich selbst zu leben, das ist, als wäre man eine schwarze Glühbirne, die niemandem Licht gibt.

Marina / *Lebt in Moskau, Russland*
Meine Familie ... für mich ... ist das wie ein Naturgesetz. Irgendwann musste ich verheiratet sein, also habe ich geheiratet. Es mag eine Zeit kommen, in der wir alle Roboter sind, in der man die Familie nicht mehr braucht; würde ich diese Zeit erleben, könnte ich vielleicht auf eine Familie sehr gut verzichten. Es hängt von den sozialen Bedingungen ab. Ich bin nicht jemand, der sagt: »Oh! Die Familie! Die Familie hat mich die letzten Nerven gekostet.«

Inoussou Asséréou / *Lebt in Benin*
In einem bestimmten Alter muss man eine Familie gründen. Für mich ist das elementar, das verteidige ich gegen jede Autorität, man braucht eine Familie. Wer keine Familie hat, kann nicht ... Er bereitet einer Kultur des Individualismus den Boden. Wer nicht die Widersprüche in seiner eigenen Familie lösen kann, kann keiner sein, der den anderen zur Entfaltung verhilft. Sonst wären wir wie das, was Sie in Ihrer Tasche tragen, da, mehrere Gegenstände, die nebeneinanderliegen, aber nicht wirklich zusammengehören. Doch wir dürfen nicht einfach nebeneinander herleben, wir müssen unsere Leidenschaften teilen, wir müssen unsere Freuden teilen.

Familie ist Einigkeit, Zusammenhalt, gegenseitiger Respekt; wir ergänzen einander.

Raschid / *Lebt in Ägypten*
Für mich ist Familie nicht einfach bloß Vater und Mutter. Für mich ist die Familie eine sehr weitgreifende Gemeinschaft. In unserer Kindheit lebten wir an Orten, an denen alle sich mischten: Cousinen, Tanten, Großmütter, Mütter, Nachbarinnen ... Und als wir jung waren, brauchte nur ein Kind zu weinen, und schon zog die erste Frau, die vorbeikam, die Brust heraus und ließ es nuckeln. Auch wenn sie keine Milch hatte, es war eben wie ein Lutscher, man nahm die Brustwarze in den Mund, und das gab einem wieder Sicherheit. Ich glaube also, diese Liebe der Frauen ist für uns sehr wichtig, denn ihnen verdanken wir das Glück, umarmt worden zu sein und alle möglichen Brüste gekostet zu haben.

Aron / *Lebt in Hongkong, China*
Ich lebe in einem Haus, in dem die Familie 80 Mitglieder zählt. Die Familie ist etwas sehr Wichtiges! Ich bin mit meinen Cousins aufgewachsen, meinen Onkels und Tanten, meinen Brüdern und Schwestern ... Unser Haus hatte 40 Zimmer, und wir gingen in die Zimmer der anderen, als wären es unsere. Was für ein Glück! So hat man wichtige Bindungen mit Leuten außerhalb seiner unmittelbaren Umgebung, das gibt einem einen anderen Blick auf das Leben.

Leyla / *Lebt in der Türkei*
Für mich ist Familie, wenn Mutter und Vater miteinander in Harmonie leben. Ich sage nicht, dass sie sich unbedingt lieben müssen; wenn das der Fall ist, umso besser. Aber dass sie sich ergänzen, dass sie gut miteinander auskommen und dass sie, wenn sie abends nach Hause kommen und am selben Tisch essen, gemeinsam lachen können. Leider habe ich dieses Leben mit meinem Vater und meiner Mutter nicht gekannt, denn mein Vater nahm, sobald er nach Hause kam, seine Bücher und die Tageszeitungen und las. Meine Mutter war eine sehr sensible Frau, nach ihrem Tod habe ich herausgefunden, dass sie überall auf die Zeitungsränder »Sprich mit mir, sprich mit mir« geschrieben hat. Da merkte ich, wie großen Kummer es ihr bereitet hat, nicht sprechen zu können, und sie tat mir wirklich leid.

Ebba / *Lebt in Frankreich*
Die Familie ist mir sehr wichtig. Ich komme aus einer ziemlich großen, komplizierten Familie. Meine Eltern haben sich scheiden lassen, als ich noch klein war. Mein Vater hat eine andere Frau geheiratet, die schon drei Kinder hatte. Und meine Mutter hat auch wieder geheiratet und noch eine Tochter bekommen. Also habe ich insgesamt sechs Geschwister: drei, die weder denselben Vater noch dieselbe Mutter haben wie ich, eine Halbschwester und zwei echte Brüder. Aber für mich sind sie alle echte Geschwister. Wir haben beschlossen, dass wir eine Familie sind. Für mich ist Familie nämlich etwas, was man mit seinem Herzen erwählt. Wenn ich die vorstelle, mit denen ich kein gemeinsames Elternteil habe, dann stelle ich sie trotzdem als »Bruder« oder »Schwester« vor. Wir sind zusammen aufgewachsen, und das ist doch wichtig.

Aron

Leyla

Raschid

Ebba

Ismet

Nikolai

Carolyn

Penelope

Ismet / *Lebt in der Türkei*
Ich möchte gerne meine Familienmitglieder auswechseln, ich möchte meine Brüder eintauschen gegen verständnisvollere Brüder, sonst nichts ... Eigentlich möchte ich wirklich meine ganze Familie auswechseln.

Penelope / *Lebt in Australien*
Die Familie kann einen sehr grundlegend beeinflussen, sehr früh und ganz unumkehrbar, und das positiv oder negativ. Sie beeinflusst einen im guten und im schlechten Sinne. Als mein Vater meine Mutter verlassen hat, war ich ein Teenager, und er hat mir die Schuld daran gegeben. Damit hat er mich für den Rest meines Lebens verletzt. Ich bin nie darüber hinweggekommen. Meine Mutter ist daran zerbrochen und gestorben. Aber ich werde nie vergessen, was mein Vater gesagt hat, als er mir ankündigte, dass er gehen würde: dass es meine Schuld sei. Deshalb glaube ich, dass die Familie einem Gutes tun kann, aber sie kann einem auch unumkehrbar Schlechtes antun, denn dieses Schlechte kommt von jemandem, den man liebt; auch wenn man ihn nicht schätzt, man liebt ihn doch, und dann können seine Worte einen tief verletzen ...

Carolyn / *Lebt in Großbritannien*
Was mir die Familie bedeutet? In meiner eigenen Familie heißt das Liebe, Zuneigung, Lachen, Toleranz, Freundlichkeit; ich glaube, es kann auch ein bisschen Stress sein, aber man kann so viel über sich selbst lernen. Ich sehe in meinen Kindern meine Lehrer und nicht umgekehrt. Verheiratet zu sein, ist ein interessantes Abenteuer in Bezug auf gegenseitige Annahme, Toleranz und Heilung. Was meine weitere Familie angeht, so habe ich irgendwann begriffen, dass man seine Geschwister nicht lieben muss. Ich glaube, ich kann von ihnen noch etwas lernen. Ich glaube, mein ganzes Leben besteht darin, zu diesem Moment zu gelangen, in dem ich meine Eltern ganz und gar so akzeptiere, wie sie sind, und dann kann ich mich auch selbst akzeptieren. Im Grunde ist die Familie, finde ich, eine große Lehrstunde.

Nikolai / *Lebt in der Ukraine*
Ich erfahre Familie weder als etwas Fremdes noch als etwas, ohne das ich nicht leben könnte. Jeder stirbt allein und auf seine Art und Weise, jeder lebt sein eigenes Leben. Egal, wie verbunden du deiner Familie bist oder wie sehr du jemanden liebst, du kannst die Gefühle eines Nahestehenden nie so gut verstehen wie deine eigenen. Du kannst seine Gefühle nach deinen eigenen ausformen, aber in jedem Fall bleibst du allein. Der Mensch ist allein in dieser Welt. Vielleicht hat das Sartre gesagt, ich wiederhole das nur, aber es ist so: »Der Mensch muss allein leben, egal, welchen Platz seine Familie bei ihm einnimmt.«

Man muss seine Geschwister nicht lieben.

Nathalie / *Lebt in Hongkong, China*
Was mir gefehlt hat? Das Glück einer Familie, glaube ich. Die Leute widmen ihren Sonntag der Familie, ob sie nun etwas unternehmen oder nicht. Aber bei mir war das nicht so. Weil ich, seit ich klein bin, bei meinem Vater wohne und meine Mutter nur selten sehe. Manchmal nahm mich meine Mama sonntags auf einen Spaziergang mit. Seit ich fünf oder sechs bin, sind mein Papa und meine Mama nicht mehr gleichzeitig bei mir. Bis zum Tag meiner Diplomfeier an der Universität, da habe ich sie gebeten, ein Foto mit mir zu machen. Ich war in diesem Moment sehr glücklich. Wenigstens habe ich jetzt ein Foto mit meinem Papa und meiner Mama, und jetzt bin ich erwachsen und habe ein vollständiges Familienfoto.

Margie / *Lebt in Texas, USA*
Mein Mann und ich waren beide so mit unserer Karriere beschäftigt, dass wir uns immer gesagt haben: »Irgendwann bekommen wir Kinder! Irgendwann haben wir welche!« Bis wir uns eines Tages gesagt haben: »Jetzt sind wir zu alt, um Kinder zu bekommen!« Viele unserer Freunde haben welche. Übrigens ist das Leben in den USA ganz anders als in den Ländern, in denen man für die Erziehung der Kinder viel Unterstützung bekommt, in denen die Verwandten in der Nähe wohnen ... Mein Cousin wohnt in Spanien. Seine Großeltern kommen ihn oft besuchen. Sie holen die Kinder von der Schule ab. Hier gibt es so etwas nicht. Hier ist jeder auf sich selbst gestellt. Du musst schon jemanden anstel-len für solche Dinge. Ein Paar kann nicht gleichzeitig Karriere machen wollen und eine Familie gründen. Wir mussten uns entscheiden! Es gab im Leben zu viele Dinge, die wir machen wollten. Man kann eben nicht alles haben!

Elisabeth / *Lebt in der Antarktis*
Mir bedeutet Familie nicht besonders viel. Ich habe eine ungewöhnliche Familie: Ich bin Einzelkind und habe selbst keine Kinder. Mein Mann ist auch Einzelkind und hat auch keine Kinder. Das ist auch gar nicht so wichtig, meine Familie sind nämlich meine Freunde.

Cristina / *Lebt in Italien*
Ich will keine Kinder. Erstens, weil ich glaube, das ist eine ungeheure, ewige Verantwortung, und alles, was ewig ist, macht mir Angst. Ewig im Sinn von ein Leben lang. Zweitens bin ich Egoist. Bei dem wenigen, das ich habe, und vor allem bei dem wenigen Geld, das ich habe, kann ich mir bei der jetzigen inter-nationalen und nationalen Wirtschafts-situation keine Familie leisten. Ich will mich nicht aufopfern. Mir geht es gut so. Hätte ich ein Kind, würde mein Lebens-standard deutlich sinken. Das ist eine sehr egoistische Überlegung, aber so bin ich nun mal, und ich stehe dazu. Außer-dem macht mir die Vorstellung der Ver-antwortung wirklich Angst. Es ist falsch zu glauben, dass ein Sohn mit 30 oder 40 Jahren vollständig unabhängig ist; wenn ihm etwas zustößt – wenn er bei einem Unfall umkommt, ins Gefängnis kommt ... –, dann würde ich mich als Mutter verantwortlich fühlen!

Nathalie

Cristina

Margie

Elisabeth

Payana

Hamdi

Maria Ester

Payana / *Lebt in Äthiopien*
Weil ich zu viele Kinder bekam, wurde ich arm. Ich bin alt und krank, ich liege im Sterben, alle meine Kinder sind fort. Warum all diese Probleme? Man kommt betrunken nach Hause, weiß nicht, dass die Frau gerade ihren Eisprung hatte, und dann wird sie schwanger. Bei uns kam es dazu aus Mangel an Bildung. Inzwischen ist der Fortschritt zu den Konso gekommen, die Frauen der Bauern können Pillen zur Empfängnisverhütung kaufen, und so werden sie nicht schwanger, bevor die anderen Kinder etwas größer sind. Deshalb haben sie gute Schuhe, saubere Kleider und ein besseres Leben als wir. Aber wir hatten keine Ahnung.

Ich brauche das Gefühl, jemanden zu beschützen, sonst fühle ich mich unnütz.

Hamdi / *Lebt in Frankreich*
Meine Eltern haben für meinen Lebensunterhalt gesorgt, ich vergesse das nicht, sie haben mich versorgt, bis ich volljährig war. Danach bin ich fortgegangen, ich musste sie verlassen. Jetzt muss ich ihnen helfen. Bei uns ist das so; bei den Arabern braucht man nicht alles auf Heller und Pfennig zurückzuzahlen, aber man muss seine Eltern gut behandeln. Man darf nicht einfach gehen, die Tür hinter sich zuschlagen und sagen: »Tschüss, es ist aus!« Nein, nein, nein, auf keinen Fall! Das ist eine Frage der Erziehung; manche sind allerdings nicht so erzogen. In meinem Umfeld gibt es Leute, die es fertigbringen zu sagen:»So, ich bin 18 und volljährig, ich schlage die Tür zu und vergesse alles.« Bei uns ist das nicht so, bei uns kommt man gern zum Ursprung zurück.

Maria Ester / *Lebt in Buenos Aires, Argentinien*
Die Familie ist alles. Mein Leben spielt sich nur im Verhältnis zu meiner Familie ab. ... Sie sind manchmal genervt, weil ich ziemlich hohe Ansprüche habe, ich umhege sie zu sehr, ich versuche, sie vor allem zu schützen. Ich weiß, dass das nicht richtig ist, aber ich kann nicht dagegen an ... Es überkommt mich immer wieder. Sie brauchen meinen Schutz zwar gar nicht mehr, weil sie schon groß sind, aber ich brauche das Gefühl, jemanden zu beschützen, sonst fühle ich mich unnütz.

Claude

Lebt in Frankreich

Wer weiß, woher er kommt, kann mühelos entscheiden, wohin er geht.

Porträt / Ich habe eine ungewöhnliche Geschichte hier in der Bretagne. Ich bin von unbekannten Eltern geboren. 13 Tage nach meiner Geburt bin ich hier in die Monts d'Arrée gekommen. In meiner Jugend habe ich eine Weltreise gemacht. Per Zufall kam ich an einen Job in dem Atomkraftwerk da, und da habe ich meine Herkunft entdeckt. Claude. Jetzt gehe ich auf die 70 zu.

Erinnerung / Die wichtigste liegt in meiner frühen Kindheit. Ich wurde geprägt von den Werten der »Natur«. Die Kultur, die ich heute praktiziere, kam von den Füßen her. Sie kam nicht von oben. Sie gelangte von den Füßen her ins Herz, und dann erst erreichte sie meine rechte Gehirnhälfte, die der Emotionen und der Fantasie. __ Dann kommt ja noch alles das, was die linke Gehirnhälfte betrifft, Sprache und Wissen, das man in die Praxis umsetzen muss. __ Die rechte Gehirnhälfte, das sind die Geschichten, die ich erzählt bekam, als ich klein war, mit dem Wald, den Wiesen, den Elementen, der Natur ... Die linke Gehirnhälfte, das ist alles, was man in der Schule lernt. Für mich ist die Schule etwas Technisches. Vielleicht habe ich wegen dieser vielen Technik eines Tages Schiff-bruch erlitten. Ich wollte zu hoch hinaus, und deshalb musste ich plötzlich wieder bei null anfangen. __ Wenn man scheitert, nutzt man die rechte Gehirnhälfte, um wieder auf die Beine zu kommen. Mich hat das gerettet. Und so bin ich Märchenerzähler geworden. __ Ich war über das Alter hinaus, in dem man sich Wissen aneignet. Meine linke Gehirn-hälfte war zu nichts mehr nütze. Übrig waren bloß die Geschichten und Gestalten aus den Legenden meiner Kindheit. Später habe ich sie in meinen Märchen wiederverwendet.

Liebe / Meine Frau ... Das war ein bisschen merkwürdig. Ich war ein Weltenbummler, ich war nicht fürs Heiraten gemacht. Ich hatte kurze Beziehungen, das war genau richtig für mich. Und dann, als ich hierher kam, verzauberte mich die Umgebung, die Landschaft. Aber ganz schnell habe ich gemerkt, dass es bestimmte Regeln zu beachten gab. __ Einer aus der Gegend sagte mir: »Oh la, um hier zu leben, muss man sich mit viel Sicherheit umgeben.« Ich sagte: »Ach ja?« Er fragte: »Bist du verheiratet?« Ich antwortete: »Nein, warum?« – »Das ist die erste Regel. Die Lebensumstände sind hier so hart, dass man sie nur zu zweit ertragen kann.« __ Das habe ich also geregelt. Ich habe eine Familie gegründet. Es war keine Selbstverständlichkeit, dass jemand sich bereit erklärte, eine Familie mit mir zu gründen, denn man trägt schon einen Haufen Komplexe mit sich rum, wenn man von dort kommt, wo ich herkam. Wir haben einen ganzen Parcours gemeinsam absolviert. Was uns einander am nächsten gebracht hat, sind die Herausforderungen: gemeinsam wieder hochkommen, wenn man alles verloren hat. Und da geht es nicht so sehr um körperliche Liebe, sondern darum, eine Sache zu vertreten, eine Lebensform, einen gemeinsamen Glauben ...

Familie / Wenn man es schon in der Familie nicht fertigbringt, zusammenzuleben, wie soll das dann erst in der Gesellschaft funktionieren? Toleranz fängt dort an. __ Wenn wir mit der Familie bei der Feldarbeit sind, fragen die Leute: »Wie macht ihr das? Drei Generationen!« __ Wir halten zusammen, eine Art Klan, wir brauchen keine Gurus. Die Solidarität erspart uns die Abhängigkeit von anderen.

Beruf / Die Leute von hier haben uns gesagt: »Aber ihr seid ja Märchenerzähler!« Da fingen wir an, aus unserer Kindheit zu schöpfen und Geschichten zu erzählen. Es fällt uns nicht schwer, etwas zu erfinden, wir brauchen keine literarischen Recherchen, alles liegt schon in uns. Eines Tages sagte mir der Märchenerzähler Alain Le Goff: »Hör zu, das ist für dich gemacht: Das Reservoir der Legenden liegt vor dir.« __ Das stimmt, wir haben das Glück, in einer Gegend mit wunderbaren Legenden zu wohnen. Also fingen wir an zu reden. Und wir merkten, dass wir beim Reden einen besonders engen Kontakt zu den Leuten bekamen. Und die Leute von hier sagten uns wiederum: »Wollt ihr uns zu Bauerntrampeln abstempeln, dass ihr die alten bretonischen Geschichten ausgrabt?« __ Aber am Ende haben wir es richtig gemacht. Das bringt uns einander nicht nur näher, sondern wir merken auch, dass die Leute das brauchen. Das ist eine Verankerung. Wurzeln ... Anfangs wundern sie sich; dann macht es klick; und schließlich sagen sie, dass ihnen das eine enorme Hilfe ist. __ Ich glaube, im Märchen ist nicht die Geschichte das Wichtigste, sondern die Art und Weise, wie sie erzählt wird. Eine Geschichte kann nicht alle gleichzeitig ansprechen. Aber beim Erzählen bin ich praktisch sicher, jedes Mal die Fähigkeit zum Träumen zu erwecken. Und gerade dieses Träumen ist heilsam. Wenn ich jemandem dazu verhelfe, Träume wachzurufen, habe ich schon gewonnen.

Gelungenes Leben / Die Sache mit der Legendo-Therapie kam bei einer Sitzung über die touristische Zukunft der Region auf. __ Ich erklärte, wie ich vorging: dass wir beim Geschichtenerzählen die Leute in den Matsch mitnahmen, dass wir sie dazu brachten, gern im prasselnden Regen zu stehen, dass wir sie anregten, ihre Masken abzulegen, völliger Wahnsinn! __ Da rief der Sitzungsleiter: »Aber das ist ja Legendo-Therapie!« Ich antwortete: »Danke, Monsieur. Erlauben Sie mir, diesen Begriff zu übernehmen, danach suche ich seit Jahren.« Genau das bedeuten doch Legenden. Den Leuten Gelegenheit zu geben, ihre Spannungen abzubauen, zu kommunizieren, miteinander zu sprechen. Und jeder kann das auf einer Ebene tun, die ihm passt.

Natur / Per Radiästhesie analysiere ich die Orte, Kult- und Begräbnisstätten. Dann arbeite ich am Gefühlten. Was man fühlt, ist wesentlich. __ Wir haben es uns abgewöhnt, barfuß zu gehen, mit dem Boden in Kontakt zu sein. Wir sind nicht mehr geerdet. Früher konnten die Leute, ein bisschen wie Tiere, spüren, was von den Orten zu halten war. __ Heute haben wir uns von diesen Wahrnehmungen abgeschnitten, weil wir der Meinung sind, an den Füßen zu frieren. Wir haben uns mit Künstlichem umgeben, so dass wir keine natürlichen Empfindungen mehr haben. __ Deshalb arbeiten wir mit unserer kleinen Gruppe rund um Kultstätten. Wir versuchen zu begreifen, warum ein Kult genau hier entstanden ist und nicht anderswo, und wir stellen fest, dass an all diesen Stätten ein Ort der Kraft ist. Er ist durchzogen von Wellen von Naturkräften, konvergierenden Kräften, sich kreuzenden Kräften und so weiter. Ich lese nicht, ich schreibe nicht, ich höre zu. Ich würde gerne fließend aus dem großen Buch der Natur lesen können, denn dort steht alles geschrieben. Auf Bibliotheken kann ich verzichten, wenn ich nur mein Unterbewusstsein, meine Intuition einsetze. Da gehen ständig Signale ein, die andeuten: Das und das wird gleich passieren. Was uns fehlt, ist der Zugang dazu. Unsere Vorfahren konnten die Natur besser lesen als wir – das Buch von Erde, Kosmos, Mond und Sonne.

Freude / Meine größte Freude ist dieser kleine Mann hier. Als mir meine Tochter eines Tages weinend mitteilte, sie sei schwanger, sagte ich: »Hör mal, dass dieses Baby kommen soll, ist die schönste Eröffnung, die du mir machen kannst!« __ Er wurde die reinste Herzensfreude. Meine zweite Freude war, als er auf Bretonisch mit mir geredet hat. Eines Tages hat er mir die Hand gegeben, ich sollte mich Hand in Hand mit ihm aufstellen wie in der Schule: »Daw, daw.« Das sagte er auf Bretonisch. Das war super. Bretonisch, meine Muttersprache, sollen sie uns doch nerven mit ihrem Gerede, dass es bald aus sei damit, dass keiner es mehr sprechen wird, dass es eine Minderheitensprache ist und so weiter: Es ist aber doch meine Sprache! __ Dass dieser »Dreikäsehoch« mir die Hand gegeben und »daw, daw« gesagt hat, ist doch ein Zeichen dafür, dass meine Sprache nicht tot ist. Auch ein Zeichen, dass es weitergeht.

Mit auf den Weg geben / Die Vermittlung der Kultur ist lebenswichtig. Wer nicht weiß, woher er kommt, kann ja gar nicht wissen, wohin er geht. __ Am besten lassen sich die Werte im Familienkreis weitergeben. Früher hatten die Alten, die nicht mehr zur Arbeit taugten, die Aufgabe, die Kinder zu betreuen. Sie vermittelten das Wissen, die wichtigsten Handgriffe im Leben, das kulturelle Erbe. Wenn das aber fast unbewusst geschieht, dann sitzt es für immer. Unsere Pflicht als Großeltern besteht darin, unseren Enkeln Geschichten zu erzählen. Nicht Geschichten aus Büchern, sondern unsere eigenen Geschichten. __ Warum suchen heute so viele Leute nach ihrer Herkunft und betreiben Ahnenforschung? Da durchstöbern sie Gemeindebücher, um ihren Platz zu finden, um herauszufinden, welcher Tradition sie angehören. __ Wer weiß, woher er kommt, hat keine Mühe zu wissen, wohin er geht.

Silminabadepaspanga

Mohamed Elmehdi

Haoju

Laurence

Olivier

WAS HABEN SIE IHREN KINDERN MITGEGEBEN?

Olivier / *Lebt in Frankreich*
Man muss seine Erziehung selbst in die Hand nehmen, das, was man seinen Kindern mitgeben, mit ihnen teilen möchte. Das sagt sich leicht, aber es umzusetzen, ist schwer. Denn unsere eigenen Kinder werden vor allem von der Gesellschaft erzogen, nicht von uns. Wir haben Kinder aus Tibet, die sehr viel westlicher geworden sind, als ich das gewollt habe. Ich habe versucht, die Werte mit ihnen zu teilen, die ich in der Welt des Himalaja übernommen hatte – ich habe dort 20 Jahre lang gelebt –, und wir mussten eine Adoptionskrise durchmachen, eine Pubertätskrise, und dann erst konnten wir alles von Grund auf besprechen, und sie sind für ein Jahr in ihr ursprüngliches Umfeld gegangen, dorthin, wo sie aufgewachsen sind, bevor sie mit drei Jahren zu uns kamen. Um ihre Kultur und ihre ursprünglichen Werte kennenzulernen, haben sie also ein Jahr in dem Waisenhaus verbracht, in dem sie damals untergebracht waren.

Mohamed Elmehdi / *Lebt in Mali*
Ich wünsche mir für meine Kinder, dass sie sich an ihre Erziehung in der Familie erinnern und nicht im Modernismus ertrinken. Denn natürlich entwickeln wir uns, so wie alle sich entwickeln, weil wir nicht einfach stehen bleiben können, aber trotzdem müssen wir unbedingt behalten, was für uns wesentlich ist: die Tradition, die Ehre, das Ansehen und die Identität der Tuareg.

Haoju / *Lebt in Schanghai, China*
Von meinen Eltern und Großeltern habe ich nichts gelernt, und ich finde auch nicht, dass sie viel beizubringen hätten. Sie sind wie alle gewöhnlichen chinesischen Eltern. Man soll sich in der Schule anstrengen, auf dem rechten Weg bleiben, jemand Ordentliches werden, solche Sachen … Daraus lässt sich nichts lernen. Ganz viel lernt man für sich allein in der Gesellschaft, wenn man heranwächst. Du lässt dich reinlegen, lässt dich betrügen: Aus solchen Erfahrungen lernt man.

Laurence / *Lebt in Großbritannien*
Was ich von meinen Eltern gelernt habe, ist, wieder zu verlernen, was sie mir beigebracht haben. Das heißt, ich habe gegen alle altmodisch-gutbürgerlichen Prinzipien rebelliert, die sie mir eingebläut hatten. Aber ich gehörte zu einer der ersten Generationen, die so rebellierten, und für mich war das sehr schwer.

Silminabadepaspanga / *Lebt in Burkina Faso*
Einst brachten die Chefs von damals uns bei, wie man als Chef lebt, und heute berate ich wiederum meine Kinder. Ich bringe ihnen unsere Sitten bei; wenn sie sie übernehmen, umso besser, wenn sie sie nicht übernehmen, ist es ihr Pech. Ich bringe ihnen das bei, weil all meine Vorfahren mir das auch beigebracht haben.

Jeannette / *Lebt in Ruanda*
Was mir meine Eltern Schlechtes mitgegeben haben, ist die mangelhafte Bildung, die sie selbst hatten und ihren Kindern auch auferlegt haben. Und, viele Kinder zu bekommen, obwohl man sie gar nicht aufziehen kann. Das ist aber auch das einzige Schlechte. Damals war es gut, eine Familie mit vielen Kindern zu haben. Erst später habe ich gemerkt, dass das negative Folgen nach sich zog.

Im Dorf bekommen die Mädchen nichts. Alles ist für die Jungen.

Tomas / *Lebt in Bolivien*
Ich wünsche mir für meine Kinder, dass sie eine richtige Stellung im Leben finden. Ich arbeite nur für sie. Meine Kinder lernen, ich will nicht, dass es ihnen am Ende ergeht wie mir. Ich will, dass meine Kinder befreit sind, ich will nicht, dass sie leiden wie ich, im Bergwerk oder in sonst einer Arbeit, jemand anderem untergeordnet, das will ich nicht. Ich will, dass meine Kinder nur … von sich selbst abhängen.

Naba Manega / *Lebt in Burkina Faso*
Als die Weißen kamen, habe ich gesehen, dass die Schule etwas Gutes ist, weil die Weißen mit dem Auto fahren, was unsere Kinder nicht können. Deswegen habe ich meine Kinder in die Schule geschickt.

Baba / *Lebt in Mali*
Die Kinder sind Rebellen, Rebellen sind sie! Wenn sie in die Schule gehen, weichen sie ein bisschen von der Erziehung in der Familie ab, sie übernehmen die Erziehung aus der Schule, die Erziehung von der Straße, die Erziehung von dem, was ihr Westler ihnen mitbringt, das heißt die westliche Kultur, Fernsehen, Radio, Zeitungen. Das sehen sie alles, und das interessiert sie, und das lässt sie nach und nach von uns abweichen. Da liegt das Problem.

You Ze / *Lebt in Yunnan, China*
Im Dorf bekommen die Mädchen nichts. Alles ist für die Jungen. Die Jungen bekommen das Haus und den Hausrat. Wir Mädchen haben, wenn wir die Familie verlassen, nichts.

Irina / *Lebt in Tunesien*
Meiner Tochter möchte ich mitgeben, und ich lege alles daran, es auch zu tun …
– sie wird bald 20 Jahre alt –, ich möchte ihr gerne die Kraft mit auf den Weg geben, dass sie ihr Schicksal gestaltet, wie sie es will. Nicht allzu, wie soll ich sagen … Nicht seine Grundsätze verraten, ich bin der Meinung, man darf nicht sich selbst verraten, seine Interessen, seine Wünsche und seine Träume, nur für jemand anderen. Meiner Erfahrung nach führen solche Opfer zu nichts Gutem.
Meinem Sohn versuche ich Respekt vor den Frauen und Güte mitzugeben. Ich bin der Meinung, das sind die wesentlichen Charakterzüge, die ein Mann haben muss.

Tomas

Naba Manega

You Ze

Jeannette

Irina

Baba

Carlos

Duka

Ravshan

Borika

Zahra

Duka / *Lebt in Äthiopien*
Als ich klein war, sagte mein Vater mir
Sachen, aber ich beachtete sie nicht. Sein
Rat lautete: »Wenn du verheiratet bist,
halte Pferde- und Schafstall sauber, koch
Kaffee, putz das Haus, bebau das Land;
und wenn du das alles tust, wird dein
Mann dich nicht schlagen.« Wenn ich
alles das tue, behandelt mein Mann mich
gut, und meine Kinder werden mir helfen, wenn ich selbst alt bin. Sonst schlägt
er mich. Als ich älter wurde, merkte ich,
dass mein Vater mich gut beraten hatte.

Carlos / *Lebt in Bolivien*
Die Werte. Ich glaube, es ist wichtig,
dass meine Kinder von meiner Frau und
mir die Werte lernen, vor allem Liebe
und Gerechtigkeit, Freiheit, Wahrheit,
Arbeit. Darum haben wir uns bemüht.
Ich glaube, es ist sehr wichtig, dass sie
das Leben lieben ... mehr als alles auf
der Welt. Und so wie wir uns bemühen,
dass sie das Leben lieben, möchten wir
auch, dass sie den Tod hassen, wie auch
Gewalt, Lüge und Diskriminierung.
Leben muss etwas Geteiltes sein, etwas
Gemeinschaftliches.

Ravshan / *Lebt in Kirgistan*
Im Leben des Menschen ist es heute
am wichtigsten, menschlich zu bleiben.
Natürlich sind die Zeiten grausam, es
gibt Reiche und Arme. Unser Leben ist
schwer. Die Leute sind aggressiv. Am
wichtigsten ist es, menschlich zu bleiben.

Zahra / *Lebt in den Palästinensischen
Autonomiegebieten*
Unter diesen Bedingungen geht das
nicht ... Ich erziehe meine Kinder zu Liebe

und Respekt vor dem Menschen. Jedes
Mal, wenn ich in meiner Stadt an einem
Checkpoint bin, hört man, dass eine Frau
angegriffen wurde und ihre Zwillinge
verloren hat, dass ein junger Mann umgekommen ist, weil sie ihm die Ausreise
verweigert haben. Wenn ich ihnen bei-
bringe, die Menschen zu lieben, dann
antworten sie mir: »Wie sollen wir die
Menschen lieben, wenn sie sich doch uns
gegenüber anders verhalten?« Ich antworte, dass es einen Unterschied gibt
zwischen dem Menschen und seinem
Handeln. Das heißt, rassistische, chaoti-
sche Taten der Menschen bringe ich
meinen Kindern nicht bei. Aber ich kann
auch nicht voraussehen, was meine Kinder Tag für Tag an den Absperrungen
und im Fernsehen sehen oder was sie
selbst mitmachen müssen.

Borika / *Serbischer Flüchtling aus
Bosnien, lebt in Serbien*
Ich glaube, ich mache es heute falsch,
indem ich sie genauso erziehe, wie ich
erzogen wurde. Heute kommt man unmöglich durch, wenn man so erzogen ist
wie ich, wenn man arbeitsam und offen
ist. Die Leute haben sich verändert, sie beurteilen alles nur noch nach ihrem eigenen Interesse. Ich bemühe mich und
hoffe, dass meine Kinder nicht so werden.

Alemluk / *Lebt in Kirgistan*
Ich glaube, wir Menschen können unsere
Kinder gar nicht so gut erziehen wie die
»edlen« Vögel (Adler, Falken). Die sind so
aufmerksam! Wenn sie ihre Beute bringen, rupfen sie jede einzelne Feder aus.
Zwei Kindern geben sie zwei Teile. Wenn
sie dem einen zu fressen geben, rührt

sich das andere nicht. Wenn man einem etwas gibt, rührt sich das andere nicht von der Stelle, ist das nicht wunderbar! Und bei uns wollen die Kinder noch zu essen haben, auch wenn sie gar keinen Hunger mehr haben. Das würde ein Vogel niemals tun!

Katarina / *Lebt in Tschechien*
Meine Mutter hat immer behauptet, angeborene Mutterliebe gebe es nicht. Sie sagt, das gibt es nicht, diese Beziehung muss man aufbauen wie jede andere Beziehung auch. Und ich glaube, das hat mir unheimlich gefehlt, ich bin dieser Liebe immer verzweifelt nachgelaufen. Bei mir und meinen Kindern bin ich aber überzeugt, es gibt den Mutterinstinkt, aber vielleicht ist das eine Gabe, die nicht jedem zufällt.

Peter / *Lebt in Kalifornien, USA*
Wenn man speziell an meine Mutter denkt, ich glaube, sie hat die schlimmsten aller möglichen und denkbaren Schrecken durchgemacht. Man kann sich nicht vorstellen, ich jedenfalls kann es mir nicht vorstellen, wie man in Auschwitz gelebt hat, und sie hatte danach ein schönes Leben. Sie hat sich von dieser Bedrängnis nicht ihr Leben kaputtmachen lassen, sie hatte ein volles, reiches Leben, sie hatte drei Kinder, sie liebte das Leben, obwohl sie mit einem Brandmal gestorben ist, mit einer Nummer im Arm. Nie war sie verbittert wegen dieser furchtbaren Erfahrung, die furchtbarste, die es gibt. Sie hat sich von diesem Horror nicht das Leben verderben lassen. Und auch mich hat sie nicht daran teilhaben lassen. Mein Leben hat es auch

nicht zerstört. Sie hat mich nicht im Schrecken leben lassen. Also diese positive Einstellung zur Welt und diese Fähigkeit, voranzukommen, ohne sich von der Vergangenheit in die Falle locken zu lassen, das hat sie mir mitgegeben.

Johan / *Lebt in Schweden*
Das Wichtigste, das man jedem Menschen mitgeben kann, ist Selbstvertrauen und das Gefühl, dass man gut ist, so wie man ist, dass man überhaupt nichts zu beweisen braucht, um angenommen zu werden. Dass man schön genug ist, intelligent genug, dass man sich zwar immer noch ein bisschen verbessern kann, dass man das immer versuchen kann, aber dass man sich nicht allzu ernst nehmen darf und dass man im Prinzip schon ziemlich gut ist, so wie man ist. Wir sagen uns zu oft, dass wir nicht zu besonders viel nütze sind, dass wir nicht schön genug sind, dass unsere Arbeit nicht gut genug ist, dass wir nicht genügend Geld verdienen, aber fehlendes Selbstvertrauen äußert sich immer in negativen Handlungen, entweder gegen sich selbst oder gegen die anderen.

Man muss jedem Menschen Selbstvertrauen mitgeben und das Gefühl, dass er gut ist, so wie er ist.

Katarina

Peter

Johan

Alemtuk

Léonard

Lebt in Gabun

Eine Gesellschaft muss ebenso wie die eigene Familie auf Liebe basieren – und das gilt auch für eine Nation und letztendlich für die ganze Welt.

Porträt / Ich heiße Léonard, ich stamme aus Mekambo im Nordosten von Gabun, das ist eine Grenzstadt zum Kongo. __ Ich bin mit Jeanne Marthe verheiratet, wir haben mehrere Kinder: unsere und unsere Adoptivkinder. Ich bin Journalist, leite die Zeitung *Le Citoyen* in Libreville, und ich kümmere mich um den Pygmäenverband namens Mina Piga, die Bewegung der autochthonen Minderheiten der Pygmäen in Gabun, die 1997 gegründet wurde. Deshalb reise ich durch die Welt, um mit der Botschaft von der nachhaltigen Entwicklung der Pygmäenvölker in Gabun zu werben.

Beruf / Der Beruf des Journalisten gefällt mir sehr gut, ich habe mich schon in frühester Kindheit dafür entschieden. An der Universität habe ich mein Philosophiestudium abgebrochen, um als Journalist zu arbeiten. __ Dieser Beruf begeistert mich, und solange ich eine Information nicht weitergegeben habe, habe ich das Gefühl, nicht zu leben. Ich habe als einfacher Berichterstatter im Lokalteil angefangen und bin dann Redaktionschef meiner eigenen Zeitung geworden: *Le Citoyen*, »die andere Seite der Nachrichten«. Aber ich betreibe nicht nur Journalismus. __ Seit 1997 setze ich mich für die Interessen von uns Pygmäen ein, weil ich schon immer fand, dass ich den Mitmenschen nützlich sein muss. Ich bin wohl eine Art Botschafter der Pygmäen, ich verdanke ihnen viel. Mein Ziel ist es, die Pygmäen zu den Akteuren ihrer eigenen Entwicklung zu machen. Nachhaltige Entwicklung, die bei der Schulbildung der Pygmäenkinder anfängt, bei der Alphabetisierung, bei der Ausbildung der jungen Leute, damit sie Berufe lernen. Nur so können sie am Ende durchkommen in dieser ihnen so feindseligen Gesellschaft, der sogenannten Zivilisation. __ Und das ist noch nicht alles; ich versuche, internationale Institutionen dazu zu bringen, den Pygmäen Werkzeug für die Landwirtschaft zur Verfügung zu stellen, denn diese Bevölkerung muss zu

Landwirten gemacht werden, zu Viehzüchtern, so dass sie nicht mehr herumsitzen und dem Staat die leeren Hände entgegenstrecken. Das also fange ich mit meinem Leben an, und ich bin sehr stolz darauf, weil ich mich lebendig fühle.

Von den Eltern gelernt / Von meinen Eltern habe ich gelernt, wie wichtig Liebe ist. Meine Mutter sagte mir oft, ich solle lieben. Liebe, nicht Sexualität, denn über die Liebe baut man die Gesellschaft auf, seine Familie, baut man die Nation auf und die Welt. Ich habe begriffen, dass das größte Geschenk, das sie mir gemacht haben, darin besteht, den anderen zu lieben, egal wer er ist, egal welche Fehler er hat, weil es eine Anmaßung wäre, den anderen verändern zu wollen oder seinen Wert zu beurteilen. __ Ich liebe den anderen, egal welche Fehler er hat, weil ich glaube, dass das eine Gesellschaft ausmacht, eine Gesellschaft voller Unterschiede, in der man eben genau mit diesen Unterschieden umgehen muss: Und das kann man nur mit Liebe schaffen.

Liebe / Für mich ist die Liebe konkret nicht einfach ein Herz, das sich einer bestimmten Person zuneigt, nein. Es ist ein Zufall, der dazu führt, dass man nur einen einzigen Menschen liebt, trotz seiner Fehler. Und so hat es auch mit meiner lieben Frau angefangen, damals im Juli 1995: Ich trank etwas in einer Bar, und da überwältigte mich eine Frau mit ihrem Charme, und ich sagte ihr geradeheraus: »Madame, ich bin verliebt in Sie, ich möchte, dass Sie meine Frau werden.« Ihre Antwort kam prompt: »Also, wenn Sie mich lieben, dann entscheiden Sie doch einfach.« Und daraus entwickelte sich alles bis heute, wir sind jetzt im elften Jahr. __ Was ich an meiner Frau liebe, ist ihre Wahrhaftigkeit. Wenn ich Mist baue, muss sie mir die Wahrheit sagen, nur so kann ich wieder hochkommen, weil ich ein Mensch bin mit Fehlern und Vorzügen.

Freude / Die größte Freude meines Lebens ist es, zu leben. Zu wissen, dass ich von einer Frau geliebt werde, die für andere Männer kein Auge hat. Sie liebt nur Léonard, Léo nennt sie mich. Meine größte Freude sind diese hübschen Kinder, die sie mir geschenkt hat.

Angst / Meine größte Angst ist, zu sterben, ohne ihr alles gegeben zu haben, was sie von mir erwartet. Alle Zärtlichkeit, das heißt, in einem Moment, in dem sie das nicht erwartet, muss sie dicht an ihrem Ohr hören: »Liebste, weißt du, Liebste, du bist die Beste, du bist die schönste Frau.«

Sein Land lieben / Was ich an den Pygmäen mag, ist, dass sie sie selbst geblieben sind. Sie haben sich nicht von den fremden Strömungen beeinflussen lassen, und mag es auch heißen, sie seien primitiv, mag es auch heißen, sie seien zurückgeblieben, ich glaube, genau das macht den Menschen aus: sich nicht jeder Strömung anpassen, nicht der Mode nachlaufen.

Träume von heute / Mein größter Traum lautet, dass einmal auf meinem Grabstein geschrieben steht, wenn ich mit 120 Jahren sterbe: »Hier liegt Léonard, der das Pygmäentum proklamierte, der ausging von einem einfachen Begriff, von einer Haltung des aufrechten Bekennens zu seiner Identität und der es bis zu einem Programm der nachhaltigen Entwicklung brachte. Ein Programm, das die Pygmäen zu den Urhebern und damit zu den Nutznießern der nachhaltigen Entwicklung Afrikas und der Welt gemacht hat, in der das autochthone Volk lebt.« Ich will nicht leben und nach meinem Tod verschwinden. Ich will etwas hinterlassen. Wie es schon Martin Luther King so gut gesagt hat:»Sei, was du bist, und sei darin der Beste.«Das ist mein größter Traum.

Freiheit / Ich will nicht von der Freiheit selbst sprechen: Ich fühle mich nicht frei, denn wenn man bei der Umsetzung bestimmter Gedanken behindert wird, der Umsetzung bestimmter Vorstellungen, wenn man nachgedacht hat und zur Umsetzung seiner Pläne auf jemand anderen zählen muss, dann ist das ein Mangel an Freiheit. Ich fühle mich nicht wirklich frei.

Natur / Die Natur ist der Zufluchtsort, in den Gott uns gestellt hat. Wissen Sie, Gott tut nie etwas aus Zufall. Wenn in der Bibel vom Garten Eden die Rede ist, also ich habe ihn nie gesehen, aber ich stelle mir meinen eigenen Garten Eden vor, nämlich den Wald. Wer die Natur verunstaltet, zerstört sich selbst. Und die Länder, die ihre Natur verunstaltet haben, sind Orte, an denen heute von Verwüstung die Rede ist, von Hitzewellen. Wer das Wasser verschmutzt ... Die Pygmäenvölker haben immer in dieser Umwelt gelebt. Wie könnten sie sie schützen, wenn sie Dinge verwenden, die ich an dieser Stelle nicht erzählen darf? Ich nenne das die »Verbote«. __ Die Gesetze der autochthonen Völker stehen in ihrem Kopf, sie heißen »Verbote«. Wenn man das Wasser schützen möchte, stützt man sich dazu nicht auf ein Gesetz; man braucht nur ein Verbot damit zu verbinden: »Wenn du ins Wasser urinierst, wirst du impotent.« Und der Betroffene bekommt Angst, denn kein Mann der Welt möchte impotent werden.

Armut / Armut ist, wenn alles fehlt, selbst die Ideen. __ Armut ist, wenn man Ideen hat und sie nicht entwickeln kann. __ Armut ist, wenn man Ideen hat und sie nicht in den Dienst der Mehrheit stellen möchte. Armut ist, wenn man alles Nötige hat und nicht sein eigenes Haus bauen kann. __ Armut ist, wenn man alles Nötige hat und sich nicht ordentlich kleiden kann, sich nicht ordentlich ernähren kann, nicht an das Wohlergehen seiner Frau und seiner Kinder denken kann. Armut ist, wenn man nicht einmal mehr zu Gott beten kann, unserem Schöpfer, der uns seinen Sohn Jesus Christus von Nazareth gesandt hat. Armut ist, wenn man dem Nächsten nicht helfen kann, weil man selbst nicht das Nötige hat. __ Auf diese verschiedenen Weisen definiere ich Armut. Entschuldigen Sie, wenn das nicht war, was Sie hören wollten, aber das ist meine Definition, sind meine Definitionen.

Botschaft / Meine Botschaft an die Menschen der Welt wäre zu verstehen, dass wir eine einzige große Familie sind und dass die fünf Kontinente nur die fünf Finger ein und derselben Hand sind. Gott hat uns rund um diesen Planeten vereint, den Planeten Erde. Den einzigen Planeten, auf dem die Menschen leben können, und sie sollen in Frieden darauf leben, in Liebe.

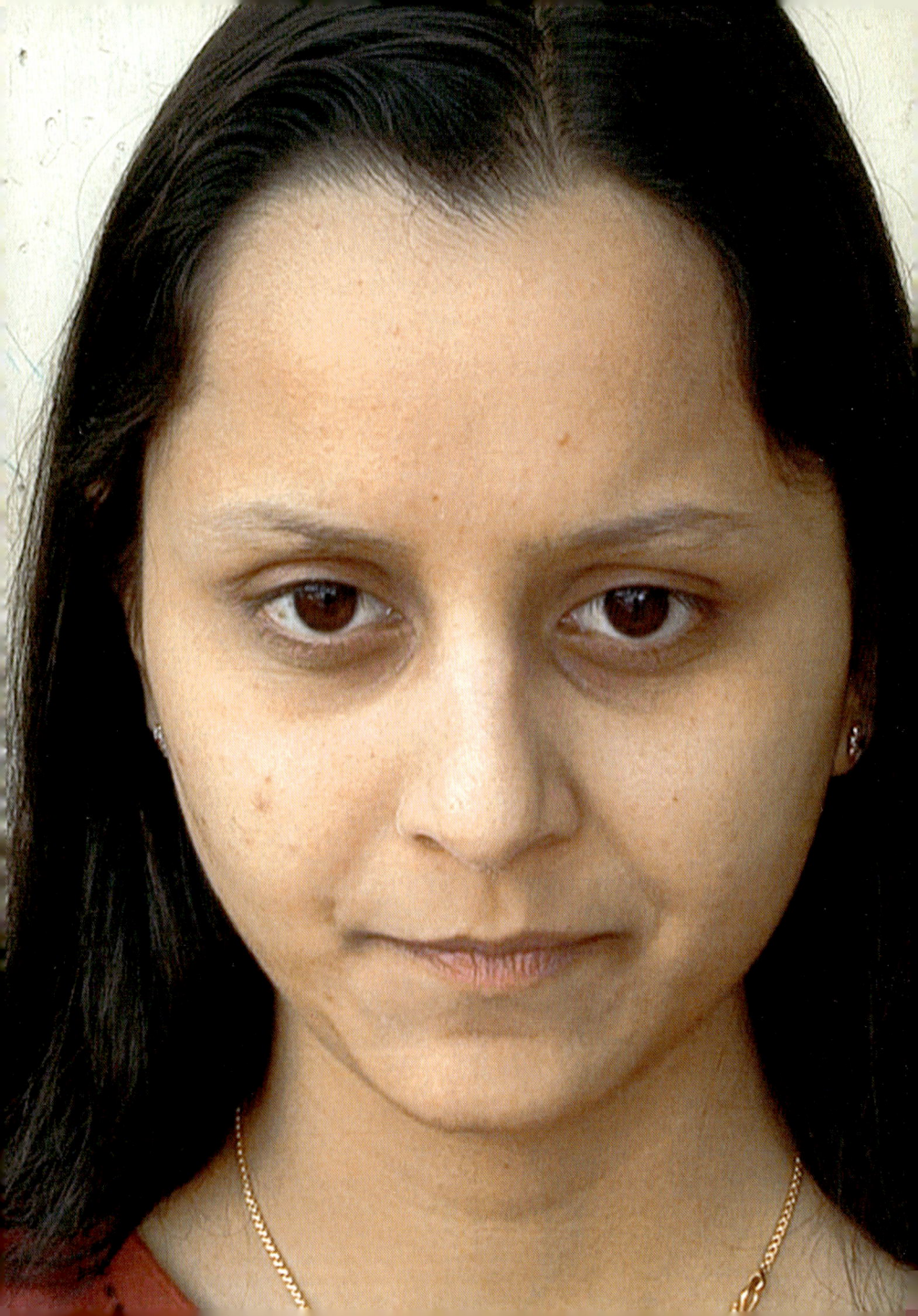

Ranjana

Lebt in Neu-Delhi,
Indien

Hätte ich die Wahl, ich würde nie heiraten, niemals!

Porträt / Hallo, Freunde! Ich heiße Ranjana. Ich bin in Delhi geboren und aufgewachsen. Ich bereite einen MBA (Master of Business Administration) vor, Hauptfach Marketing und internationale Politik. Bald werde ich in der Privatwirtschaft arbeiten.

Kinderträume / Berühmt werden und sehr reich, davon träume ich seit meiner Kindheit! Ein Gesicht sein, das man kennt, jemand, an den die Leute bei seinem Tod denken: »Hm, das ist eine Frau, die wir nicht vergessen werden ...« Natürlich im positiven Sinne!

Familie / Wenn du ein Problem hast, sind es deine Familienmitglieder, auf die du dich verlassen kannst. Natürlich sind auch deine Freunde für dich da; aber den wichtigsten Halt gibt doch die Familie. __ Für mich ist die Kernfamilie entscheidend, mehr als der Stamm. Bei wichtigen Entscheidungen sollten der Vater und vielleicht die Mutter allein entscheiden, ohne jemanden um Rat zu fragen, weder die Stammesältesten noch die Großeltern ... Die Entscheidung trifft der Vater, die Mutter, der große Bruder oder die große Schwester, Punkt, aus.

Im Leben verändern / Ich wäre gerne in einer Familie geboren und aufgewachsen, in der Offenheit herrscht, ich hätte gerne verständnisvolle Eltern gehabt, mit denen man offen reden kann. __ Es sollte keine Hindernisse geben, wenn ich mit ihnen über meine Probleme und Vorstellungen sprechen möchte ... Ich wünschte, diese Spannungen würden verschwinden. Das würde ich gerne verändern!

Schwer anzusprechen / Am schwersten fällt es mir, meinen Eltern zu sagen, dass ich mit einem Jungen zusammen bin, der nicht meiner Kaste entstammt.

Angst / Der Gedanke an Heirat macht mir große Angst. Meine Familie ist sehr konservativ. Ich habe aber jemanden im Auge, den sie womöglich nicht akzeptieren werden. Sie werden ihn sogar mit 99,99-prozentiger Wahrscheinlichkeit nicht akzeptieren ...

__ Mich überkommt große Angst, wenn ich daran denke, was passiert, wenn sie Nein sagen. Für meine Eltern, die sehr orthodox sind, ist dieser Junge, der nicht unserer Kaste angehört, inakzeptabel.

Sein Land verändern / Was die Traditionen angeht, muss Indien sich weiterentwickeln. Manche Familien haben sich schon angepasst. __ Das versuche ich meinen Eltern zu erklären:»Ihr solltet mit eurer Zeit leben ... Klammert euch nicht an Traditionen aus dem 17. Jahrhundert ... Wir sind im 21. Jahrhundert! Ändert doch eure alten Gewohnheiten! Ich sage nicht, ihr sollt alles revolutionieren ... Aber wenn es eine anständige Familie ist, wenn der Junge oder das Mädchen anständig ist, dann sollte es doch keine Einwände gegen eine Heirat geben ... Im Grunde wollt ihr doch, dass eure Tochter glücklich wird. Also, wenn ein Mann sich um eure Tochter kümmert und seine Familie ehrbar ist, dann muss sich eben die Tradition verändern ...« Die Tradition ist wichtig, aber man sollte sie keinem aufzwingen. __ In Indien sind die Beziehungen zwischen den Menschen sehr wichtig: Noch gibt es wenige Scheidungen, Eltern oder Großeltern werden kaum von zu Hause weggeschickt, was doch im Ausland gang und gäbe ist. Dass die Wertschätzung der menschlichen Beziehungen schwindet, möchte ich nicht erleben. Aber wo ich auch gerne einen Wandel erleben würde, das ist bei der Korruption der Politiker!

Weinen / Wenn mir keiner zuhört, möchte ich weinen. __ Wenn ich an meine Zukunft denke, an das, was passieren wird, wenn meine Eltern nicht einverstanden sind (mit meiner Heirat außerhalb der Kaste), dann möchte ich weinen. __ Wenn ich mit meinen Freunden streite, wenn ich einen meiner engsten Freunde verletze, möchte ich weinen.

Arbeit / Es ist sehr schwierig, die Arbeit draußen und die Hausarbeit miteinander in Einklang zu bringen. Wenn du reich bist, hast du Personal: Küche, Wäsche, Haushalt, alles das können auch andere übernehmen. __ Wenn ich erst verheiratet bin, dann wird mein Leben ganz sicher anstrengender. Jetzt lebe ich bei meinen Eltern und helfe nicht bei der Hausarbeit: Ich gehe einfach nur in die Uni, und wenn ich heimkomme, ist das Essen fertig, meine Kleider sind gewaschen und gebügelt, ich brauche nichts zu tun. Mein Leben ist sehr einfach.

Freiheit / Der Hauptgrund, weshalb ich Angst vor der Heirat habe, ist die Frage nach der Verantwortung. Und dann der Verlust meiner Unabhängigkeit. Wenn du bei deinen Eltern lebst, ist das in Ordnung. Du hast eine Art Unabhängigkeit: Du kannst dich anziehen, kannst ausgehen, wie du willst; du bist niemandem Rechenschaft schuldig. __ Ich möchte mein Geld nach meinem Belieben ausgeben können. Aber nach der Heirat werde ich rechtfertigen müssen:»Wofür hast du das hier ausgegeben? Und das da?« Darauf möchte ich nicht antworten. __ Ich habe auch Angst, dass ich mich vielleicht nicht in meine neue Familie eingliedern kann. Denn die Gattin übernimmt Verantwortung für ihre Schwiegereltern, für ihren Mann, für alle. Und das mag ich nicht. Meine Priorität ist meine Unabhängigkeit.

Wünsche / Da ich nun einmal in der indischen Kultur lebe, muss ich heiraten, ob ich will oder nicht. __ Hier kann man es sich nicht erlauben, allein zu leben, sonst zeigen die Leute mit dem Finger auf dich und sagen: »Dieses Mädchen hat ein Problem« ... »Bestimmt hat sie Liebhaber« ... und es gibt jede Menge üble Unterstellungen, und das gilt für Mädchen und für Jungen. __ Hätte ich die Wahl, ich würde nie heiraten, niemals!

Besseres Leben als die Eltern / Oft vergleiche ich das Leben meiner Mutter mit meinem. Unsere Lebensläufe sind sehr unterschiedlich, meine Mutter hat mit 16 geheiratet, vor ungefähr 40 Jahren. __ Damals kam es kaum vor, dass Frauen studiert oder gearbeitet haben. Heute sind Bildung und Arbeit sehr wichtig. So kann meine Mutter gar nicht dieselben Vorstellungen von der Gesellschaft haben wie ich, nachdem sie immer in ihren vier Wänden gelebt und nie einen Fuß nach draußen gesetzt hat. __ Demnach ist ihr, ganz anders als mir, die Außenwelt kaum bewusst. Natürlich hat sie mehr Lebenserfahrung. Aber trotz allem bin doch ich besser gewappnet als sie, um schwerwiegende Entscheidungen zu treffen, das verdanke ich meiner Bildung und meinen Kontakten: Ich weiß, wie die anderen reagieren und fühlen, und das hat sie nie erfahren.

Zu Hause sein / Zu Hause bleiben heißt, sehr allein sein, nichts tun, Zeit und Energie vergeuden mit Gegrübel über unwichtigen Blödsinn ... Damit verschwendet man ganz einfach sein Leben.

Töten / Ja, ich habe mir oft vorgestellt, dass ich jemanden töten könnte, der mir wehtut oder mich verrät ... Aber in Wirklichkeit würde ich das nicht tun ... Ich hätte nicht den Mut dazu. Ich werde niemanden töten. Stattdessen werde ich ihn mit Worten töten.

Gott / Was Gott angeht ... Ich glaube nicht an Gott. Wenn mir ein Unglück zustößt, denke ich immer: »O Gott!«, aber das ist meine Erziehung ... Auf Hindi sagt man *Parwan*. Ich glaube einzig und allein an meinen Guru, er ist mein Gott. Sonst verehre ich keinen Gott. Wir haben ja in Indien an die 1000 Götter mit verschiedenen Namen, aber an diese Götter glaube ich nicht. Aber ich glaube an meinen Guru!

Liebe geben / Ich bin keine, die in ihrem Umfeld viel Liebe gibt, weil ich mit der Gesellschaft, die mich umgibt, nicht einverstanden bin. Wenn ich zufrieden bin, gebe ich Liebe und Aufmerksamkeit, so viel ich kann. Aber wenn ich unzufrieden bin, bin ich unfähig, der Gesellschaft so viel Liebe zu geben, wie ich sollte.

Am schwersten fällt es mir, meinen Eltern zu sagen, dass ich mit einem Jungen zusammen bin, der nicht meiner Kaste entstammt.

Yona

Théodore

Misael

Karima

WAS IST FÜR SIE LIEBE?

Yona / *Lebt in Kanada*
Es ist sehr lange her, dass ich mich verliebt habe. Ich glaube, als ich verliebt war, war mir gar nicht bewusst, dass ich den Betreffenden ausgesucht hatte. Aber jeder von uns ist wie sein eigener Stern, sein eigenes Land, jeder hat seine eigenen Regeln, seine Geschichte, und ich glaube, wir können uns deshalb verlieben, weil wir manchmal einem begegnen, der Lust hat, auf unseren Stern zu reisen, ihn kennenzulernen, egal, wie kompliziert es ist, der auf die Gipfel seiner Berge klettern und in die dunkelsten Höhlen hinabsteigen möchte, einem, der die Schönheit all dieser Winkel zu schätzen weiß, die wir tief in uns bergen.

Théodore / *Lebt in Benin*
Liebe ist etwas, das wissen Sie auch, das ist etwas, das einen verrückt macht, man ist völlig ausgeflippt, man ist jederzeit zum Angriff bereit, und man überwacht alles, was das Mädchen umgibt. Man muss ständig neben ihr sein, mit ihr reden, plaudern, lachen.

Misael / *Lebt in Kuba*
Das ist super schön. Manchmal kann man es nur schwer beschreiben, weil das etwas ist, das uns fasziniert und fast wie blind macht. Da kann es Schlechtes drum herum geben, aber man sieht es nicht, weil man blind ist vor Liebe. Wenn die Liebe mit solcher Macht kommt, dann übernimmt sie die Kontrolle. Ich weiß nicht, ob sich das Gehirn von der Liebe übermannen lässt, aber wenn die Liebe herrscht, bringt das Gehirn nichts Ordentliches mehr zustande.

> Liebe ist etwas, … das einen verrückt macht, man ist völlig ausgeflippt, man ist jederzeit zum Angriff bereit.

Karima / *Lebt in Ägypten*
Ich bin völlig verliebt in ihn, ich bete zu Gott, dass er diese Botschaft hört, ich will ihm »Ich liebe dich« in allen Sprachen der Welt sagen: Ich liebe dich und ich werde dich lieben bis ans Ende meines Lebens! Du bist die Liebe meines Lebens, du bist mein Weg, du bist, was ich ersehne, ich bete, dass du mich hörst, nein, ich bin sicher, du spürst es. Denn es ist für dich naturgegeben, mich vollkommen zu spüren und zu verstehen, in meinen Augen zu lesen. Vorher hoffte ich auf Liebesworte von dem, mit dem ich zusammen war, aber meinem künftigen Mann versuche ich diese Worte gar nicht erst zu entlocken, denn er gibt mir alle Empfindungen der Liebe.

Maria / *Lebt in Südafrika*
Liebe ist, dem Menschen zu begegnen, der im Leben auf derselben Wellenlänge ist, spirituell und alles. Wenn man ihn sieht, möchte einem 40 oder 50 Jahre lang das Herz platzen oder auch bloß fünf Tage lang. Wenn man ihn sieht, muss man diesen Zauber spüren ... Man weiß, dass man da ist, man fühlt sich leben. Ja, Liebe ist für mich sehr wichtig, und vielleicht habe ich genau deshalb nie die Liebe meines Lebens gefunden und bin seit 25 Jahren Witwe.

Sofien / *Lebt in Frankreich*
Ich war noch nie verliebt, ich schwöre es, ich war noch nie verliebt. Vielleicht, als ich jung war, aber seit meinen »Gefängnisgeschichten«, wissen Sie, da war ich immer bloß drei Monate lang draußen ... Und in der Zeit eine Beziehung aufzubauen, das ist schwierig. Deshalb ist die Liebe ... Ich kenne die Liebe nicht. Alles, was ich von der Liebe weiß, ist, dass sie sehr wehtut. Es ist schon cool, aber ... wie viele Leute macht sie unglücklich! Ich sehe meine Kumpels, was machen sie schon daraus? Einerseits ist es ja ganz gut so, denn im Gefängnis sein und die Frau, die man liebt, draußen lassen, da fragt man sich dann schon ... Sich ständig zu fragen, was sie so macht, das wäre noch eine Sorge mehr, jede Menge Fragen mehr. Ein Hoch auf die Junggesellen!

Pandiammal / *Lebt in Tamil Nadu, Indien*
Ich habe weder auf meinen Vater noch auf meine Mutter gehört, ich habe meine Liebe geheiratet, es war meine freie Entscheidung. Hätte ich nach ihren Vorstellungen geheiratet, würden sie uns unterstützen. Und meine Schwiegereltern hatten vor, für ihren Sohn eine gute Partie zu finden. »Aber warum hat er nur sie geheiratet«, sagen sie, und sie haben sich noch immer nicht damit abgefunden. Und bei mir finden sich meine Eltern auch nicht ab.

Remedios / *Lebt in Bolivien*
Wir kannten uns nicht, wir waren nicht verliebt, wir redeten nicht viel miteinander ... Also wenn man uns so verheiratet, das ist nicht gut. Aber diese Männer betrachten uns als Objekte, das ist meine Meinung. Noch heute verspüre ich keine Liebe, auch keine Zärtlichkeit, ich spüre das nicht. Und genau deshalb habe ich immer sagen hören, dass man mit Liebe und Zärtlichkeit heiraten muss. Oder?

Jewdokija / *Lebt in Sibirien, Russland*
Als ich meinem ersten Mann begegnet bin, habe ich mich in ihn verliebt und wir bekamen Kinder. Dann ist er bei einem Autounfall ums Leben gekommen. Ich bin dann meinem zweiten Mann begegnet und habe mich in ihn verliebt. Mit ihm habe ich zwei Kinder bekommen. Und dann bin ich meinem dritten Mann begegnet, der schon Witwer mit sechs Kindern war, und wir haben uns ineinander verliebt. Das ist für mich Liebe.

Ich war noch nie verliebt, ich schwöre es, ich war noch nie verliebt.

Maria

Pandiammal

Remedios

Sofien

Jewdokija

Hajime

Jean de Dieu

Barbara

Maria Teresa

Zhen Xi

Keiko

Keiko / *Lebt in Japan*
Die Liebe zu meinem Mann ist seit der Geburt meiner Kinder nur noch halb so stark ... Ich gebe alles meinen Kindern, und es tut mir leid um meinen Mann, das denke ich ganz ehrlich, jeden Tag. Mein Mann, dessen Liebe sich nicht verändert hat, bittet mich um Liebkosungen, aber ich bringe nur sehr nüchterne Liebkosungen fertig, und ich glaube, das befriedigt meinen Mann nicht. Abends, wenn er nach Hause kommt, schlafe ich schon wie die Kinder; es tut mir wirklich leid um ihn, das heißt nicht, dass ich ihn nicht liebe, aber ich tue alles für die Kinder, Tag für Tag ...

Zhen Xi / *Lebt in Schanghai, China*
Jetzt ist uns das egal. Wir sind seit Langem zusammen, wir reden nicht mehr davon, ob wir uns lieben oder nicht, wir leben zusammen. Die Kinder müssen aufgezogen werden, das ist alles.

Wir sind seit zehn Jahren verheiratet, also halten wir nicht mehr Händchen, aber meine Liebe wird immer stärker, von Tag zu Tag.

Maria Teresa / *Lebt in Italien*
Heutzutage ist die Liebe ein Zeitvertreib. Das ist etwas, das sich im Land verändern könnte und überall auf der Welt. Das ist keine Liebe mehr; Liebe ist zum Beispiel, wenn man alt ist, zu versuchen, den anderen nicht zu wecken, wenn man früh aufsteht. Das ist Liebe! Mehr als Sex.

Barbara / *Lebt in Italien*
Liebe ist für mich etwas sehr Körperliches. Da haben zwei dieselben Interessen, brauchen körperlichen Kontakt, brauchen es, jemanden anfassen und spüren zu können. Liebe ist nicht so sehr Verständnis, eher Teilhabe. Das sind zwei verschiedene Dinge. Für mich findet Liebe nicht so sehr im Kopf statt, es ist eher etwas Tierisches, eher Taten und Gesten.

Jean de Dieu / *Lebt auf Madagaskar*
Um meiner Frau meine Liebe zu zeigen, lächele ich sie zuerst einmal an. Ich muss sie auch zum Lächeln bringen, und wenn ich sehe, dass sie lächelt, dann heißt das, sie hat inneren Frieden, und da bin ich sicher, da herrscht Freude. Wenn sie lächelt, ist das ein Beweis für ihre Freude.

Hajime / *Lebt in Japan*
Wir sind seit zehn Jahren verheiratet, also halten wir nicht mehr Händchen, aber meine Liebe wird immer stärker, von Tag zu Tag. In Japan sagt man nicht in Worten »Ich liebe dich«, sondern wenn ich liebe, heißt das, wenn einer mir zum Beispiel sagen würde, ich müsste für meine Frau und meine Kinder sterben, dann würde ich das tun, ich glaube, das heißt, jemanden zu lieben.

Alain / *Lebt in Frankreich*
Das ist so eine Art Blitz, der plötzlich in deinem Leben aufscheint. Und danach verändert es sich, es ist dann nicht mehr Liebe im Sinn von Feuer. Für mich ist Liebe Feuer. Das Feuer erlischt. Aber da bleibt immer schwelende Glut. Und die Schwierigkeit besteht darin, die Glut schwelen zu lassen, sie zu unterhalten.

Alvania / *Lebt in Indonesien*
Die Liebe ist wie ein Ei. Die Liebe muss man nehmen können wie ein Ei. Wenn man ein Ei zu fest in die Hand nimmt, zerbricht es. Und wenn man es zu locker in die Hand nimmt, fällt es herunter. Aber wenn man weiß, wie man es nehmen muss, bleibt es in der Hand liegen. Und das gilt für jede Form der Liebe, nicht nur für die erotische Liebe. Die Liebe will gut behandelt sein. So ist das!

Claire / *Lebt in Moskau, Russland*
Als ich einmal mit meinem Mann gestritten habe, habe ich plötzlich losgeschrien: »Wir sind zu verschieden! Wir sind verschieden erzogen worden, hatten eine unterschiedliche Kindheit, wir werden einander nie verstehen können!« Und dann, ich weiß gar nicht, was mir da eingefallen ist, habe ich noch gesagt: »Sogar von unterschiedlichem Geschlecht sind wir!« Und da haben wir beide losgelacht und sind einander in die Arme gefallen. Eine Paarbeziehung muss man, glaube ich, jeden Tag neu aufbauen.

Darryl / *Lebt in New Orleans, USA*
Meine Mutter sagte immer: »Wenn du einem Mädchen zum ersten Mal begegnest, möchtest du sie ständig küssen, sie auffressen. Du bist ganz einfach völlig verliebt. Und ein Jahr danach spuckst du ihre Küsse aus, sogar ihren Mund spuckst du aus! Wenn du willst, dass eine Beziehung andauert, dann musst du jeden Tag an ihr bauen, jeden Moment, jede Minute. Mach es dir nie zu bequem in einer Beziehung.« Außerdem sagte meine Mutter: »Nimm dir immer etwas zum Ausbauen vor. Versuche immer, besser zu werden. Wenn du mit ihr unter demselben Dach wohnst, habt ihr nur ein Zimmer. Dann habt ihr Kinder, da braucht ihr zwei Zimmer. Dann habt ihr Enkel, und euer Haus braucht drei Zimmer, weil ihr immer ein Gästezimmer haben müsst. Ihr baut, ihr vergrößert euch, ihr hört nicht auf, ihr bleibt nie bei dem, was ihr schon habt. Da ist immer dieses Etwas, das man ›morgen‹ nennt. Und dieses ›morgen‹ werdet ihr zusammen erleben, weil ihr heute den ganzen Tag daran arbeitet!«

Die Liebe ist wie ein Ei, wenn man es zu fest drückt, zerbricht es. Und wenn man es zu locker in die Hand nimmt, fällt es herunter.

Alain

Claire

Darryl

Alvania

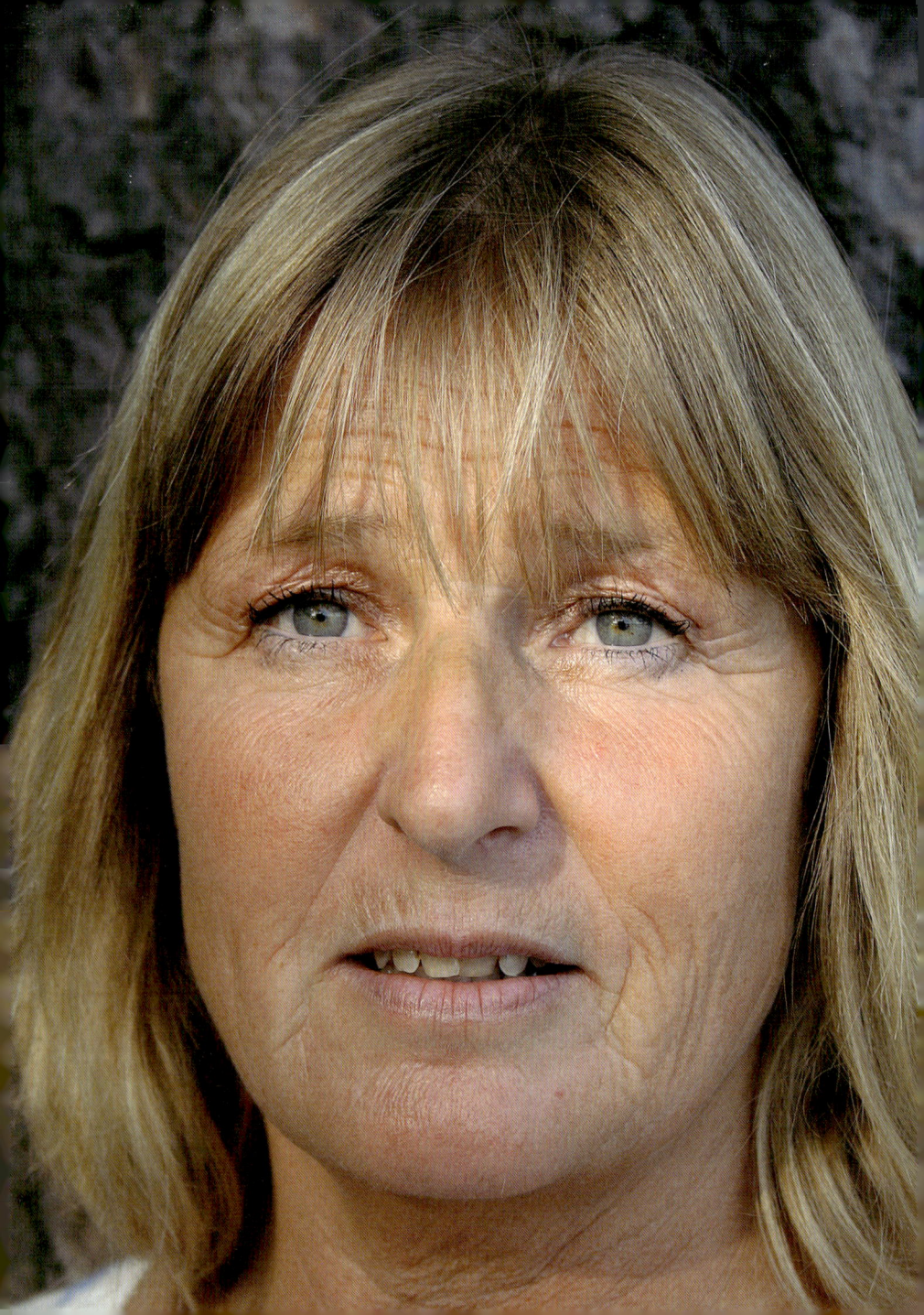

Lotta

Lebt in Schweden

Als ich jung war, hatte ich einen Traum, den ich verwirklicht habe. Das war hier zu wohnen.

Porträt / Ich heiße Lotta. Ich bin 51 Jahre alt. Ich wohne im Wald, da, wo der Weg aufhört und der See anfängt. Ich bin seit 27 Jahren mit meinem Mann verheiratet. __ Ich habe drei erwachsene Kinder, Tove, 25, Björn, 23, und Thomas, 22. Keiner wohnt mehr zu Hause, das ist gut so; aber wenn sie uns hin und wieder besuchen, ist das sehr nett.

Arbeit / Ich arbeite, seit ich 19 bin, ich bin Gefängniswärterin, aber jetzt arbeite ich nur noch drei Viertel, weil ich das Leben genieße und im Haus herumwerkeln möchte, das liebe ich.

Kinderträume / Als ich jung war, hatte ich einen Traum, den ich verwirklicht habe. Das war hier zu wohnen. Hier war das Ferienhaus meiner Eltern. Das Haus gehört der Familie schon lange: Die Eltern meiner Mutter haben es 1924 gekauft. __ Wenn ich als Teenager über meine Zukunft nachdachte, sagte ich mir: »Stell dir vor! Wenn du hier wohnen könntest ...« Ich wohne hier seit vier Jahren: Jetzt bleibt mir nichts mehr zu wünschen übrig. Wunderbar!

Träume von heute / Da fällt mir nichts ein ... Ich habe keine wirklich großen Träume. Ich träume nicht vom Fallschirmspringen oder so etwas. __ Ich bin so zufrieden, dass ich den Sonnenuntergang betrachten kann, ein Bier in der Hand, da am Seeufer ... Weiter will ich nichts. Gute Freunde natürlich. Die Familie. Aber sonst? Ich brauche nichts weiter zu werden.

Familie / Die Familie? Da ist zunächst einmal meine eigene kleine Familie, die ich liebe. Wir stehen einander sehr nahe, wir haben eine sehr herzliche Beziehung zueinander. Dann ist da die Familie, bei der ich aufgewachsen bin, sie ist weiterhin sehr wichtig. __ In meiner Großfamilie treiben wir Ahnenforschung: Wir sind auf einen gewissen Stenfeldt gestoßen, der im 18. Jahrhundert geadelt wurde. Seltsam, denn beim Aufspüren von haufenweise Papieren und Dokumenten habe ich gespürt, dass man wirklich eine Verbindung zur Vergangenheit halten kann: Das berührt mich, obwohl ich diesen Leuten nie begegnet bin.

Lachen / Man kann jeden Tag über Kleinigkeiten lachen. Zum Beispiel ein Grünspecht auf einem Baumstumpf, der mit lauter kleinen Holzstückchen um sich wirft: Darüber kann ich lachen, einfach, weil er so lustig aussieht. Ich habe Glück, das Lachen fällt mir leicht.

Weinen / Ich weine manchmal, wenn ich einen Film sehe, der mir nahegeht. Und ich kann weinen, wenn ich mich erinnere, auch wenn die Erinnerungen weit zurückliegen. __ Zum Beispiel – da steigen mir schon wieder die Tränen in die Augen –, als ich klein war, hatten wir große und kleine Schaufeln und große und kleine Eimer, die wir alle zwei Tage tauschten. An diesem Tag hatte ich die großen. Alle Kinder kamen zum Sandkasten, und da war schon ein Kind mit seiner Großmutter, aber es hatte weder Eimer noch Schaufel. Und es sagte: »Großmutter, ich habe nichts, um im Sand zu spielen …« Es hatte nichts … Da wurde ich sehr traurig …

Schlimmste Erfahrung / Das Schlimmste in meinem Leben? Das war, als meine Mutter ihren Schlaganfall hatte, mit 69. Sie war immer energiegeladen gewesen, und dann plötzlich, peng!, saß sie neun Jahre lang im Rollstuhl, wie ein Sack. Das war sehr schwer, weil ich ständig ein schlechtes Gewissen hatte: »Ich sollte sie besuchen … Ich sollte mich um sie kümmern …« __ Das war eine sehr schwere Zeit. Nach ein paar Monaten sagten die Ärzte, sie würde noch in derselben Nacht sterben, weil ihr Zustand sich wirklich verschlechtert hatte. Wir waren alle da, die ganze Familie, alle um sie herum; sie sagten, ihr bliebe nur noch sehr wenig Zeit. Da begannen wir, uns innerlich auf ihren Abschied vorzubereiten. __ Die Ärzte drehten sie um. Sie wachte ein bisschen auf. Sie sah uns alle sieben an und sagte: »Wer sind all diese Leute? … Gut! Jetzt möchte ich einen Kaffee!« Wir hatten uns darauf vorbereitet, dass sie gehen würde, aber sie hat dann noch achteinhalb Jahre gelebt. Das war wirklich ein seltsames Erlebnis, so viele widersprüchliche Gefühle … Es war genial, aber trotzdem sehr schwierig. Die Jahre danach waren sehr schwierig: zu sehen, wie die eigene energiegeladene Mutter im Rollstuhl sitzt, wie sie die Windeln gewechselt bekommen, gefüttert werden muss … __ Es war eine Erleichterung, als sie gestorben ist, und ich bin glücklich, dass ich bei ihr war, als sie starb, genauso wie damals bei meinem Vater. Das war gut.

Tod / Man muss an den Tod denken und ihn nicht wegsperren. __ Was passiert, wenn man stirbt? Ich habe davon keine genaue Vorstellung. Ich weiß nur, dass ich nicht in einem Grab bleiben möchte. Ich möchte lieber verbrannt werden, und meine Asche soll über dem See ausgestreut werden. Allerdings habe ich nicht wirklich das Bedürfnis, ans Grab meiner Eltern zu gehen, denn ich spüre, dass sie hier sind, im Haus. Sie sind jeden Tag bei mir. __ Wir hatten es lustig bei der Beerdigung meines Vaters! Er war sehr bodenständig. Also hatten wir auf die Bänder, auf die man die letzten Grußworte schreibt, schreiben lassen:»Hallo Kumpels!«, das sagte er immer. Das haben wir sogar auf seinen Grabstein gravieren lassen! __ Der Tod soll nicht feierlich überhöht werden, schließlich ist er etwas völlig Natürliches ...

Freiheit / Ich verspüre belebende Freiheit, wenn ich in einer Winternacht bei Mondschein und Sternen mit meinem Schlitten auf den zugefrorenen See fahre. Ich gehe auf dem Eis spazieren und berausche mich an der Freiheit. __ Dasselbe Gefühl habe ich, wenn wir in den Winternächten unterm Sternenhimmel am See Wasser in einer Wanne warm machen. Da bin ich glücklich, da fühle ich mich völlig frei.

Natur / Die Natur gefällt mir sehr: Ich werkele oft im Freien herum. Das ist der Nachteil an meiner Arbeit im Gefängnis, man ist doch sehr eingesperrt. __ Ich fühle mich sehr reich, wenn ich im Herbst Beeren sammle, Pilze, Kartoffeln von meinem Feld, Erbsen, Bohnen, selbst gezogenen Salat, und wenn wir außerdem noch im See einen Fisch gefangen haben, haben wir ein vollständiges Essen aus eigener Herstellung ... bis auf das Bier, das wird nicht besonders, wenn man es selbst macht! Das kaufe ich im Laden. __ Der Wandel der Natur ... Morgens, wenn ich aufwache, mache ich immer eine kleine Runde, nur um zu schauen ... Wenn ich etwas später zur Arbeit muss, mache ich einen Spaziergang rund ums Haus, nur um zu schauen. Nur, um die Natur zu genießen.

Liebe / Liebe ist für mich lebenswichtig. Unsere Ehe verläuft sehr glücklich. Als mein Mann und ich uns 1975 kennenlernten, war ich 19 und er 20. Seitdem sind wir zusammengeblieben und sind immer noch sehr glücklich. Hier können wir Hand in Hand spazieren gehen, auf den kleinen Pfaden, und sagen uns:»Wie gut es uns beiden doch geht!« Ich glaube auch, dass wir dieses Gleichgewicht aufbauen konnten, weil wir immer beide ein eigenes Leben hatten. Ich bin immer mit Freundinnen zum Feiern ausgegangen ... Ich gehe zum Tanzen, während er mit seinen Freunden angeln geht. __ Das Wichtige ist, dass man sich gegenseitig vertraut; wir wissen, dass wir füreinander da sind und dass wir ehrlich bleiben.

Sinn des Lebens / Darüber ließe sich so viel sagen! __ Erst einmal genießen, jeden Tag nutzen, sich amüsieren. __ Dann ist es wichtig, Zeugnisse für die künftigen Generationen zu hinterlassen. Ich fotografiere häufig unsere alten Gegenstände und schreibe dazu, was ich darüber weiß: So leben die Leute und die Dinge weiter ... __ Mein Vater hat viel über meinen Großvater und seine Familie aufgeschrieben. Ich mag es, dass sie wieder zum Leben erwachen, wenn man das durchblättert und die Fotos anschaut ...

Christina

Lebt in Los Angeles, USA

Mein Traum wäre zu lernen, wie ich mich mit dem zufriedengebe, was ich habe.

Porträt / Ich heiße Christina. Ich lebe in den USA. Ich bin 37. Ich bin Schauspielerin und gebe Schauspielunterricht.

Erinnerung / Wow! Meine älteste Erinnerung? Das war bestimmt im Kindergarten, ich muss also drei oder vier Jahre alt gewesen sein ... Meine beste Freundin, Felicia, war eine Schwarze ... __ Das ist wichtig, ich bin nämlich mexikanisch-amerikanisch, und Sie wissen ja, dass es in den USA eine starke Trennung nach ethnischen Gruppierungen gibt ... Aber ich interessierte mich also für sie, die einzige Schwarze in der Gruppe, ich wahrscheinlich die einzige Latino ... Ich sehe uns noch mit unseren Puppenwagen mit den Puppen darin ... und dieses Bild ist mir geblieben. Lustig, jetzt wieder daran zu denken!

Schwer anzusprechen / Es ist schwierig, mit meinem Vater über Politik zu sprechen, weil er im Koreakrieg gekämpft hat: Davon ist ihm immer noch eine Art Stolz geblieben, eine Art amerikanischer Patriotismus, den ich respektiere, der aber manchmal schwer erträglich ist. Bei dem, was jetzt im Irak passiert, ist der Rest der Familie, vermute ich, eher gegen den Krieg, und mein Vater tut sich schwer, objektiv zu bleiben. __ Also führen wir leidenschaftliche und völlig irrationale Gespräche! Er hat Wutanfälle oder verteidigt sich gegen alles, argumentiert, dass er Amerikaner ist, zum besten Land der Welt gehört ... Ich glaube, das kommt alles von seiner Erfahrung als Soldat.

Glücklich / In meinem Alltag bin ich nicht glücklich. __ Ich glaube, in der amerikanischen Kultur ist es schwer, glücklich zu sein. Das klingt vielleicht seltsam, aber ich glaube, wir werden in diesem Land zu sehr vorwärtsgepusht. Man sagt uns: »Du solltest so und so sein! ... Das musst du haben! ... Diese Arbeit solltest du bekommen! ... So ein Mensch solltest du sein! ... Du solltest schön sein! ... Du solltest sexy sein! ... Du solltest

Geld haben! ... Du solltest mit 25 schon fünf Kinder haben, auch wenn du arm bist!« __ Ich bin mit dieser Gesellschaft konfrontiert, die uns verhätschelt, die uns Lust gibt auf immer mehr, mehr, mehr ... Weil wir denken, nur so kann man glücklich sein! Ich weiß, es müsste auch einfacher gehen. Ich weiß, ich müsste glücklich darüber sein, einfach die zu sein, die ich bin. Ich sollte wirklich glücklich sein: Ich bin gesund, ich habe eine Familie, ich habe Freunde ... Aber es ist sehr schwierig, sich im Alltag zu erinnern, dass das wenige, das man hat, für die meisten Menschen auf der Welt absolut ausreicht. __ Ich glaube wirklich, daran krankt die amerikanische Gesellschaft. Ich bin damit zurzeit konfrontiert, und ich bin gewissermaßen dauerhaft depressiv. Kürzlich habe ich mir gesagt: »Warum bin ich eigentlich nicht glücklich?« Im Alltag wird mein Leben bestimmt von dem Modell, das man uns verkauft, dem Modell der kapitalistischen Gesellschaft. Wenn du heute den Fernseher anschaltest – das ist doch lächerlich, was uns da gezeigt wird. Das macht mich krank. Alles erinnert uns daran, dass unser Leben nicht gilt, weil wir nicht alles haben, was das Fernsehen uns vorschreibt. Und obwohl ich das intellektuell begreife, fühle ich mich emotional und psychologisch als Opfer, als Gefangene ... Ich übertreibe jetzt ein bisschen, aber ich empfinde das so.

Liebe / Die Liebe ist meiner Meinung nach für den Menschen lebenswichtig. Aber ich glaube, dass das in Vergessenheit gerät, weil wir zu sehr damit beschäftigt sind, im Krieg oder miteinander zu kämpfen, damit, einen Job zu finden, nach einer funktionierenden Beziehung zu suchen ... außerdem gibt es jetzt so viel Ablenkung ... __ Ich finde, es ist kompliziert, obwohl es doch ganz einfach sein sollte. Aber in meinem Kopf ist es kompliziert, und es ist eine echte Herausforderung, sich daran zu erinnern, dass die Liebe etwas ganz Einfaches ist!

Schlimmste Erfahrung / Der schlimmste Moment in meinem Leben? Ich weiß nicht, ob da ein bestimmter Moment war, ich glaube, ich habe in meinem Leben eine ganze Menge schwieriger Momente durchgemacht. Das reicht bis in meine Kindheit zurück ... dass mein Vater Alkoholiker war ... Enttäuschung, Verwirrung ... Und der Konflikt, der daraus entsteht, wenn man mit jemandem zusammenlebt, der einen liebt, aber am nächsten Tag verschwindet. Jemand, der einem am Sonntag ein gutes Frühstück macht, einen zum Zelten mitnimmt und lauter solche netten Dinge, aber am nächsten Tag nicht zum Abendessen kommt. __ Ich glaube, das Leben mit dieser Traurigkeit, dieser ständigen Angst zu beginnen, ist für ein Kind sehr belastend. Ich gebe zu, wahrscheinlich ist das im Augenblick das Schwerste: mit dieser Last leben, die sich immer noch auf meine Beziehungen zu Männern niederschlägt.

Träume von heute / Zu lernen, einfach nur zu »sein«. __ Vielleicht ist das ein Traum, der etwas Existenzielles hat, aber ich glaube, das will einiges heißen. Ich verheddere mich in der Besorgnis über das, was ich habe ... was ich nicht habe ... was ich haben sollte. Ich schaffe es nicht, zufrieden zu sein. Also, ganz ehrlich, mein Traum wäre, zu lernen, mich mit dem zufriedenzugeben, was ich habe. Alles andere kommt dazu.

Hundert Dollar / Wenn Sie mir jetzt hundert Dollar in die Hand drücken würden? Wahrscheinlich würde ich mir davon die Haare schneiden ... äh ... vielleicht sogar färben lassen. Weil ich die ersten weißen Haare bekomme. __ Im Grunde würde ich sie für etwas Belangloses verwenden, aber ich brauche das, mich ein bisschen zu verwöhnen.

Angst / Meine größte Angst ist, aufzugeben. Angst davor, das Leben aufzugeben, mir zu sagen:»Scheiße, ich kann es nicht mehr ertragen ... Es ist zu schwierig, glücklich zu sein. Zu hart, mit dem zu leben, was ich habe oder nicht habe.« Also wirklich die Angst, eben auf alles zu verzichten ... Ich denke manchmal, ich leide unglaublich viel, weil ich sehr sensibel bin, zu sensibel für meine Umgebung. Ich lasse mich von den Ereignissen in der Welt mitreißen. Und manchmal wird das ein bisschen viel. Es ist schwer auszuhalten. Also versuche ich, einen Weg zu finden, um es positiv zu kanalisieren. __ Ich habe Angst vor meinem Land und auch vor seiner Macht. __ Und seltsamerweise will ich keine Gewalt hier ... Nun ja, der 11. September, das war natürlich Gewalt! Aber ich glaube nicht, dass der Zusammenhang begriffen ist, dass die Mehrheit der Leute die Ursache dafür begriffen hat: Das sind nicht nur einfach Leute, die beschlossen haben, das mächtigste Land der Welt in die Luft zu jagen. Sondern das war, weil wir in andere Länder gezogen sind, die Demokratie verbreitet haben, als wären wir die Weltpolizei. Wir sind gekommen, haben Kulturen zerstört, Gemeinschaften, Denkmäler, Museen, um ... ich glaube ... um an Erdöl zu kommen! __ Also, wenn die Terroristen kommen, sagen wir:»Warum hassen sie die USA? Warum hassen sie uns? Wir sind doch so nett! So reich! Wir haben MacDonald's! Und Mickey Mouse!« __ Das ist doch eine kranke Kultur!

Frau / Ich glaube, damit die Menschen keine Kriege mehr führen, müssen Frauen die Welt regieren! __ Ich weiß, es gab auch schon Kriege um Frauen, aber irgendetwas ist da, weshalb die Tatsache, dass in allen Ländern die Männer an der Macht sind, für die Erde nicht heilsam ist. __ Vielleicht weil wir Frauen das Leben geben, weil wir einen anderen Begriff vom Wert des Lebens haben, weil wir es geben. Eine Art Kraft, Intuition, Ur-Energie, ein Gespür für gemeinschaftliches Leben, das uns von Natur aus näher ist. __ Solange Männer die Länder regieren ... Ich weiß, das mag übertrieben wirken, aber warum nicht? Wir haben es auf eine Weise versucht. Jetzt versuchen wir es eben anders! Wir wollen sehen, was dabei herauskommt, wenn die Frauen an der Macht sind ... was das für Veränderungen bewirkt ...

Sinn des Lebens / Der Sinn des Lebens ist ... die Liebe. Was sonst? Wir brauchen sie alle. Wir wollen sie alle. Damit fühlen wir uns wohl, wenn wir das Glück haben, sie zu erleben. Leider hat nicht jeder dieses Glück. __ Wissen Sie, es gibt da ein Zitat ... Wir Amerikaner sind sehr gut beim Herunterleiern von Zitaten ... Es lautet:»Es ist besser, die Liebe zu kennen und sie zu verlieren, als sie nie verspürt zu haben.« __ Es lohnt sich, das Risiko einzugehen und zu sagen:»Okay, ich werde dich lieben! Vielleicht werde ich später leiden, vielleicht verrätst du mich, verlässt mich ... Aber es kann auch sein, dass du mich wiederliebst, und das könnte so herrlich sein!«

Mario

Nuha

Silvana

Darryl

Saideh

Buddhi Maya

WAS IST GLÜCK?
SIND SIE GLÜCKLICH?

Mario / *Lebt in Buenos Aires, Argentinien*
Ich hatte in meinem Leben schon einige Glücksmomente. Zum Beispiel erfüllt es mich mit Glück, die Berge zu erleben. Durch sie erfahre ich die Unendlichkeit und die Weite der Natur. Auch intensive Blickwechsel mit meiner Frau bedeuten für mich größtes Glück. Wenn die Partnerin zugleich Freundin ist und man im Dialog steht, ist dies Glück. Und selbst in leidvollen Momenten, wenn Familienmitglieder sterben oder schwer krank sind, bedeuten diese Blicke zwischen mir und meiner Frau großes Glück – hoffentlich auch in Zukunft.

Nuha / *Flüchtling aus dem Irak, lebt in Syrien*
Der glücklichste Tag meines Lebens war jener, an dem ich meinen Namen in der Aufnahmeliste des Instituts für Anglistik entdeckte. Denn ich liebe die englische Sprache unglaublich, wie überhaupt alle fremden Sprachen. Es ist, als könnte ich durch die Sprachen zu den Sternen reisen.

Silvana / *Lebt in Argentinien*
In meinem Leben gibt es nicht den einen glücklichsten Moment, sondern viele. Der letzte ist noch nicht lange her: Es war ein Augenblick der körperlichen Liebe.

Saideh / *Lebt im Iran*
Wenn man zum ersten Mal Mutter wird. Und vor allem, wenn sich das Kind im Bauch bewegt. Ich hatte das seltsame Gefühl, dass ein fremdes Wesen in meinem Inneren lebt. Und das machte mich glücklich.

Buddhi Maya / *Lebt in Nepal*
Als ich krank war und nicht arbeiten konnte, hassten mich meine Schwiegereltern dafür. Also bat ich meinen Mann, eine andere, arbeitsfähige Frau zu heiraten. Doch er sagte mir: »Du hast deine Familie verlassen, um zu mir zu kommen. Wie könnte ich eine andere Frau heiraten? Ich liebe dich doch so sehr!« Wenig später bekamen wir einen Sohn. Das war der glücklichste Moment in meinem Leben.

Darryl / *Lebt in New Orleans, USA*
Bei der Geburt meines Sohnes war ich im Kreißsaal dabei. Ich war nervös und ängstlich zugleich. Ich war gerade einmal 20 Jahre alt. Als ich zuerst den Kopf und dann die Schultern herauskommen sah, wusste ich nicht, wie mir geschah. Ich lächelte, lachte, blickte in das schleimbedeckte Gesichtchen … und erkannte etwas von mir in ihm. Ich musste lachen, weil mein Vater wohl das Gleiche gesehen hatte, als ich geboren wurde. Ich sehe meinem Vater ähnlich, und mein Sohn sieht mir ähnlich. Das hat mich sehr glücklich gemacht.

Anna / *Lebt in Italien*
Wie kann man glücklich sein, wenn man allein ist? Erklären Sie mir das einmal ... Mit meinem Mann war ich glücklich. Seit er tot ist, scheint die Sonne nicht mehr.

Carola / *Lebt in Tansania*
Oh je! Ich weiß nicht, und ich glaube nicht, dass es ein Rezept für das Glück gibt. Ich glaube, das Glück kommt, wenn man zufrieden ist. Und das ist sehr schwierig. Als ich jung war, hielt ich mich oft für glücklich, weil ich mich über kleine Dinge sehr freuen konnte. Doch wenn man älter wird und mehr Verantwortung trägt, wenn man Kinder hat, dann sorgt man sich darum, dass sie zur Schule gehen können, obwohl man nicht viel Geld hat. Wissen Sie, das Glück wird plötzlich eine reelle Sache, und manchmal ertappt man sich sogar beim Lachen, obwohl man tief im Inneren nicht glücklich ist und ständig nur Probleme hat.

Norbert / *Lebt in Madagaskar*
Ich hatte stets das Gefühl, nicht wirklich zufrieden zu sein, ein unvollständiges Leben zu leben. Deshalb strebe ich immer nach noch mehr. Wenn ich einen Ariary habe, will ich zehn Ariary, habe ich zehn, so will ich hundert, und habe ich hundert, will ich tausend. Habe ich ein Fahrrad, so will ich ein Motorrad, habe ich ein Motorrad, so will ich ein Auto.

Akusawa / *Lebt in Los Angeles, USA*
Ja, ich bin glücklich, denn ich habe endlich begriffen, dass das Glück aus einem selbst kommt. Als ich jung war, suchte ich das Glück in anderen Menschen, anderen Orten, anderen Dingen, doch ich verstand schließlich, dass man selbst das Glück besitzt.

Jovan / *Lebt in Bosnien-Herzegowina*
Ich bin seit 47 Jahren verheiratet. Fast jeden Tag sagt meine Frau, sie habe Kopfschmerzen, schlecht geschlafen oder ihr schmerze die Schulter. Ich dagegen bin jeden Morgen glücklich, die Sonnenstrahlen zu sehen und einen weiteren Tag zu leben.

Oh je! Ich weiß nicht, und ich glaube nicht, dass es ein Rezept für das Glück gibt. Ich glaube, das Glück kommt, wenn man zufrieden ist.

Carola

Anna

Jovan

Norbert

Akusawa

Yusuf

Sadiev

Claudia

Putali

Tsatsita

Julie

Yusuf / *Lebt in der Türkei*
Wenn ich abends nach Hause komme, dusche ich, ziehe mich um, setze mich auf den Balkon, esse vielleicht ein paar Früchte, rufe meine Kinder zu mir, rede und lache mit ihnen, trinke Tee – gibt es ein größeres Glück als dieses?

Putali / *Lebt in Nepal*
Was braucht man, um glücklich zu sein? Man braucht ein Haus, ein Feld für den Maisanbau und einen Ochsen. Wenn man anbauen kann, was man will, ist man ein glücklicher Mensch. Wenn man nichts anbauen kann, ist man nicht glücklich, sondern unglücklich.

Sadiev / *Lebt in Kirgistan*
Wer glücklich sein will, muss sich Ziele setzen. Wer diese erreicht, ist glücklich. Wenn ich Schafe hüte, ist mein Ziel, die gesamte Herde gut zu bewachen, zu mästen und sie zu ihren Besitzern zurückzubringen. Das ist mein Glück.

Claudia / *Lebt in Deutschland*
Ich könnte versuchen, Glück zu definieren. Aber ich mag das französische Wort »bonheur«, das wörtlich »eine gute Stunde« bedeutet. Wenn wunderbare Gegebenheiten zusammenspielen, ist das Glück.

Tsatsita / *Lebt in Tschetschenien*
Es war am 15. oder 16. Januar – ich erinnere mich daran, als sei es gestern gewesen. Plötzlich herrschte völlige Stille. Keine Flugzeuge, keine Explosionen mehr, man konnte auf einmal wieder alles hören. Ich erinnere mich, wie ich aus der Höhle kam und draußen den Vollmond sah. Zusammen mit der Stille war das ein wahrhaft erhabener Moment. Ich dachte, wenn es das achte Weltwunder gäbe, dann wäre es dieses: Wenn nach dem Krieg die Stille zurückkehrt. Auch wenn sie nur eine, zwei oder zehn Sekunden dauert – die Stille ist wunderschön.

Julie / *Lebt in Tamil Nadu, Indien*
Ich hatte unlängst sehr viel Freude an der Arbeit in einem Waisenhaus. Ein kleines Mädchen war mit elf Monaten auf der Straße ausgesetzt worden. Die Schwestern nahmen das kleine Baby mit ins Waisenhaus, es war sehr traurig und weinte. Ich war tief berührt davon, dass bereits ein so kleines Baby eine solche Traurigkeit empfinden kann. Von nun an besuchte ich die Kleine jeden Tag, versuchte, sie zum Lachen zu bringen, und tanzte mit ihr. Nach zwei Wochen schenkte sie mir ein wunderbares Lächeln. Ich glaube, dieser Moment war für mich pures Glück.

Wer glücklich sein will, muss sich Ziele setzen. Wer diese erreicht, ist glücklich.

WAS IST GLÜCK? SIND SIE GLÜCKLICH?

Isabelle / *Lebt in Frankreich*
Ich habe einen Flugzeugabsturz als
Einzige schwer verletzt überlebt. Nach
dieser Katastrophe war ich acht Monate
bettlägerig und noch zwei Jahre lang
mehr tot als lebendig. Ich war nie dick,
doch damals wog ich nur noch 38 Kilo.
Ich glaubte, ich könnte nach dieser Erfahrung nie wieder eine normale Frau
sein, aber dann heiratete ich und erwartete ein Kind. Der Moment der Geburt
war für mich das absolute Glück, doch
es war ein flüchtiges Glück. Ich empfinde Glück als flüchtig: Man empfindet
einige Augenblicke lang größtes Glück,
und für dieses kurze Aufblitzen lebt
man.

Ruth / *Lebt in Israel*
Das Glück ist wie ein Funken, es kommt
in Sekunden, vielleicht in Augenblicken.
Man tut etwas, und plötzlich empfindet man:»Wow! Das ist super, ich bin
glücklich!« Doch dieses Gefühl hält nicht
ewig an. In dem Wort steckt so viel Adre-
nalin! Das Glück besteht aus Funken. Du
fragst, ob es solche Funken in meinem
Leben gibt? Es gibt solche Funken. Nicht
viele, aber es gibt sie.

B. / *Lebt in Frankreich*
Wenn meine Tochter mich umarmt
und mir sagt:»Ich liebe dich so wie den
Himmel.« Wenn sie mir das sagt, ist das
Glück so groß wie ein Berg. Diese Worte ...
niemand hat sie ihr beigebracht, sie
kommen einfach so aus ihr heraus, und
das ist schön! Wenn man im Gefängnis
sitzt, hat man immer Angst vor Vor-
urteilen, aber in Wahrheit sind Kinder
einfach ganz natürlich.

Gabriel / *Lebt in Los Angeles, USA*
Früher war ich nicht glücklich, doch
jetzt, da ich nicht mehr im Gefängnis
sitze, bin ich es, jetzt ist das Leben
schön. Wissen Sie, man ist nicht lange
jung. Deshalb liebe ich das Leben,
und mit etwas Glück liebt das Leben
auch mich.

Sharon / *Lebt in Los Angeles, USA*
Glück, Glück, Glück ... ist die Wahrheit.
Glück ist, die Wahrheit zu sagen und
zu wissen, dass man gehört wird. Glück
ist, zu sehen, dass es Gerechtigkeit gibt.
Glück ist, ein Kind zu beobachten, das
Fantasie hat und dadurch frei ist. Glück
ist, zu tanzen. Glück ist eine Mango.
Glück ist ... oh! Das Glück ist potenziell
in jedem Moment vorhanden, es ist so
nah, die ganze Zeit. Man kann ein Kind
so leicht zum Lachen bringen: Das ist
Glück! Das Glück ist überall, aber es ist
keine große Sache, es ist nicht sichtbar.
Glück ist nichts Großes, nichts Teures!
Es ist eine kaum merkliche Verbindung
zwischen den Menschen.

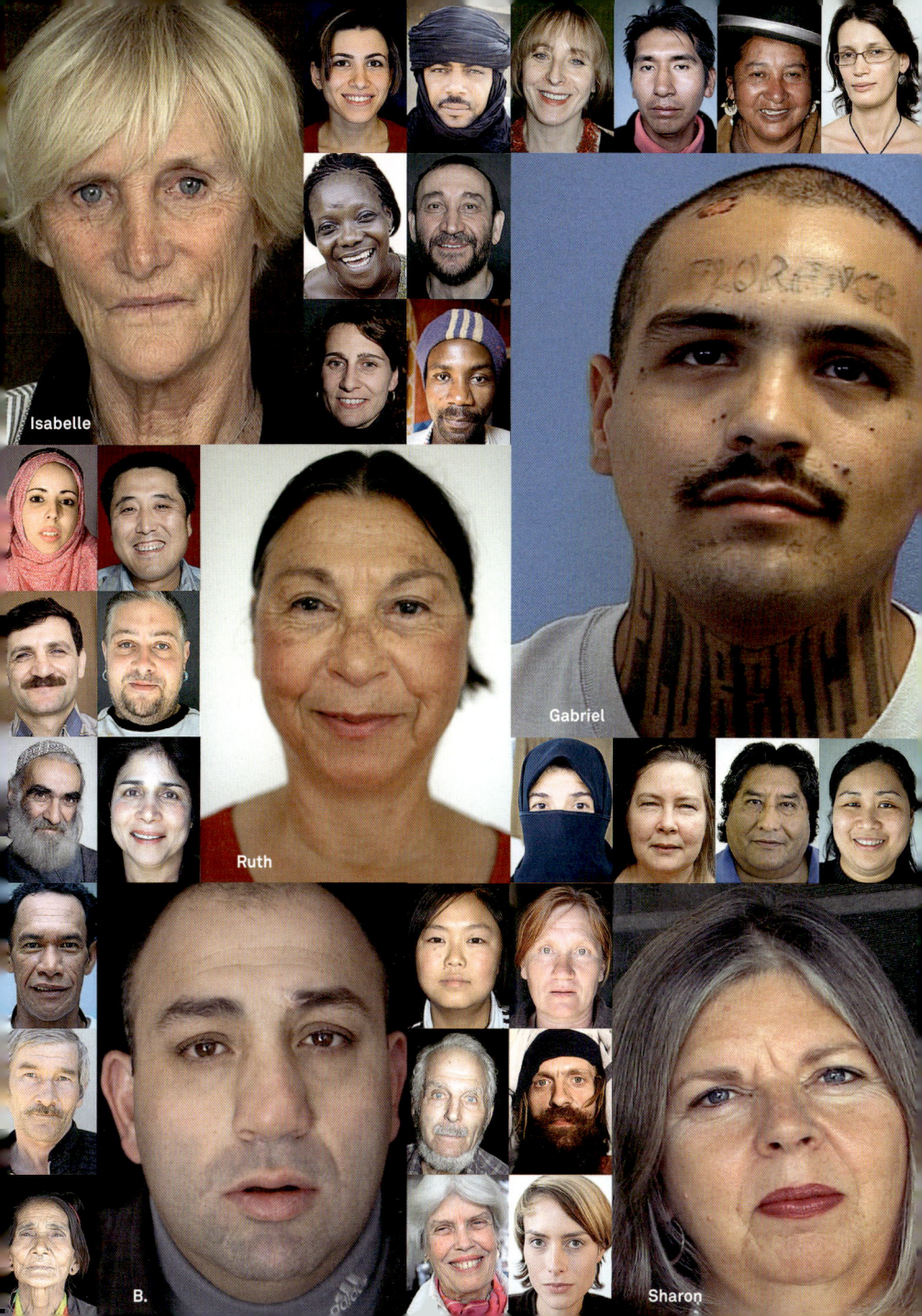

Isabelle

Gabriel

Ruth

B.

Sharon

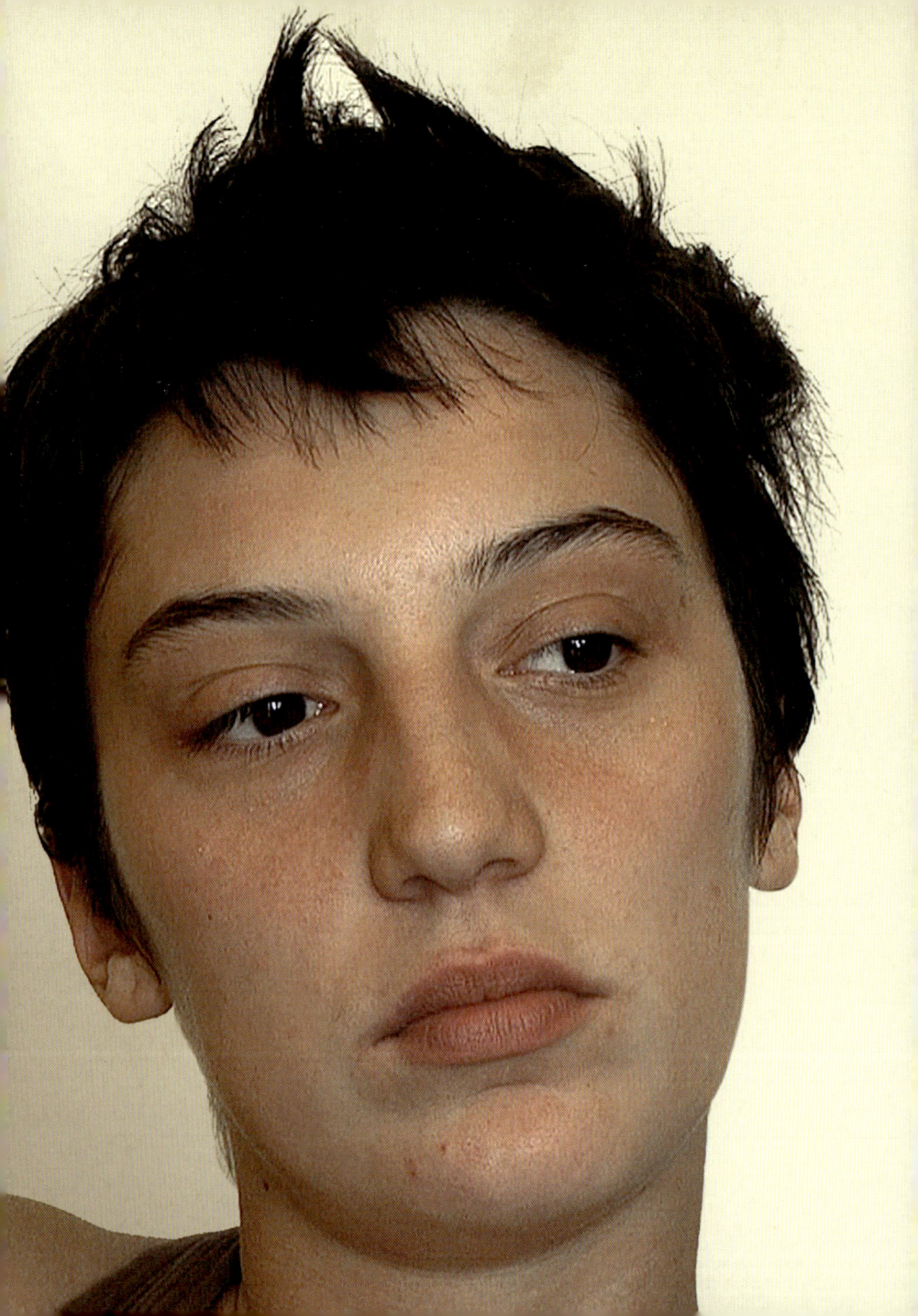

Dushka

Lebt im Kosovo

Meine härteste Erfahrung war die Drogensucht. Ich weiß das nun, weil sie hinter mir liegt.

Porträt / Ich heiße Dushka. Ich bin 22 Jahre alt. Ich bin in Priština geboren und lebe auch dort. Ich bin Studentin.

Kinderträume / Mein Traum war immer, Astronautin zu werden. Das wollten auch viele andere ... Später wollte ich Malerin werden. Ich liebte das Zeichnen und wollte mit meiner besten Freundin nach Paris ziehen und Malerin werden. Und natürlich Astronautin! Von diesen beiden Berufen träumte ich. __ Ich wollte Astronautin werden, weil ich ständig über das Weltall, die Sterne und Planeten nachdachte. Ich fragte mich stets, welche Form das Weltall hat, was jenseits der Planeten, jenseits der Erde und des Sonnensystems ist. Und ich kannte eben die Antworten nicht ... Was aus diesem Traum geworden ist? Nun, ich wurde erwachsen. Ich studierte Geografie und lernte viel. Auch, dass manche Fragen unbeantwortet bleiben. Erst gestern habe ich gelesen, dass ein russischer Mathematiker die Antwort auf meine Frage nach der Form des Weltalls gefunden hat. Ich weiß nun, dass ich die Antwort nie gefunden hätte, selbst wenn ich Astronautin geworden wäre. Aber ich möchte immer noch gerne Astronautin sein!

Heutige Träume / Meine gegenwärtigen Träume ... ich weiß nicht. Ich hatte in letzter Zeit einige Probleme und habe deshalb nicht viele Träume. Ich hatte einfach keine Zeit. Aber ich würde gerne am Theater arbeiten, als Kostüm- oder Bühnenbildnerin. Das würde mich erfüllen. Andere Träume habe ich nicht, ich hatte wirklich keine Zeit dafür! Ich war krank und konnte mich einfach nicht irgendwelchen Träumereien hingeben.

Etwas weitergeben / Ob ich Kinder möchte? Ich denke oft daran. Jedes Mal, wenn ich eine große »Dummheit« begehe und meinen Eltern Probleme mache, sage ich mir immer, ich hätte lieber keine Kinder, um nicht das Gleiche zu erleben wie meine Eltern. __ Ich habe viel gelernt und viele Erfahrungen gemacht. Die würde ich gerne an meine Kinder weitergeben. Aber ich würde mich anders verhalten als meine Eltern: Ich wäre etwas kühler zu meinen Kindern. Meiner Meinung nach haben meine Eltern hier einen Fehler gemacht, auch wenn ihr Verhalten ein Liebesbeweis war. __ Ich würde meinen

Kindern meine Erfahrungen weitergeben wollen, die guten und die schlechten. Und vor allem würde ich ihnen beibringen, wie man mit anderen Menschen umgeht. Sie sollen bloß nicht naiv sein! __ Ich vertraute den Leuten, weil mich meine Eltern gut erzogen haben. Aber ich musste lernen, dass man zu den Menschen nicht nett sein darf. Vielleicht haben sich die Zeiten geändert. Damals herrschte der Kommunismus in Jugoslawien. Das Leben war einfach; vielleicht konnten sie deshalb nett sein. Natürlich bin auch ich zu meinen Freunden nett. Aber nicht zu jedem!

Schlimmstes Erlebnis / Meine härteste Erfahrung war die Drogensucht. Ich weiß das nun, weil sie hinter mir liegt. Heute geht es mir gut, und ich weiß, dass mich diese schlimme Erfahrung zum Zusammenbruch gebracht hat. __ Ich hatte viel Zeit, um darüber nachzudenken. Ich glaube, der Krieg ist schuld daran. Natürlich gibt es auch in friedlichen Ländern Drogenabhängige. Aber in meinem Fall war der Krieg die Ursache, durch ihn wurde ich von meinen Eltern getrennt. __ Ich war ein sehr verwöhntes Kind und fand mich plötzlich allein in der Großstadt wieder. Meine Eltern schickten mir Geld; mit 15 Jahren regelte ich alles selbst. Und dann schlug ich einen anderen Weg ein. __ Am 24. März 1999 fielen in Jugoslawien die ersten Bomben. Am Anfang gab es in Priština keinen Strom mehr, dann kam es zu ersten Plünderungen in den Geschäften ... es war die totale Anarchie. __ Mein Vater ist Serbe und meine Mutter Albanerin, das waren die beiden verfeindeten Lager. Ein serbischer Nachbar, ein Idiot, bedrohte meine Schwester und mich. Wir waren jung, ich war 14, meine Schwester 16. Ich hatte große Angst und sagte meinem Vater, hier wolle ich nicht mehr bleiben. Mit Hilfe von Freunden flohen wir heimlich aus dem Kosovo. Wegen unserer Vornamen fuhren wir nicht mit dem Bus. Meine Schwester trägt einen albanischen Vornamen und wäre nicht über die Grenze gekommen. Wir fuhren also mit dem Auto und schafften es bis zu meiner Großmutter nach Serbien. So wurden wir getrennt. Es war sehr schmerzhaft, wir weinten und glaubten, meinen Vater und meine Mutter nie wiederzusehen, denn sie waren in Priština geblieben. Eine Albanerin und ein Serbe? Jeder wollte sie töten! Auf beiden Seiten! Das war sehr hart.

Lebenslehren / Die schönste Erinnerung meines Lebens ist die an die Drogen. Durch sie lernte ich viel. Ich weiß, dass Menschen, die nie Drogen genommen haben, das nicht verstehen können. »Wie kann sie nur so denken?« Aber ich glaube, das ist meine schönste Erinnerung. So lernte ich die schlechten Seiten des Lebens kennen, und das half mir, die guten zu entdecken. Es ist die schönste Erinnerung. Das tut weh, aber ich glaube, alles Schmerzhafte ist intensiv und lehrreich. Man trägt es wie ein Kreuz auf dem Rücken. __ Als ich ins Gymnasium kam – es war eine schlechte Schule –, nahmen die meisten Schüler Drogen. So fing alles an. Ich dachte: »Wow! Wir tun, was sonst niemand tut!« Total blöd! __ Zwei Jahre lang war alles toll, keine Schmerzen, nur feiern. Feiern ... und dann wurde alles sehr schwierig. Ich war allein, hatte niemanden, lag immer nur im Bett. Ich dachte: »Die anderen unternehmen etwas, gehen raus. Ich aber liege den ganzen Tag im Bett und tue nichts. Ich fühle mich *dizzy*.« __ Für Drogen tut man alles ... Man verkauft seine Seele und seinen Körper. Für einen Schuss! Für nichts! Ich machte sehr schlechte Erfahrungen, mit bösen Menschen, mit Kriminellen. Ich erlebte die schlimmsten Dinge ... die Hölle. Das Heroin ist Luzifer. Es ist der Teufel! Man liebt den Teufel. Es ist, als liebte man jemanden obsessiv. Wie ein Psychopath. Du liebst jemanden zu stark und du bist bereit, für diese Person zu töten. Du tust alles Mögliche. Du liebst sie und tust alles für sie. Und weil Heroin der Teufel ist – ich bin ganz sicher, dass es der Teufel ist –, beginnst du, Dummheiten zu machen. Als würde man ein Messer nehmen und sich selbst schneiden. Da ist bloß noch Schmerz ... Schmerz! Schmerz! Du liebst den Schmerz, du betest ihn an. __ So vergingen die Jahre. Und wie alle, die Drogen nehmen, begann ich, dieses Leben zu hassen. Wenn du stark und intelligent bist, schaffst du es da raus. Wenn nicht, bleibst du drin.

Glücklich / Ja, ich bin glücklich. Manches würde ich gerne verändern, um noch glücklicher zu werden, und daran arbeite ich. Aber ich bin glücklich. Ich werde mich damit nicht zufriedengeben. Ich kann mehr, und ich muss noch einiges tun. Aber im Verhältnis zu meinem Leben als Drogenabhängige bin ich jetzt sehr glücklich!

Glück / Glück ist für mich, morgens aufzustehen und einen Kaffee zu trinken. Mich nicht mehr um das Geld für die Drogen kümmern zu müssen. Nicht mehr denken zu müssen:»Oh, ich fühle mich schlecht. Ich bin krank. Ich habe überall Schmerzen.« __ Heute wache ich wie eine Prinzessin auf. Ich trinke einen Kaffee und denke:»Was könnte ich heute machen?« Das ist das größte Glück: ohne Schmerzen einen Kaffee trinken.

Tränen / Ich habe schon lange nicht mehr geweint. __ Musik bringt mich oft zum Weinen. Natürlich weine ich über traurige Dinge, aber oft ist der Grund die Musik, und dieses Gefühl mag ich. Warum? Weil es mir allein gehört. Ich weiß nicht, wie ich das erklären soll ... Ich kann meine Gefühle ausdrücken. Schüchterne Menschen drücken nicht aus, was sie fühlen, sie behalten alles im Inneren. Das ist schlecht, denn manchmal explodieren sie, und das ist nicht schön.

Krieg / Meine Erfahrungen mit dem Krieg sind seltsam, denn es war angenehm. Zur Zeit der Bombardements war ich 15 Jahre alt. Wir saßen die ganze Nacht auf der Brücke, trugen T-Shirts mit Zielscheiben und warteten auf die Bomben. Es war dumm, aber schön: Alle waren da, jeden Abend passierte etwas. Ich erlebte dort schöne Momente. Und um sieben Uhr dann die Sirenen! Damals hatte ich meinen ersten Freund, und wenn um sieben Uhr die Sirenen heulten, küssten wir uns. Es war die große Liebe. Während des Kriegs hatte ich sehr schöne Momente. Das ist dumm, aber es ist so! __ Ich betrachte den Krieg auf einfache, verzweifelt einfache Weise. Ich glaube nämlich, dass er dumm ist. Ich glaube, alle normalen, einfachen Leute wie ich denken das Gleiche. Die Mörder und Diebe waren Kriminelle. Und es endete, als jemand aus der Deckung rief:»So! Jetzt reicht es!« __ Wir begannen, wieder zusammenzuleben. Das ist nicht ganz leicht. Selbst wenn man nicht will, muss man hierbleiben. Weil es unsere Heimat ist. Jeder bleibt in seiner Heimat. Man spricht wieder miteinander. Manche Leute haben keine Familie mehr, weil alle getötet wurden. Sie denken anders über den Krieg. Aber ich habe den Krieg nicht so sehr gespürt. Aus meiner Sicht ist er einfach nur dumm!

Sein Land verlassen / Meine Mutter ist Albanerin, mein Vater Serbe. Sie haben verschiedene Kulturen. Wenn ich mit Serben zusammen bin, bevorzuge ich Albaner. Wenn ich mit Albanern zusammen bin, will ich lieber zu den Serben! Niemand versteht diese Gefühle. Ich bin eben eine Mischung. Ich bin gerne eine Mischung. Denn ich glaube, nur wir Mischlinge können beide Lager objektiv betrachten. Das ist eine Chance. __ Ich glaube, ich werde nicht hierbleiben. Während des Krieges hatte ich nicht das Gefühl, mein Land verlassen zu haben. Das war ja keine Reise, sondern eine Flucht. Als Flüchtling verlässt du deine Heimat, weil du musst, nicht weil du willst. Außerdem war ich von meinem Vater und meiner Mutter getrennt.

Wut / Ich fühle mich als Serbin und werde mich immer als Serbin fühlen. Aber das ist nicht einfach, denn ich bin ein Mädchen und ich bin hübsch. Die Albaner mögen die serbischen Mädchen, weil sie freier sind ... es ist eben eine andere Kultur. __ Manche Freunde möchten mich als Albanerin sehen, sie sagen:»Deine Mutter ist Albanerin? Also bist du Albanerin!« Sie wollen mir das einimpfen. Ich bin halb serbisch, halb albanisch, aber mein Vater ist Serbe, und ich trage seinen Namen, also fühle ich mich so. __ Aber sie sagen auch das Gegenteil. Das ist dumm! Sie sagen zu anderen:»Du bist Albanerin, weil dein Vater Albaner ist.« Und mir sagen sie:»Du bist Albanerin, weil deine Mutter Albanerin ist.« Das macht mich wütend.

Natur / Wenn man die Landschaften des Kosovo vor und nach dem Krieg betrachtet ... Vor dem Krieg war alles ländlich. Jetzt sind hier Städte. Jeden Tag wachsen neue Häuser wie Pilze aus dem Boden. Plopp! Plopp! Plopp! Jeden Morgen, wenn ich aufwache, steht hier ein neues Haus. Ständig verändert sich alles.

Gott / Ich glaube an Gott. Ja, ich glaube an Gott. Religion ist eher eine Frage der Tradition als des Glaubens. Ich gehe gerne zur Kirche wegen der Fresken und der Ikonen. __ Ich glaube, Religion dient dazu, die Leute zu manipulieren, unfreier zu machen. Es ist beruhigend, an etwas glauben zu können. Aber ich glaube lieber auf meine eigene Art an Gott, nicht so, wie es die Religion vorgibt.

Liebe / Liebe ist dieses kleine Gefühl, das Blumen ins Leben bringt. Das Leben ist dann voller Blumen, Schmetterlinge, bunter Farben. Dann gibt es noch die andere Seite: Die Wut ... die schlechten Gefühle, die Dunkelheit ins Leben bringen. Aber die Liebe bringt schöne Farben.

Verliebt sein / Oh ja! Ich erinnere mich. Ich war zehn Jahre alt und total verliebt. Er war zwei Jahre älter als ich, und wir waren zusammen, mit zehn und zwölf Jahren! Wenn ich von der Schule nach Hause in unsere Wohnung kam, blickte ich aus dem Fenster – wir wohnten im 13. Stock – und suchte ihn von oben. Ich war verrückt nach ihm. Ich erinnere mich genau an meine erste Liebe. Es war sehr schön. __ Zurzeit bin ich nicht verliebt, aber ich wäre es sehr gerne. Vielleicht erwarte ich zu viel. Ich liebe das Theater, also spiele ich vielleicht eine Rolle. Ich erwarte etwas, und es ist wie im Film, nicht wie in der Wirklichkeit. Vielleicht rede ich mir auch ein: »Ich bin verliebt!« Schon hundert Mal habe ich meinen Eltern beim Abendessen gesagt: »Heute bin ich verliebt!« Und sie antworteten jedes Mal: »Ach komm!« Es war jedes Mal eine neue Liebe. Ich glaube, ich erwarte immer zu viel. Bestimmt bin ich deshalb nicht verliebt.

Botschaft / Jeder sollte sein Leben täglich genießen. Man spricht von der Zukunft oder der Vergangenheit, aber man denkt nicht genug an das Leben im Hier und Jetzt. Dabei ist das der Schlüssel! Es ist so schön, so wichtig. Man erinnert sich doch kaum an die Vergangenheit, und man weiß nicht, was die Zukunft bringt: umso mehr Gründe, das Leben jetzt zu leben. Es wirklich zu fühlen – damit man es ganz gelebt hat, wenn der Tod kommt.

Meine Erfahrungen mit dem Krieg sind seltsam, denn sie waren angenehm!

Maria Rosa

Luis

Queen Ra

Thomas

Véronique

Gallina

WAS WAR IHR SCHLIMMSTES ERLEBNIS?

Thomas / *Lebt in Frankreich*
Das Schwierigste für mich war, mich mit meinem gewalttätigen Vater auseinanderzusetzen, um nicht so zu werden wie er und mein Leben nicht zu verpfuschen. Das brauchte sehr viel Zeit, und ich musste es ganz allein durchstehen.

Luis / *Lebt in Portugal*
Die größte Herausforderung war für mich, keine Mutter zu haben. Für mich gab es keine Zärtlichkeit, ich konnte nicht nach Hause kommen und »Mama« sagen, ich hatte keine Unterstützung. Für mich sind das schlimme Erinnerungen. Das Schwierigste für mich war meine Kindheit. Ich bekam keine Liebe.

Queen Ra / *Lebt in Los Angeles, USA*
Die schwierigste Phase meines Lebens war meine zehnjährige Crack-Abhängigkeit. Ich war obdachlos, prostituierte mich. 1987/88 hörte ich damit auf. Das war die schwerste Zeit in meinem Leben.

Maria Rosa / *Lebt in Buenos Aires, Argentinien*
Am schwersten waren die drei Jahre im Gefängnis, von 21 bis 24 Jahren. Das Schlimmste war, herauszukommen und zu merken, dass mein Partner und meine Freunde nicht mehr für mich da waren. Ich lernte aber, allein wieder auf die Beine zu kommen und wieder Lust zu haben, glücklich zu sein.

Véronique / *Lebt in Frankreich*
Die größte Herausforderung meines Lebens? Ich werde nun etwas erzählen, das nur wenige wissen: Es war die Inhaftierung meiner ältesten Tochter in Italien und mein Kampf, um sie freizubekommen. Daraus habe ich gelernt, dass man für seine Kinder sein Leben hingeben würde. Denn damals wollte ich an ihrer Stelle ins Gefängnis gehen.

Gallina / *Lebt in der Ukraine*
Als das Kernkraftwerk explodierte, war es wie der Tag des Jüngsten Gerichts. Ich wohnte hier, aber die Kühe sollten weiter weg weiden. Man kam kaum mit dem Auto durch, weil überall Kühe waren. Wegen des Unglücks waren die Zeiten sehr schwierig. Jung und Alt waren traumatisiert. Wir haben überlebt, doch warum sind wir alle krank? Manchmal hat man Bauch- oder Kopfschmerzen. Wir sind schon alt, aber was ist mit den jungen Leuten? Seit der Atomkatastrophe sind alle krank.

Die größte Herausforderung war für mich, keine Mutter zu haben.

Darabe / *Lebt in Tansania*
Am schwierigsten sind Trockenheit und
Hunger wie im letzten Jahr.

Nadia / *Lebt in der Türkei*
Mein schlimmstes Erlebnis ist sechs
Jahre her: Ich hatte einen Gehirntumor.
Das erfuhr ich anlässlich einer Magnet-
resonanztomografie in Istanbul. Der
Arzt sagte mir sofort:»Sie haben einen
Gehirntumor.« Ich ging auf die Straße –
wie immer in Istanbul herrschte reger
Verkehr – und fragte mich, was ich nun
tun sollte. Ich dachte:»Ich habe einen
Gehirntumor, um mich herum geht das
Leben weiter, und ich werde sterben,
das war's also.« Ich rief meinen Mann
an, doch er war sehr beschäftigt und
verstand mich kaum wegen der Hinter-
grundgeräusche. So war ich ganz allein
und dachte: »Das war's, ich werde sterben.« Das war die schwierigste Erfahrung
meines Lebens, aber auch die beste.
Denn kaum war ich operiert, veränderte
sich mein Leben völlig. Ich änderte
meinen Lebensstil radikal, tat nur noch
das, was ich tun wollte, und traf niemanden mehr, den ich nicht sehen wollte.
Dies war also das schlimmste und beste
Erlebnis meines Lebens.

Angela / *Lebt in Spanien*
Die schwierigste Erfahrung ist für mich
zweifelsohne die des Mutterseins. Damit
meine ich nicht die Erziehung meiner
Tochter, sondern die körperliche Erfahrung der Schwangerschaft und der Geburt. Es ist brutal, es ist wunderbar. Ich
glaube, alle Mütter denken hier gleich,
es ist eine brutale körperliche Erfahrung,
über die man aber niemals negativ

spricht, weil sich das nicht gehört. Auf
uns Müttern lastet ein gesellschaftlicher
Druck, demzufolge wir uns unserer
naturgegebenen Fruchtbarkeit erfreuen
sollen, doch es ist eine brutale Erfahrung. Brutal. Auf einmal ein menschliches Wesen im Inneren zu tragen, bringt
unsere gesamte Chemie, unseren Körper und unseren Geist durcheinander.

Mein schlimmstes Erlebnis war der Tsunami.

Risma / *Lebt in Indonesien*
Mein schlimmstes Erlebnis war der
Tsunami und der Verlust meiner gesamten Habe und meiner Familie. Mein
Leben war danach so leer. Doch ich habe
noch einen Bruder und spüre, dass ich
weiterleben muss. Wenigstens für ihn.

Ana / *Lebt in New Orleans, USA*
Ricky kam gleich nach Hause, um die
Überreste des Hauses zu begutachten.
Alles war zerstört: Wir konnten über
einen Monat lang nicht heimkehren.
Direkt nach Katrina kam der Zyklon Rita.
Wer schon zurückgekehrt war, wurde
erneut evakuiert. Die Stadt wurde ein
zweites Mal überschwemmt. Das Wasser
stand über drei Meter hoch. Das war
die schlimmste Woche meines Lebens.

Nadia

Darabe

Angela

Risma

Ana

Ibrahim

Schie

Adria

Wir waren alle evakuiert, und fast eine Woche lang gab es keinen Mobilfunk. Man konnte die in der Stadt Gebliebenen nicht erreichen; ich wusste nicht, ob Ricky noch lebte. Den Verlust unseres Hundes Chewie hatte ich schon einigermaßen akzeptiert. Die einzigen Informationen, die wir hatten, stammten aus dem Fernsehen.

Ibrahim / *Sudanesischer Flüchtling, lebt im Tschad*
Sie töteten meinen Onkel, schlitzten ihm den Bauch auf und warfen ihn ins Feuer. Sie vergewaltigten meine beiden Schwestern und entführten sie, ich weiß nicht, wohin. Ich hatte ein sechs Monate altes Kind; sie schleuderten es gegen einen Baum. Vor mir stand ein Imam, der Ali Ahmed hieß und Religion und Freundschaft predigte. Auch ihn warfen sie ins Feuer. Das war entsetzlich, ich habe geweint.

Adria / *Lebt in Ruanda*
Am meisten Angst habe ich bis heute jeden Tag vor den Interahamwe (berittene Milizen), die uns 1994 Leid zufügten. Sie taten mir weh, sie hackten auf mich ein und verursachten meine Behinderung, sie vergewaltigten mich. Bis heute leide ich unter Schmerzen im Kopf, an den Armen, an den Schenkeln und überall, wo sie mich verletzt haben. Das ängstigt mich, und ich denke an meine Peiniger. Sie verfolgen mich weiterhin, indem sie mir deutlich machen, dass sie mich jederzeit töten könnten.

Schie / *Lebt in Mexiko*
Das schlimmste Erlebnis? Ich hatte viele verzweifelte Momente. Aber das Schlimmste war der Tod meiner Familie in der Gaskammer. Mein Vater war bereits hingerichtet worden. In ein und derselben Gaskammer verlor ich meine Mutter, meine drei Schwestern und meine Neffen. Es bleiben nur wir drei Brüder. Meine Familie: Papa, Mama, drei Schwestern, drei Brüder. Wir drei Brüder wurden ausgewählt, und das bedeutete: leben. Wir würden am Leben bleiben. Die anderen wurden wie Insekten in der Gaskammer getötet, als seien sie schuld an den Übeln der Welt. Wen verurteilt man zum Tod? Böse Menschen. Ich glaube nicht, dass meine drei- oder vierjährigen Neffen den Tod verdient hatten.

Kosal / *Lebt in Kambodscha*
Die Lebensbedingungen unter Pol Pot waren für alle schwierig. Ich war 14 oder 15 Jahre alt und gehörte zu einer Gruppe, die körperliche Schwerstarbeit leisten musste. Ich erinnere mich daran, wie mein Freund umgebracht wurde. Er war krank und wollte sich nur kurz ausruhen, schon war er tot. Sie schlugen ihn mit Stöcken, erst nach fünf oder sechs Hieben merkten sie, dass er bereits tot war. Diese Brutalität gegen einen Toten ... Sie können sich vorstellen, welches Leid erst die Lebenden erdulden mussten.

Kerstin / *Lebt in Schweden*
Ich war Opfer einer Gewalt, die ich als Folter bezeichnen würde. Mein Vater ist wohl der freundlichste Mensch, den ich

kenne. Wir lernten, an der Tür zu horchen und auf den rechten Moment zu warten. Wir wussten, was passierte, wenn wir etwas Falsches sagten … Ich sage nicht, dass wir geschlagen wurden, denn wenn man ein Kind mit einer Kette schlägt, nenne ich das nicht schlagen. Ich nenne es Folter. Doch es gibt auch die andere Seite der Gewalt, die psychische. Sie funktioniert so:»Wenn du nicht machst, was ich sage, werde ich dich nicht vor der physischen Gewalt schützen.« Ich brauchte viele Jahre, um zu begreifen, dass mein Vater körperliche Gewalt ausübte und meine Mutter psychische Gewalt.

Yavuz / *Lebt in der Türkei*
Mein schlimmstes Erlebnis war die Zeit im Militärgefängnis und die dort erlebte Folter. Wir bezeichnen Folter als ein »Verbrechen gegen die Menschlichkeit«. Das sagen wir so leicht, aber man muss es erlebt haben, um zu verstehen, was es wirklich bedeutet. Ich begriff Barbarei und Unmenschlichkeit erst, als ich sie erlebte, und ich versuche immer noch zu verstehen, welche Auswirkungen sie auf meinen Geisteszustand hatten. Was ich im Militärgefängnis von Diyarbakir erlebt habe, lässt sich nicht mit den Worten »Barbarei« und »Unmenschlichkeit« erklären. Ich lernte dort, was Leiden, Barbarei und Hoffnungslosigkeit bedeuten; ich lernte, wie weit die Barbarei der Menschen reicht; ich lernte, was Rechtlosigkeit ist; ich lernte, welche Grausamkeit aus der Rechtlosigkeit entsteht; ich lernte, was Diktatur heißt. Ich lernte, wie unschuldige Menschen zu

gewalttätigen Wesen gemacht werden können. Tatsächlich lernte ich, was das Böse, der Schmerz und die Gewalt hervorbringen. Und als ich die Zerstörung der Menschlichkeit sah, die daraus entstand, wusste ich, dass ich nicht so werden durfte.

Ich war Opfer einer Gewalt, die ich als Folter bezeichnen würde.

Kanha / *Lebt in Kambodscha*
Meine schlimmste Zeit erlebte ich als Plastik- und Eisensammlerin auf der städtischen Müllhalde. Die Situation war unerträglich. Es fällt mir schwer, darüber zu sprechen. Ich war ein Kind, ich hatte nichts zu essen und hatte all das nicht, was andere Kinder in meinem Alter hatten. Täglich arbeitete ich von früh bis spät. Ich kannte nur den Müll. Nur das Plastik und Eisen, das ich sammelte, um mit dem Geld die Familie zu ernähren. Tag und Nacht arbeitete ich in großer Hitze; ich wagte nicht, mich zu beklagen, auch dann nicht, wenn ich mich verletzte oder an den Eisenteilen schnitt, auch dann nicht, wenn ich Hunger hatte. Manchmal hatte ich einen ganzen Tag lang nichts zu essen – das

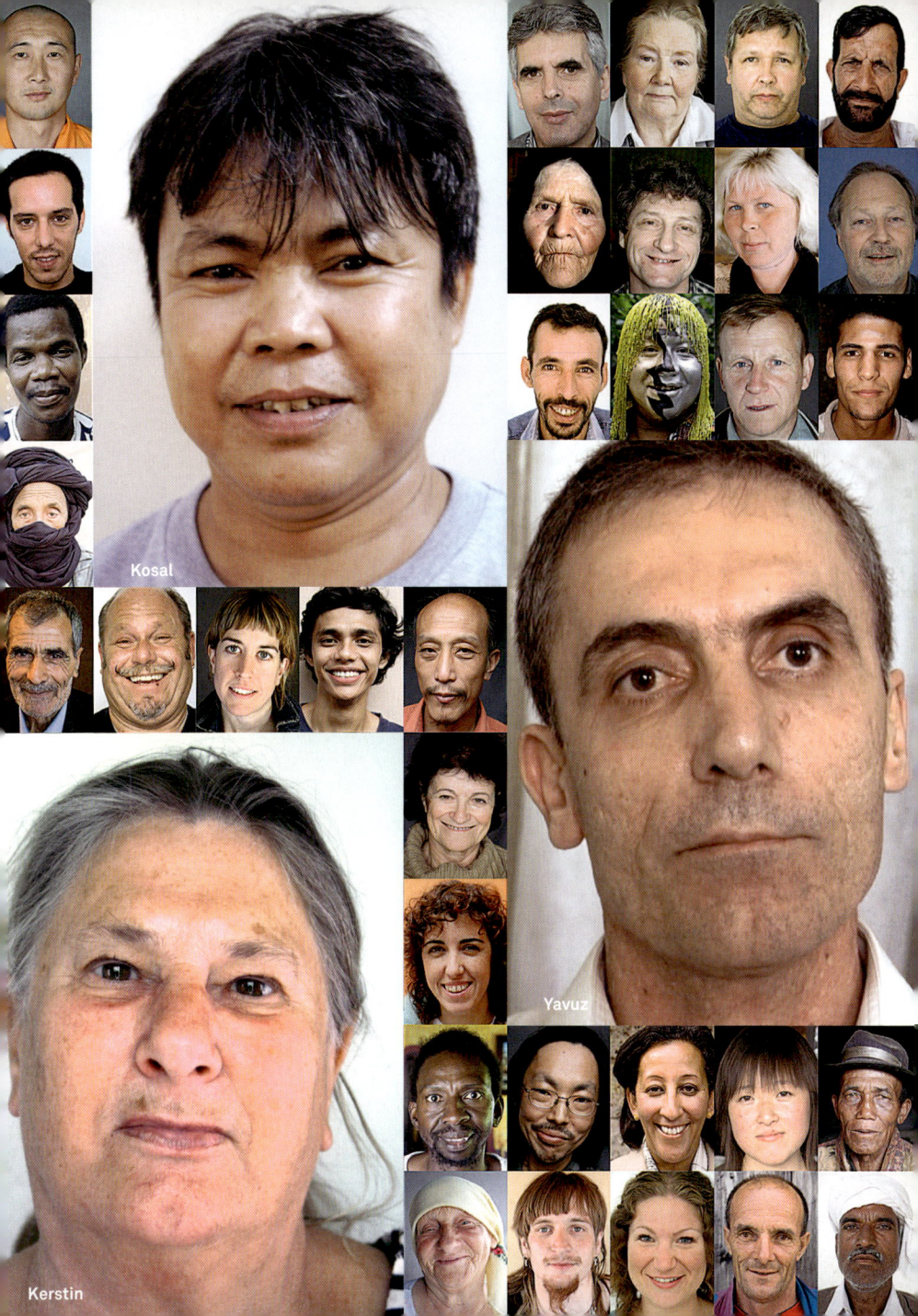

Kosal

Yavuz

Kerstin

Kanha

Malika

Concepcion

Oscar

musste ich aushalten. Am schwierigsten waren Hunger, Durst, die Hitze und das Leben auf dem Müll. Durch diese Erfahrungen lernte ich, was es heißt, zu hungern, und ich lernte, zu verzichten. Daran werde ich mich immer erinnern. Wenn es mir eines Tages gut gehen sollte, werde ich das nicht vergessen, denn es ginge mir schließlich nur gut aufgrund aller Anstrengungen und Kämpfe, die ich als Kind überstanden habe.

Oscar / *Lebt in Buenos Aires, Argentinien*
Die schwierigste Phase in meinem Leben war eine mehrere Monate andauernde Arbeitslosigkeit. Sie hat mich für mein weiteres Leben sehr geprägt, und ich dachte immer daran zurück, wenn ich Mitarbeitern kündigen musste oder neue einstellte. Die Auswirkungen eines Arbeitsplatzverlusts auf einen Menschen gehören zu den schrecklichsten Erfahrungen im Leben.

Concepcion / *Lebt in Mexiko*
Das Schwierigste in meinem Leben war mein Mann. Mit ihm funktionierte es gar nicht, und ich habe daraus gelernt, diesen Fehler nicht noch einmal zu machen. Weder mit ihm noch mit jemand anderem. Ich werde diesen Fehler nicht noch einmal machen, denn er trank sehr viel, er schlug mich. Und ... nein, ich werde das nicht mehr tun.

Malika / *Lebt in Pakistan*
Als ich mitten im Studium war, kam eines Tages mein Onkel und sagte: »Morgen ist deine Verlobungsfeier.« Ich hatte einmal nebenbei mitbekommen, dass ich irgendwann verlobt werden sollte, und war nun überrascht, dass ich so unvermittelt verlobt worden war. Es war überhaupt keine Zeit für irgendwelche Vorbereitungen. Ich war innerlich gar nicht bereit, mich schon am nächsten Tag zu verloben. Doch am Abend kamen mein Vater und mein Onkel, und am nächsten Tag war ich verlobt!

Die Auswirkungen eines Arbeitsplatzverlusts auf einen Menschen gehören zu den schrecklichsten Erfahrungen im Leben.

Nompucuko Gloria / *Lebt in Südafrika*
Ich war 18 Jahre alt und besuchte das Gymnasium, als meine Adoptivmutter mir sagte, nun sei es genug und ich würde verheiratet. Sie »verlieh« mich an eine Familie. Dass sie mir nie etwas beigebracht hatte, war für mich sehr verletzend. Später verteidigte sie ihren Sohn, als dieser mich vergewaltigt hatte. Niemand dürfe davon etwas erfahren. Außerdem sprach sie nie mit mir über meine wirklichen Eltern. Ich habe also viele negative Erfahrungen gemacht.

Doch etwas Positives ist daraus entstanden: Ich bekam dadurch die Kraft und Gewissheit, meinen Kindern Bildung ermöglichen zu wollen. Diese Unehrlichkeit ... zu meinen Kindern möchte ich immer ehrlich sein. Meine Kinder stammen von verschiedenen Vätern. Aber sie wissen es, und ich glaube, das ist gut für sie. Sollte ich sterben, wüssten sie, wer ihre Väter sind und wohin sie gehen können.

Màrio / *Lebt in Portugal*
Das Schlimmste und Komplizierteste war für mich der Tod meiner Mutter. Was ich daraus gelernt habe? Ich habe gelernt, dass man auch ohne die Menschen, die man geliebt hat, weiterleben kann, man kann immer noch lachen, weinen und trotz allem glücklich sein. Doch es bleibt für immer ein großes Loch zurück.

Marie / *Lebt auf La Réunion, Frankreich*
Mein schlimmstes Erlebnis war der Tod meines Mannes. Wir waren zusammen, er lebte, wir unterhielten uns, und auf einmal war er tot. Er starb an einer Ruptur des Aneurysmas. So etwas geht sehr schnell, in einem Augenblick. Man lebt, und plötzlich ist man tot. Ich hatte schon vorher Erfahrungen mit dem Tod gesammelt, weil man auf La Réunion Totenwachen abhält und darüber spricht. Das gehört dort einfach zum Leben. Der Tod meines Vaters folgte einer gewissen Logik. Aber der Tod des Ehemannes zu einem Zeitpunkt, an dem man dabei ist, Zukunftspläne zu schmieden, und ein kleines Kind hat – das war unbeschreiblich brutal.

Rachid / *Lebt in Ägypten*
Mein schlimmstes Erlebnis, das ich seit meiner Kindheit mit mir herumtrage, war das Verschwinden meines älteren Bruders. Er war ein Jahr und ein paar Monate älter als ich, wir waren fast wie Zwillinge. Er wurde vom Meer fortgerissen. Ich war nicht dabei, aber mein Vater, meine Mutter und einer meiner Brüder. Wir haben die Leiche nie gefunden. Noch heute träume ich manchmal davon. Ich war 15 Jahre alt, als er verschwand, er selbst war 16. Immer, wenn er mir im Traum etwas erzählt, unterbreche ich ihn: »Halt, sag mir zuerst einmal, wo du die ganze Zeit warst!« Es ist eine offene Wunde.

Aber der Tod des Ehemannes ... das war unbeschreiblich brutal.

John / *Lebt in New York, USA*
Das schlimmste Erlebnis meines Lebens hatte ich, als sich ein Mensch, den ich sehr, sehr liebte und der mich, so glaube ich, ebenfalls sehr liebte, das Leben nahm. Daran denke ich jeden Tag. Meine Familie und Freunde versichern mir immer, es sei nicht meine Schuld gewesen, aber ich bilde mir das trotzdem ein.

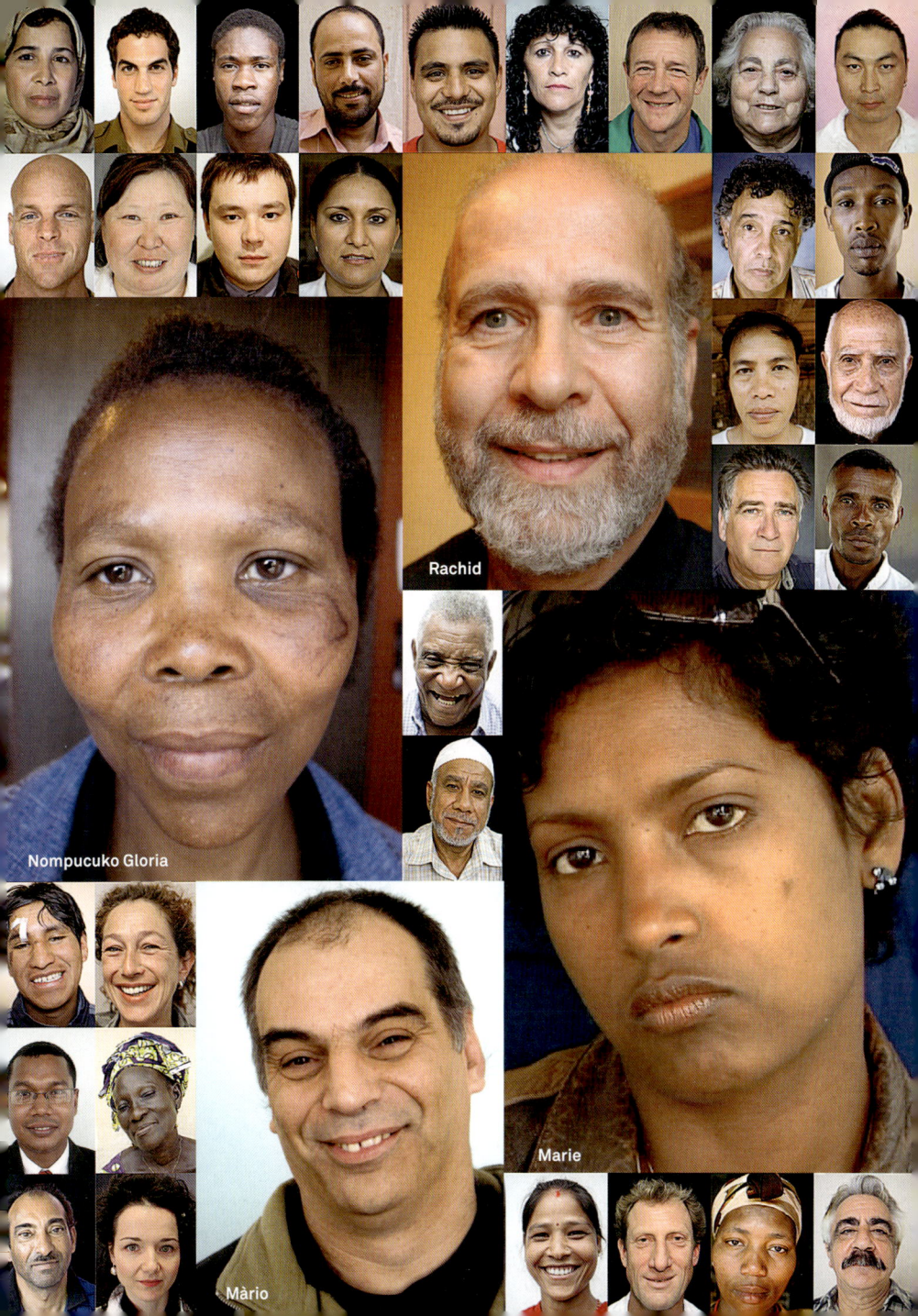

Nompucuko Gloria

Rachid

Marie

Màrio

John

Akusawa

Lynette

Es ist schrecklich, jemandem nahezustehen, der sich umbringt. Das ist eines der Rätsel des Lebens, und ich bin nicht sicher, ob ich es gelöst habe. Immerhin habe ich verstanden, dass jeder – bewusst oder unbewusst – enorme Verantwortung trägt. Jeder muss über sich selbst urteilen und sich für seine Handlungen verantwortlich fühlen. Mir wurde klar, wie stark meine Bindung zu dieser Person war, und ich weiß, dass mir ein Teil der Verantwortung für ihren Tod mein Leben lang auf den Schultern lasten wird. Das wird mich für immer bestimmen, und davor habe ich Angst.

Akusawa / *Lebt in Los Angeles, USA*
Der schlimmste Augenblick meines Lebens war, als ich erfuhr, dass mein jüngster Sohn, damals 25, brutal ermordet worden war. Das war furchtbar schwer. Ich erfuhr es vom Untersuchungsrichter, was nicht die beste Art ist, über so etwas informiert zu werden. Ich erinnere mich, dass mein Herz raste und ich das Gefühl hatte, einen Herzinfarkt zu bekommen. Ich weiß noch, wie ich fragte: »Warum? Was ist passiert? Ich habe nichts getan, das ein solches Unglück rechtfertigen würde!« Je häufiger ich mich das frage, umso öfter denke ich daran, wie viele Menschen gestorben sind, wie viele umgebracht wurden, wie viele Mütter so leiden wie ich. Ich habe erfahren, dass das Leben Prüfungen bereithält und man diese bestehen und aus ihnen lernen muss. Aus allem kann man etwas lernen, alles hat einen Sinn. Ich suche immer noch den Sinn der Ermordung meines Sohnes, denn ich

glaube, selbst darin liegt ein Sinn. Ich weiß auch, dass ich die innere Kraft, die ich durch dieses Erlebnis gewonnen habe, mit anderen Menschen teilen kann, die vielleicht nicht genug Kraft und Energie haben, den Verlust einer geliebten Person zu ertragen – es ist ja kein bloßer Verlust, sondern es ist ein Verlust durch die Hand eines anderen. Ich muss sagen, das war die schlimmste Prüfung, die ich in meinem Leben bewältigen musste.

Lynette / *Lebt in Australien*
Ich spreche nicht gern von schlimmen Ereignissen. Wenn man sich zu sehr darin ergeht, frisst einen das auf. Alles, was ich gelernt habe, stammt aus negativen Erlebnissen: sexueller Missbrauch, Inzest, häusliche Gewalt, Angst, Zwangsumsiedelung, der Tod meiner Mutter, verleugnet werden, dass mir meine Tochter weggenommen wurde ... All das sind Lehren, so begreife ich sie. Hätte ich mich zum Opfer erklärt, hätte ich nicht überlebt. Ich habe mich entschlossen, anderen zu zeigen, dass man sein Leben ändern kann, indem man sich an Menschen hält, die stärker sind als man selbst, und indem man sich auf seine Werte, seine Überzeugungen, seine Identität und seine Spiritualität besinnt. Mithilfe dieser Dinge kann einem alles gelingen.

Misbah

Lebt in den Palästinensischen Autonomiegebieten

Es macht mir Angst, dass die Zukunft, die ich hier aufzubauen versuche, einfach zerstört werden kann.

Porträt / Ich heiße Misbah und bin 1981 im Gazastreifen im Lager Brej geboren; ich bin 27 Jahre alt. Ich habe in Ramallah Mathematik studiert und später Arbeit gefunden. Derzeit bin ich Webdesigner.

Erinnerungen / Ich erinnere mich an bestimmte Orte in Gaza. Ich liebte die Natur und die Tiere, und meine Familie lebte in der Gegend. Wir jagten Vögel, kletterten auf Bäume, spielten auf den Feldern und Wiesen. __ Ich liebe das Meer wirklich sehr und erinnere mich an einen Strandausflug mit der Familie. Das war für mich ein Festtag: den ganzen Tag Spaß haben und schwimmen! Das sind sehr schöne Erinnerungen. __ Ich lebte im Lager Brej; dort herrschte viel Verkehr, und es war überfüllt. Auf der Straße spielten 500 Kinder! __ Ich hatte Glück, weil meine Familie mitten in der Natur lebte mit genug Platz zum Spielen und mit viel Grün.

Von den Eltern beigebracht / Mein Vater brachte mir bei, mich auf mich selbst zu verlassen. Ich erinnere mich daran, dass er mich oft nach meiner Meinung fragte. Als ich zum Beispiel zehn Jahre alt war, arbeitete er zu Hause und fragte mich: »Was denkst du darüber? Sollen wir es so machen oder so?« __ Er kannte natürlich die richtige Antwort, aber er liebte es, mich an seiner Arbeit zu beteiligen, er wollte meine Meinung wissen und mir beibringen, Entscheidungen zu treffen. Ich glaube, das hat meine Persönlichkeit enorm beeinflusst.

Lebenslehren / Ich habe den Eindruck, dass meine Kindheit mein heutiges Leben beeinflusst hat. Weil die Situation schwierig war, arbeitete ich und trug zum Familieneinkommen bei. Ich ahnte, dass es verboten war und ich zu jung zum Arbeiten war, aber ich arbeitete trotzdem. __ Heute sehe ich das negativ und positiv zugleich. Einerseits verbrachte ich meine Kindheit mit Arbeit und trug mehr Verantwortung, als es meinem Alter entsprach. Andererseits reifte ich daran und lernte, den Problemen des Lebens zu begegnen und sie allein zu lösen. Ich lernte viele Dinge, die man nicht in der Schule, sondern nur durch Erfahrung lernt. __ Ein anderer Aspekt meiner Kindheit war negativ. Ich liebe die Musik, aber als ich klein war, durfte ich keine Musik hören, denn meine Familie ist sehr konservativ. Fast überall im Lager war Musik verboten und wurde als Sünde betrachtet. __ Ich hatte also keine Gelegenheit, Musik zu hören. Heute finde ich es sehr schade, das verpasst zu haben – überhaupt habe ich viel verpasst. Wenn ich einfach so hätte Musik hören können, würde ich heute anders denken und könnte mich besser amüsieren.

Schlimmstes Erlebnis / Meine schlimmste Erfahrung? Das war meine Verhaftung und meine Zeit in israelischen Gefängnissen. __ Im Jahr 2002 gab es eine Invasion in Ramallah, während ich gerade auf der Straße war. Jeder konnte festgenommen werden, egal wo. Es gab Verhaftungswellen im ganzen Westjordanland. Hier erlebte ich die drei härtesten Monate meines Lebens. __ Es war eine verrückte Situation. Niemand begriff, was geschah. Sie verhafteten die Leute, setzten sie in die israelischen Jeeps und begannen dann, zu sortieren. Ungefähr so: »Du hast etwas gegen uns getan, du bleibst hier. Du hast nichts getan, du kannst nach Hause gehen.« Sie nahmen jeden fest und sortierten dann. __ Ich hatte wohl einfach Pech. Sie erzählten mir, dass es wegen meines Bruders war, der während der Intifada als Märtyrer in Gaza gestorben war. Man sagte mir, er sei Teil einer Aktivistengruppe gewesen. Das war in deren Augen Grund genug, mich festzunehmen und zu befragen. __ Es war umso schlimmer für mich, weil ich wegen des Todes meines Bruders, von dem ich erst auf diese Art erfahren hatte, unter Schock stand. Es mag seltsam erscheinen, dass mein schlimmstes Erlebnis das Gefängnis war und nicht der Tod meines Bruders. Aber den Verlust eines Angehörigen erlebt jeder irgendwann, es ist etwas Logisches. Das Gefängnis ist aber nicht logisch, schon gar nicht für einen Unschuldigen. Ich hatte schon viel über die Gefängnisse gehört und darüber, wie es dort zugeht. Doch ich hätte nie geglaubt, dass es so hart ist, vor allem wenn man unschuldig und ohne Grund eingesperrt ist. __ Auch wenn ich jetzt immer noch im »Gefängnis« lebe – wenn auch in einem größeren –, war das wirkliche Gefängnis viel schlimmer. 26 Tage verbrachte ich in einer Zelle von einem auf zwei Meter Größe. Die Einzigen, mit denen ich sprechen konnte, waren Polizeibeamte – das laugt einen emotional aus.

Freude / Meine größte Freude war, aus dem Gefängnis freizukommen. Ich war sehr bewegt. »Ich bin frei, ich bin raus aus dem Knast!«, sagte ich mir. Einen Monat lang hatte ich in meiner Zelle die Sonne nicht gesehen. Plötzlich war ich draußen, es waren Leute auf der Straße, und die Sonne schien! Das war der außergewöhnlichste Moment meines Lebens.

Wut / Ich kam mit einer eintägigen Aufenthaltserlaubnis nach Ramallah. Natürlich wusste ich, dass mein Studium vier Jahre dauern würde. Dann begann die Intifada, und die Situation in Gaza wurde kritisch. Außerdem gab es dort keine Arbeit. Es gelang mir, hier Arbeit zu finden. __ Ich kann meine Eltern nicht besuchen. Seit acht Jahren lebe ich eine Autostunde von ihnen entfernt. Aber wir können einander nicht besuchen.

Wenn ich sie sehen könnte, würde sich mein Leben ändern. Es ist eine sehr schwierige Situation. __ Viele Menschen erhalten von den Israelis keine Aufenthaltserlaubnis, weil ihre Söhne im Widerstand waren und während der Intifada ums Leben kamen. Auf einmal dürfen sie ihren Wohnort nicht mehr verlassen. So ist es auch in meinem Fall: Wenn ich nach Gaza gehe, habe ich vielleicht eine Chance, als freier Mann von dort zurückzukehren. Genauso gut können sie mich aber auch ein zweites Mal verhaften.

Angst / Seit sieben oder acht Jahren lebe ich in Ramallah und habe die Stadt nie verlassen. Ich habe Angst vor jedem israelischen Soldaten, der nicht mal Abitur hat und trotzdem mein Leben aus der Bahn werfen könnte. __ Es macht mir Angst, dass die Zukunft, die ich hier aufzubauen versuche, einfach zerstört werden kann. Ich könnte mir vorstellen, hier zu heiraten und ein Haus zu kaufen, aber jederzeit könnte mich ein Soldat nach Gaza bringen, und mein Leben wäre zerstört. Also kann ich mir nichts aufbauen.

Sein Leben ändern / Wenn ich etwas in meinem Leben ändern könnte, dann wünschte ich, meine Kindheit nicht im Gazastreifen verbracht zu haben. Ich hätte mit meiner Familie gerne in Freiheit und noch tiefer in der Natur gelebt. Es wäre egal gewesen, ob wir arm gewesen wären und kein schönes Haus gehabt hätten ... Das ist nicht wichtig, solange wir nicht in Gaza, sondern frei und sicher an einem anderen Ort hätten leben können.

Liebe / Zu meinen Eltern habe ich nur telefonisch Kontakt. Manchmal hasse ich das Telefon. Weil es die Zärtlichkeit und die Gefühle herausfiltert. Nur die Stimme bleibt übrig. Meine tiefen Empfindungen kann ich über den Blick, das Gehör, die Berührung transportieren. Ich würde meine Eltern gern sehen, sie berühren, sie umarmen. Wenn ich sie am Telefon höre, fehlen sie mir natürlich weniger, aber ich höre nur ihre Stimmen, der Rest fehlt.

Religion / Zu einem bestimmten Zeitpunkt meines Lebens war die Religion sehr wichtig. Meine Eltern erzogen mich so, dass die Religion mein Verhalten beeinflussen sollte. Ich liebte die Religion. Aber später konnte ich ohne Hilfe der Religion wahr und falsch unterscheiden. Ich weiß, dass Gott existiert. Das weiß ich. Aber meine religiöse Bildung ist heute nicht mehr so wichtig wie früher. __ Ich denke manchmal, jeder sollte seine eigene Religion haben und sich entsprechend verhalten können. Ich respektiere jene, die menschlich handeln und nicht nach Hautfarbe, Rasse oder Religion unterscheiden. Wenn man sich menschlich verhält, ist die Religion nicht mehr wichtig.

WAS IST IHRE GRÖSSTE ANGST?

Ivica / *Lebt in Belgrad, Serbien*
Am meisten Angst habe ich vor Frauen, vor schönen Frauen und davor, kein Geld zu haben. In Serbien habe ich davor am meisten Angst. Ansonsten ist das Leben schön.

Maria Teresa / *Lebt in Italien*
Ich kann Ihnen meine größte Angst nicht verraten, denn ich schäme mich. Meine größte Angst ist schrecklich, ich weiß nicht, ob ich sie eingestehen kann. Soll ich es Ihnen sagen? Es ist die Angst, in einen Sarg gebettet zu werden, wenn ich noch nicht richtig tot bin.

Zhixi / *Lebt in Peking, China*
Meine größte Angst ist, dass mein Sohn eine Frau nach Hause bringen könnte, die wir nicht mögen und die dann bei uns wohnt. Die nach der Hochzeit zu viel Einfluss hat und unsere Familie spaltet.

Tava / *Lebt in Papua-Neuguinea*
Ich habe große Angst vor dem Vulkan. Ich habe Angst, er könnte wieder aufwachen. Vor zehn Jahren habe ich einen Vulkanausbruch überlebt. Heute habe ich große Angst vor der Kraft des Vulkans und hoffe, er wird nie wieder aktiv.

Meine größte Angst ist … dass es keinen Gott gibt.

Ekaterina / *Lebt in Sibirien, Russland*
Früher hatte ich vor nichts Angst und war mutig. Heute habe ich immer noch vor nichts und niemandem Angst. Ist doch besser, andere sorgen sich um mich, oder?

Meine größte Angst wäre zu wissen, dass Gott wirklich existiert.

Marthin / *Lebt in Papua-Neuguinea*
Ich habe Angst vor Satan. Ich habe große Angst davor, in die Hölle zu kommen und dem Teufel zu begegnen! Deshalb versuche ich, ein guter Mensch zu sein.

Erik / *Lebt in Kuba*
Meine größte Angst ist … dass es keinen Gott gibt. Dass wir ganz allein im Universum sind. Das ist meine größte Angst.

Loïc / *Lebt in Frankreich*
Dass Gott existiert. Ich glaube, das wäre meine größte Angst, ja. Meine größte Angst wäre zu wissen, dass Gott wirklich existiert.

Bruno / *Lebt in Indonesien*
Das letzte Mal, als mich jemand nach meiner größten Angst fragte, war ich auf einem Boot in Sumatra und antwortete, meine größte Angst sei, meine Beine zu verlieren. Drei Monate später hatte ich einen Autounfall, brach mir den Rücken und verlor tatsächlich meine Beine. Und meine größte Angst heute … Ich habe gelernt, keine großen Ängste zu haben und die Angst zu vertreiben, sobald sie mich befällt.

Penda / *Lebt in Mali*
Mir machen die Geister Angst. Jene, die man nicht sieht. Ich weiß, dass sie existieren, und das beunruhigt mich. Nachts kann ich deshalb manchmal nicht schlafen.

Safyyeh / *Lebt in den Palästinensischen Autonomiegebieten*
Wenn ein Kind geboren ist, sagen manche Mütter pausenlos:»Achtung, du wirst dem Schakal begegnen, einem seltsamen Tier.« Es ist nicht gut, einem Kind so etwas zu sagen. Das Kind muss sich seinen Weg ohne Angst bahnen können, groß werden und auch nachts ohne Angst unterwegs sein können.

Anja / *Lebt in Schweden*
Ich erlaube mir, ein wenig philosophisch zu werden. Ich glaube, ich habe Angst vor der Angst selbst, denn wenn sie sich einmal einnistet, übernimmt sie die Kontrolle. Ja, ich glaube, ich habe Angst vor der Angst selbst, denn wenn man ihr erlaubt, sich breitzumachen, hat man keine Hoffnung mehr, man wird hoffnungslos.

Meenakshi / *Lebt in Tamil Nadu, Indien*
Ich habe Angst vor meinem Mann. Wenn er etwas getrunken hat, habe ich Angst, dass er mich im Streit schlägt und ich dadurch sterben könnte.

Georgette / *Lebt in Madagaskar*
Ich habe Angst, noch mehr Kinder zu bekommen. Das könnte schlechte Auswirkungen auf mein jetziges Leben haben. Ich habe schon viele Kinder und nur wenig Land, um alle zu ernähren.

Willem / *Lebt in Südafrika*
Das Einzige, was mir wirklich Angst macht, ist, dass ich meine Frau anstecken könnte. Wir waren in unserem Liebesleben immer sehr vorsichtig, und es wäre sehr hart für mich, wenn meine Frau wegen mir HIV-positiv würde. Denn ich liebe sie und kümmere mich so sehr um sie! Ich würde ihr niemals wehtun und sie vor allem nicht mit HIV anstecken wollen.

Ich habe Angst vor der Angst selbst, denn wenn sie sich einmal einnistet, übernimmt sie die Kontrolle.

Willem

Pende

Bruno

Anja

Safyyeh

Meenakshi

Georgette

Wenyuan

Evguenia

Miora

Mark

Kurfa

Maria

Mario

Esperanza

Wenyuan / *Lebt in Yunnan, China*
Meine größte Angst ist, krank zu werden. Gesundheitsprobleme sind für die meisten Menschen hier am schlimmsten und vor allem für uns Bauern, weil wir keine Krankenversicherung und wenig Geld haben. Krank werden ist schrecklich, es ist eine echte Katastrophe. Ich habe Angst, krank zu werden, aber vor allem habe ich Angst, meine Mutter könnte krank werden. Meiner Meinung nach ist es nicht schlimm, arm zu sein, aber man darf auf keinen Fall krank werden.

Evguenia / *Lebt in Sibirien, Russland*
Wir beziehen seit Monaten kein Gehalt mehr. Wir leben von einem Tag auf den anderen. Jeder in Russland hat Angst vor dem nächsten Tag, man lebt nicht, man überlebt, man kämpft ums Überleben.

Mark / *Lebt in Irland*
Um ehrlich zu sein, eine meiner größten Ängste ist, meine Arbeit zu verlieren.

Kurfa / *Lebt in Äthiopien*
Am meisten macht mir der Hunger Angst. Wenn meine Kinder aus der Schule kommen, müssen sie etwas zu essen haben. Ich bringe ihnen bei, nicht zu viel zu essen, damit ich ein wenig Nahrung für den nächsten Tag aufheben kann. Denn wir haben nicht genug.

Mario / *Lebt in Bolivien*
Man hört oft, dass es bald schon nicht mehr regnen wird, und wenn es nicht regnet, können wir nichts ernten, davor haben wir Angst. Hoffen wir, dass Gott das nicht zulässt. Immer, wenn es regnet, ist das ein Segen Gottes. Wenn es regnet, gibt es eine Ernte, und wenn man die verkauft, verdient man Geld für die Familie.

Esperanza / *Lebt in Kuba*
Meine größte Angst ist, ganz allein auf der Welt zu sein, ohne Familie und Freunde. Die Einsamkeit versetzt mich in einen schlimmen Zustand. Einsamkeit beunruhigt mich.

Maria / *Lebt in Argentinien*
Ich habe Angst vor dem Tod. Ich denke oft an ihn. Immer wenn ich mich abends hinlege, denke ich daran und weiß nicht, ob ich wieder aufstehen werde.

Miora / *Lebt in Rumänien*
Ich habe Angst, den Verstand zu verlieren und nicht bis zu meinem Tod einen klaren Kopf zu behalten. Wir Alten haben vor Demenz Angst, davor, verrückt zu werden, bloß noch dahinzuvegetieren. Wir würden lieber aufrecht und sofort sterben, als jemandem zur Last zu fallen. Ich möchte nicht, dass sich jemand um mich kümmern muss, ich möchte ganz plötzlich sterben, aber das kann man sich nicht aussuchen.

Ich habe Angst vor dem Tod. Ich denke oft an ihn. Immer wenn ich mich abends hinlege, denke ich daran.

Robin / *Lebt in New York, USA*
Meine größte Angst ist, zu sterben, bevor ich auf der Welt etwas wirklich Gutes bewirkt habe. Früher war ich sehr mit der Erziehung meiner Kinder beschäftigt und hatte keine Zeit für gute Taten. Aber heute weiß ich, dass ich etwas tun muss, bevor ich sterbe. Meine zweite große Angst – Sie werden es kaum glauben – ist, einen weiteren Terroranschlag mitzuerleben. Denn am 11. September war ich in Manhattan. Ich fuhr gerade in den Tunnel, als ein Flugzeug über uns hinwegflog. Ich schlief, und mein Nachbar weckte mich mit dem Ausruf:»Oh mein Gott, wie niedrig dieses Flugzeug fliegt! Es sieht aus, als würde es abstürzen!« Es handelte sich um das erste Flugzeug, das in das World Trade Center flog. Seither habe ich täglich, wenn ich in den Tunnel hineinfahre, Angst, er könnte einstürzen. Meine dritte Angst ist, dass meinen Kindern etwas zustoßen könnte. Mein Glück hängt sehr von ihrem ab. Wenn es ihnen gut geht, fühle ich mich gut.

Birgit / *Lebt in Schweden*
Mein schlimmstes Erlebnis war der Tod meines Sohnes. Es gibt nichts Schlimmeres für eine Mutter als den Verlust eines Kindes. Danach hat man vor gar nichts mehr Angst, denn das Schlimmste ist einem schon passiert.

Myriam / *Lebt in Israel*
Zwei meiner Kinder sind Soldaten in Kampfeinheiten. Ich habe große Angst, dass ihnen etwas zustoßen könnte. In unserem Land ist das ein alltägliches Risiko.

Norma / *Lebt in Buenos Aires, Argentinien*
Die Angst war mein ständiger Begleiter. Ich erinnere mich, dass sie eines Tages an meiner Tür klingelten und sagten: »Polizei!« Ich dachte, das sei ein Scherz, aber es war kein Scherz. Gut, es war nichts Wichtiges, sie wollten nur meine Anschrift überprüfen. Ich versteckte trotzdem meine Kinder. Ich blieb ruhig, denn wir hatten keine Bücher mehr im Haus, wir hatten sie alle verbrannt oder vergraben. Alles, was verdächtig war. Sogar die Gedichte von Pablo Neruda hatten wir versteckt. Die Angst war immer da. Wenn man die Straße entlangging, konnte man jederzeit von einem Auto angefahren und zu Boden geworfen werden. Dann wurde man nach Waffen durchsucht. Das war Terror, es war schrecklich.

Kouta / *Lebt in Japan*
Am meisten Angst macht mir der Krieg. Als ich ein Kind war, bombardierten uns jeden Abend die Amerikaner. Warum immer abends? Damit wir nicht schlafen konnten. Der Lärm der Kampfflugzeuge ist eine intensive Kindheitserinnerung; ich werde ihn nie vergessen. Sobald die Sirene uns warnte, kamen schon die Kampfflugzeuge mit Getöse, um im nächsten Moment wieder in der Ferne zu verschwinden. Wissen Sie, Hiroshima ist von drei Bergen umgeben. Auf deren Gipfel sind riesige Anlagen zum Schutz vor Flugzeugen. Im Kopf habe ich immer das Bild eines Lichtkegels auf tintenschwarzem Meer. Das machte mir damals wirklich Angst, und ich bekomme es bis heute nicht aus dem Kopf.

Norma

Myriam

Birgit

Kouta

Robin

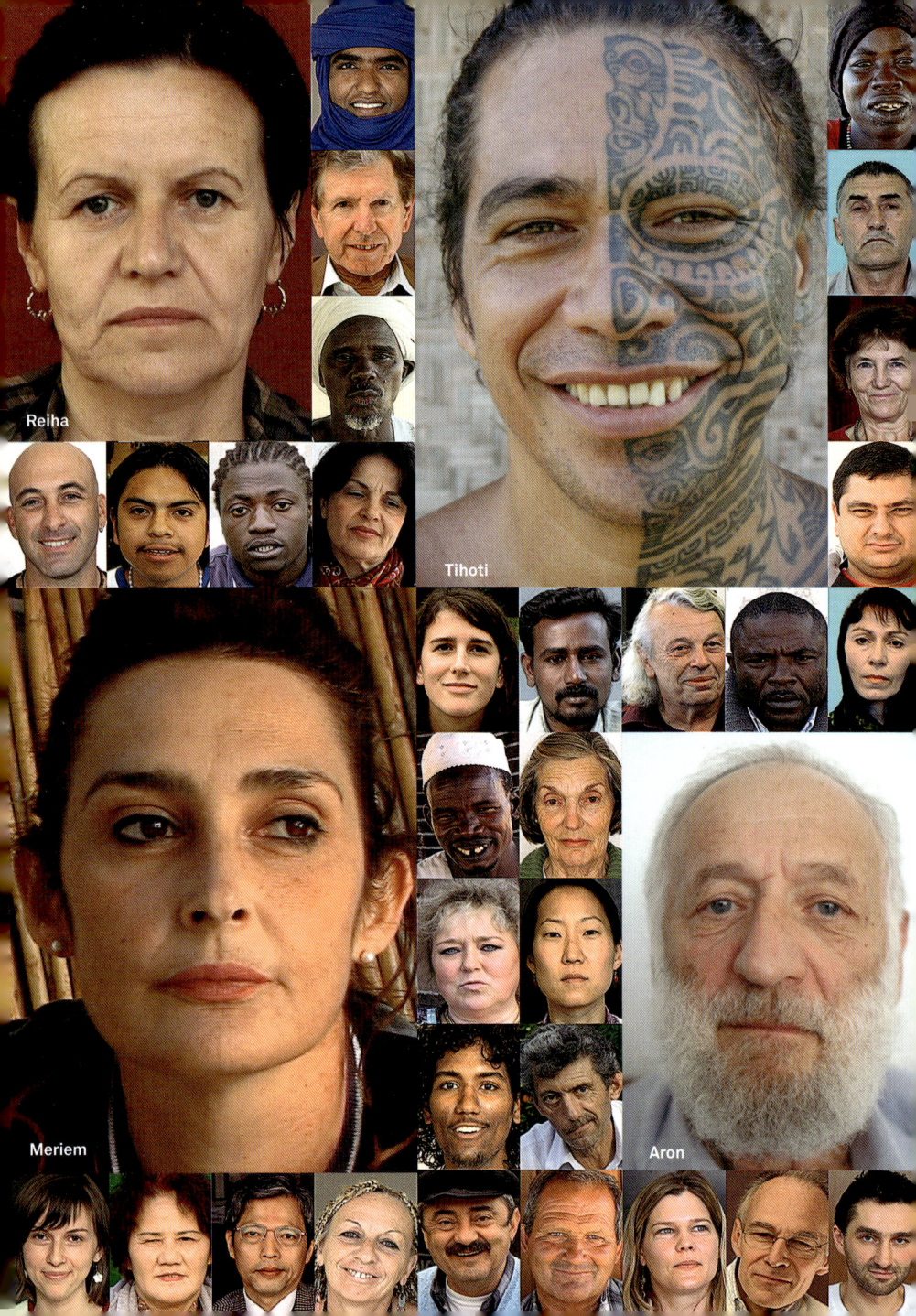

Reiha

Tihoti

Meriem

Aron

Als Überlebender des Holocaust habe ich keine große Angst. Noch schlimmer – das ist gar nicht möglich.

Tihoti / *Lebt auf Tahiti, Frankreich*
Meine größte Angst ist, dass die großen Staaten unsere Welt mit ihren Kriegen, mit ihrer Politik und ihren Atombomben zerstören. Das ist meine größte Angst. Dass der Mensch eines Tages den ganzen Planeten durch kulturell motivierte Kriege zerstört. Ich begreife das nicht. Wenn man sich umsieht, gibt es wirklich gute Gründe für diese Angst, der Planet und wir Menschen könnten zerstört werden. Das ist meine große Angst.

Aron / *Lebt in Israel*
Als Überlebender des Holocaust habe ich keine große Angst. Noch schlimmer – das ist gar nicht möglich. Im Vergleich zu dem, was ich als Kind erlebt habe, ist alles andere nur eine Bagatelle.

Meriem / *Lebt in Tunesien*
Ich habe Angst vor den Menschen, vor der menschlichen Bosheit, vor dem Verhalten von Menschen in Gruppen, vor der Grausamkeit, die in uns allen ist.

Davor habe ich große Angst. Vor Massenphänomenen. Vor dem Herdenverhalten des Menschen.

Reiha / *Lebt in Bosnien-Herzegowina*
Ich bin überzeugt, dass wir zusammenleben können. Übrigens müssen wir das auch tun. Wir haben jahrhundertelang zusammengelebt, und wir sollten das weiterhin tun. Wo ich herkomme, standen die muslimischen und serbischen Häuser dicht an dicht, und es gab keine Spaltung, wir feierten unsere religiösen Feste gemeinsam. So war es jahrhundertelang, und ich verstehe nicht, wie man nebeneinander herleben kann, ohne zu kommunizieren, ohne einander zu besuchen. Ich wünschte, das Leben würde wie vorher: dass man religiöse Feste, Geburtstage und Taufen gemeinsam feiert. Dass man sich gut versteht und wie normale Menschen lebt, ohne vor seinen Nachbarn oder anderen Menschen Angst zu haben.

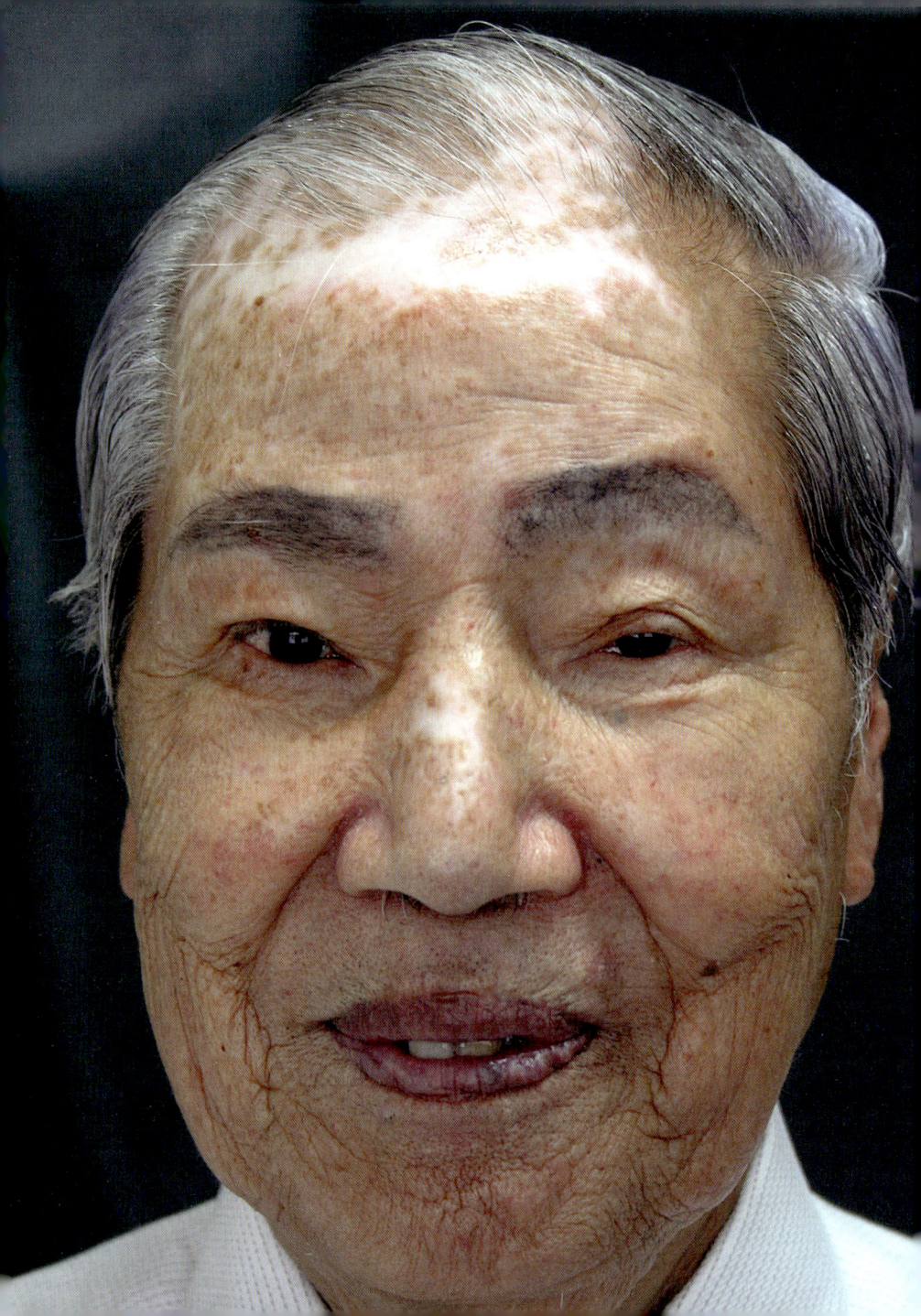

Sunao

Lebt in Japan

Ich war 20 Jahre alt, als ich den Atombombenangriff auf Hiroshima erlebte.

Porträt / Ich heiße Sunao. Ich bin 81 Jahre alt und Präsident einer Vereinigung von *hibakushas* (strahlenkranke Überlebende der Atombombe).

Schlimmstes Erlebnis / Ich war 20 Jahre alt, als ich den Atombombenangriff auf Hiroshima erlebte, einen Kilometer vom Epizentrum entfernt. Ich war auf dem Weg zur Universität, als mich die Druckwelle traf. Mein Körper wurde zehn Meter nach vorne geschleudert. Natürlich verlor ich das Bewusstsein. Als ich wieder zu mir kam, war alles schwarz. Ich sah den Atompilz nicht; man konnte keine 100 Meter weit sehen, so dunkel war es. __ Zuerst stand ich unter Schock, dann spürte ich mein verkohltes Gesicht. Meine Ohren waren zerrissen, die Lippen aufgesprungen. Auch meine Hände waren schwarz, verkohlt. Mein Hemd hing in Fetzen, genauso meine Hose. __ Bald merkte ich, dass mein Hemd am Rücken brannte. Ich war bestimmt schon zehn, 15 Minuten gerannt, aber es tat so weh, dass ich mein Hemd auszog und die Flammen löschte. Nun stand ich da mit nacktem Oberkörper und hatte nichts als meine Hose am Leib. __ Noch heute, 60 Jahre später, habe ich Narben und Verbrennungen. Auch meine Füße und Schenkel sind verbrannt. Fast am ganzen Körper habe ich Narben und Verbrennungen. __ Innerhalb einer Woche gelang es mir, auf die Ereignisse zu reagieren, denn ich musste aus dem brennenden Hiroshima fliehen. Einige Nächte verbrachte ich im Freien. Auch die Häuser waren verbrannt, alles war zerstört. Es war eine Wüste. Eine Woche lang überlebte ich so; Mildtätige gaben mir zu essen. __ Erst danach verlor ich komplett das Bewusstsein. Ich weiß nicht einmal mehr, dass es der 15. August war und der Krieg zu Ende. Ich war 40 Tage ohne Bewusstsein. Dann fand mich meine Mutter, und ich kehrte nach Hause zurück. Fünf Monate lang sagte mir der Arzt, ich würde sterben. Ich selbst war nicht bei klarem Verstand und konnte nichts tun, mich nicht bewegen. __ Im nächsten Jahr, es war Januar, konnte ich die Gliedmaßen dann ein wenig bewegen. Ein Jahr später konnte ich kriechen. Zehn Mal war ich im Krankenhaus, drei Mal sagte man mir abends, ich würde noch in der Nacht sterben. Man gab mir Bluttransfusionen. __ Noch heute früh war ich wieder im Krankenhaus.

Ehe / Das Äußere zählt nicht. Mein Gesicht wurde zwar entstellt. Aber auch für die Frauen ist das Äußere nicht alles. Jeder möchte gerne einen gesunden Partner. Ich könnte Ihnen viele Frauen aufzählen, die allein geblieben sind. __ Es ging das Gerücht, sie könnten keine Kinder bekommen. Die Männer hielten sich von ihnen fern. Solche Diskriminierungen gab es lange Zeit. Und damals glaubten die Menschen, die Strahlenkrankheit sei ansteckend.

Liebe / Als ich mich in meine Frau verliebte und sie heiraten wollte, waren ihre Eltern dagegen. Deshalb mussten wir sieben Jahre warten. __ Wir dachten uns: »Wenn wir nicht in dieser Welt heiraten können, dann heiraten wir eben im Jenseits.« Wir wollten uns gemeinsam umbringen. Wir nahmen Tabletten, um im Schlaf zu sterben, aber weil wir uns nicht auskannten, war es die falsche Dosis. Und wir wachten beide wieder auf! __ Da dachten wir: »Weder in dieser noch in jener Welt können wir zusammen sein!« Und wir weinten beide. Als wir schließlich heiraten konnten, war die Freude unermesslich, viel größer als für alle anderen!

Falls es noch ein Land gibt, dem das nicht klar ist: Das Glück der Menschheit kann nicht erreicht werden.

Familie / Meine Familie ... Meine Frau ist vor 13 Jahren gestorben. Heute lebe ich bei meinem Sohn. Ich habe einen Sohn, zwei Töchter und sieben Enkel. __ Für die Strahlenkranken, die *hibakushas*, war es schwierig, Kinder zu bekommen. Ich hatte das unerhörte Glück, eine Familie gründen zu können. __ Wir bekamen die drei Kinder direkt hintereinander – das schien unmöglich für *hibakushas*. Ich bin wirklich glücklich, eine Familie zu haben. __ Ich möchte nicht, dass ein Mitglied meiner Familie bekannt oder berühmt wird. Mir reicht es, dass meine Kinder geboren wurden und gesund aufwuchsen. Das genügt! Das war alles, was ich mir von meiner Familie erhoffte.

Arbeit / Das Traurigste und Schmerzlichste für uns war der Moment, in dem die Ärzte von Hiroshima verkündeten, es gebe keine Heilung für die *hibakushas*. Weil es der erste Atombombenangriff der Geschichte war, glaubten sie, wir würden zwei oder drei Jahre später sterben. __ Die *hibakushas*, die noch arbeiten konnten, mussten ihre Behinderung verstecken, um eine Anstellung zu bekommen. Aber weil wir körperlich schwach waren, brauchten wir mehr Urlaub als andere. Also stellten die Arbeitgeber keine *hibakushas* mehr ein und kündigten einigen bereits Beschäftigten. __ Mein Studienfach war industrienah; ich hatte eigentlich in der Industrie arbeiten wollen. Doch aufgrund meiner physischen Schwäche beschloss ich, Lehrer zu werden und von der höheren Zahl der Urlaubstage zu profitieren: Frühlingsferien, Sommerferien, Winterferien. __ Ich unterrichtete also 40 Jahre lang und war sogar Direktor einer Schule mit insgesamt 5000 Schülern und 72 Lehrern. Im Lauf der Jahre war ich oft im Krankenhaus. So habe ich tatsächlich nur 30 Jahre lang gearbeitet.

Angst / Am meisten Angst machen mir die Menschen. Der menschliche Verstand entdeckte die Atomenergie, die sehr nützlich ist. Aber die Menschen erfanden auch die Atombombe.__ Jene Wissenschaftler und Politiker, die diese Energie zu militärischen Zwecken nutzen, sind die gefährlichsten Menschen der Welt. In einer Sekunde können sie Zehntausende töten.

Botschaft / Falls es noch ein Land gibt, dem das nicht klar ist: Das Glück der Menschheit kann nicht erreicht werden. Das lernt man doch von Kindheit an. Ich zum Beispiel habe eine militärische Ausbildung erhalten, die mir den Geist eher vernebelt hat, als ihn zu öffnen. Mit dieser Art von Bildung können die Japaner nicht glücklich werden. Außerdem haben sie sich auf einen Invasionskrieg eingelassen … __ Ich glaube, Bildung ist das Wichtigste. Mit guter Bildung könnte das Ideal, von dem ich gesprochen habe, doch Wirklichkeit werden.

Ernestine

Lebt in Ruanda

Von allen, mit denen ich aufgewachsen bin, bin ich die einzige Überlebende.

Porträt / Ich heiße Ernestine und wurde bei Mwogo in der Region Bugesera geboren, die noch heute so heißt. Von meiner ganzen Familie und von allen, mit denen ich aufgewachsen bin, bin ich die einzige Überlebende. Vor dem Genozid war ich im zweiten Jahr der Oberschule. Aber ich konnte die Schule nicht fortsetzen, weil ich immer krank bin. 1997 oder 1996 habe ich geheiratet.

Krieg / Im Krieg erlebte ich als Erstes den Tod meiner Brüder mit. Ich sah sie mit eigenen Augen sterben. Sie töteten meine zwei Brüder vor meinen Augen. Sie schnitten ihnen die Köpfe ab, die Rümpfe fielen zur einen, die Köpfe zur anderen Seite, und warfen sie in den Fluss. __ Mich fingen und schlugen sie, doch vorher vergewaltigten sie mich; ich leide heute noch an den Folgen. Nachdem sie mich vergewaltigt hatten, wollten sie, dass ich Gift trinke. Aber einigen unter ihnen war das doch zu bösartig. Also schlugen sie mit einem Hammer auf mich ein. Meine Behinderung stammt von diesen Schlägen. Sie zerschlugen meine Brüste, meinen Unterleib und sagten: »Wir werden ja sehen, wie die Tutsi noch Nachkommen zur Welt bringen wollen.« Auch unter den Folgen dieser Schläge leide ich noch. Sie schlugen mir mit Hämmern und Knüppeln voller Nägel auf den Kopf. Mein Kopf funktioniert nicht mehr richtig. Zum Schluss banden sie mir die Hände auf den Rücken und trampelten auf meiner Brust herum. Dann warfen sie mich in den Fluss Nyabarongo. Sie riefen: »Ihr Tutsi sollt nach Äthiopien zurückgehen, wo ihr hergekommen seid!« Sie machten sich über mich lustig und glaubten, ich sei tot. __ Das Wasser stand hoch, weil es im April viel regnet. Ich wurde ans Ufer gespült, wo ich drei Tage im seichten Wasser lag. __ Schließlich kamen die anderen aus ihren Verstecken. Sie lösten meine Fesseln und sahen, dass mein ganzer wunder Körper von Ameisen befallen war. Es ging mir sehr schlecht. Sie sahen, dass ich noch atmete, doch sie ließen mich liegen und meinten, sie könnten nichts mehr für mich tun. Sie waren selbst erschöpft. Dann holten sie die *Inkotanyi* (Soldaten der Ruandischen Patriotischen Front, RPF) auf der Brücke von Gatare. Sie konnten mich nicht mitnehmen, weil ich im Sterben lag, aber sie ließen mir etwas Wasser da. Fast fünf Tage lang lag ich so auf der

Erde. __ Fünf Tage lang verrichtete ich meine Notdurft bewegungslos im Liegen, mein Bauch war vom Wasser aufgebläht. Ich begreife nicht, wieso ich weiterlebte. Ich glaube, ich habe dank des Wassers überlebt. Später hörte ich Schritte auf dem sumpfigen Boden. Es waren die Militärs der RPF. Weil mich immer noch die Ameisen bissen, bewegte ich mich weiterhin. Die Militärs trugen mich in ein Dorf in Richtung des Flüchtlingslagers von Rebero. Nicht weit von dort, in Kicukiro, waren viele Menschen getötet worden. Sie trugen mich vom Flussufer bis dorthin. __ Die Leute, die mich gefunden hatten, erfuhren, dass ich noch am Leben war, erkannten mich wieder und nahmen mich mit in ein Zelt im Lager Ndera. Sie gaben mich in die Obhut von Flüchtlingen. Als die Lage einigermaßen ruhig schien, wollte ich zurück nach Nyamata, wo ich so knapp dem Tod entronnen war. Ein Militärtransport brachte mich dorthin. Ich traf Bekannte, mit denen ich mich versteckt hatte, darunter auch die armamputierte Mutter, die eben hier war. Alle erkannten mich und riefen: »Da ist ja Ernestine!« Ich fasste wieder Mut und lächelte. __ Bald zog ein Mann nach Nyamata, mit dem ich eine Beziehung begann. Er gehörte dem Militär an. Ich wollte mich ärztlich behandeln lassen. Er sah, wie schwer ich es hatte, und bot mir an, mit ihm zusammen nach Kigali zu gehen. Ich wollte nicht, aber er bestand darauf und meinte, mein Leben wäre dann leichter. So lebten wir zusammen, obwohl wir nicht verheiratet waren. Das habe ich den Familienmitgliedern, die überlebt haben, nie gesagt.

Schlimmstes Erlebnis / Manchmal denkt man, die eigene Behinderung sei Gottes Wille – dabei sind Menschen daran schuld! Ich habe von Zeit zu Zeit Rückfälle und werde sehr krank. Ich wünschte, ich hätte wenigstens noch meine Mutter … Wenn ich im Krankenhaus andere mit ihren Müttern sehe, wünschte ich, meine Mutter wäre noch am Leben, dann wäre alles nicht so schlimm. Wenn ich noch meine Familie hätte … Behindert sein ist furchtbar, aber mit meiner Familie wäre es einfacher. Wenn man allein ist und keine Familie mehr hat – das tut sehr weh. Aber man lebt trotzdem weiter. __ Die Ärzte versuchen, uns zu beruhigen und uns zu helfen. Sie bitten uns, stark zu sein und durchzuhalten, und so leben wir ständig mit dem Schmerz. Auch wenn ich heute so darüber reden kann. Ich bin nicht reich, aber das liegt daran, dass ich nichts aus meinem Leben mache. Ich lebe einfach nur. Aber weil ich an Gott glaube, ertrage ich alles Unglück.

Tod / Niemand kann dem Tod entgehen. Das macht Angst. Wenn ich eine Krise habe, bin ich ängstlich und denke: »Jetzt ist mein Leben zu Ende.« Man legt mir eine Sonde, und alles wird ruhig. Ich atme wieder entspannter, aber ich weiß nicht mehr, wo ich bin. Jedes Mal habe ich große Angst vor dem Tod. __ Auch jetzt nach dem Krieg habe ich große Angst vor dem Tod: Weil ich meine Kinder dann allein lassen würde.

Gott / Ich danke Gott, dass ich inmitten von all den Toten überlebt habe. Andere sind schwerbehindert und sterben daran. Vergewaltigte Mädchen sterben an Aids. Ich kenne eine, die HIV-positiv ist. Jedes Mal, wenn ich sie treffe, muss ich daran denken, wie sie angesteckt wurde, durch die gleichen Taten, die auch ich erleiden musste, und ich leide mit ihr. Ich danke Gott, dass ich nicht mit HIV infiziert wurde.

Gedanken / Auf Kinyarwanda sagt man: »Gut erzogene Leute gehen erhobenen Hauptes, auch wenn sie Schwierigkeiten haben.« Ich habe manchmal nichts zu essen, aber ich wasche mich und mache mich hübsch, damit die Leute, die mich töten wollten, sehen, dass es nicht funktioniert hat. Und dass es mir gut geht. Wenn ich krank bin, denke ich oft über meinen Mann nach und frage mich, wie lange ich dieses Leben ertragen kann. Wenn mich Freunde im Krankenhaus besuchen kommen, bitte ich sie manchmal, meinen Mann anzurufen und ihm zu sagen, er solle herkommen, um mich noch ein letztes Mal zu sehen.

Verzeihen / Wenn dir jemand wehgetan hat und es ehrlich zugibt, denkst du: »Wie auch immer, was geschehen ist, ist geschehen. Die Meinen kann man mir nicht zurückbringen. Mit dieser Wahrheit muss man zurechtkommen.« Ihm sagst du: »Immerhin hast du den Mut, es mir zu sagen.« Und das tut gut. Du denkst: »Kein Problem, er sagt mir die Wahrheit.« Das ist besser, als es nicht zuzugeben. Man kann solchen Menschen eher verzeihen als anderen.

Liebe zur Heimat / Ich liebe mein Land sehr. Vor allem, nachdem die *Inkotanyi* die Mörder besiegt hatten. Während sie mich ins Lager brachten, war ich wie tot. Sie sagten mir: »Mach dir keine Sorgen. Jene, die dir wehgetan haben, werden nicht zurückkommen.« Ich hielt das für unmöglich. Aber bisher verfolgt mich niemand, und niemand greift mich an. __ Wenn ich Ihnen von meinen Problemen erzähle, fühle ich mich besser, auch wenn Sie mir nicht helfen können. __ Außerdem liebe ich Ruanda, weil es dem Land gelingt, Verbrechern zu vergeben.

Angst / Mir macht vor allem der Gedanke Angst, alles, was in Ruanda geschehen ist, könnte sich wiederholen. Vor allem nachts, während das Land der Verbrechen gedenkt, hat man diese Ängste. Wenn die Namen der Toten verlesen werden, kommen die Erinnerungen, und man denkt: »Was, wenn es heute Nacht wieder losginge!« Der Genozid macht große Angst.

Aufgeben / Ich habe mein Grundvertrauen in das Leben verloren, weil die Menschen, die uns getötet haben, unsere Nachbarn waren und mein Vater ihnen noch kurz zuvor eine Kuh geschenkt hatte. Wir teilten alles. Wir luden sie zu Hochzeiten ein. Und plötzlich, ohne jeden Grund, wandten sie sich gegen uns. Ich werde nie wieder jemandem wirklich vertrauen können. Das sitzt tief.

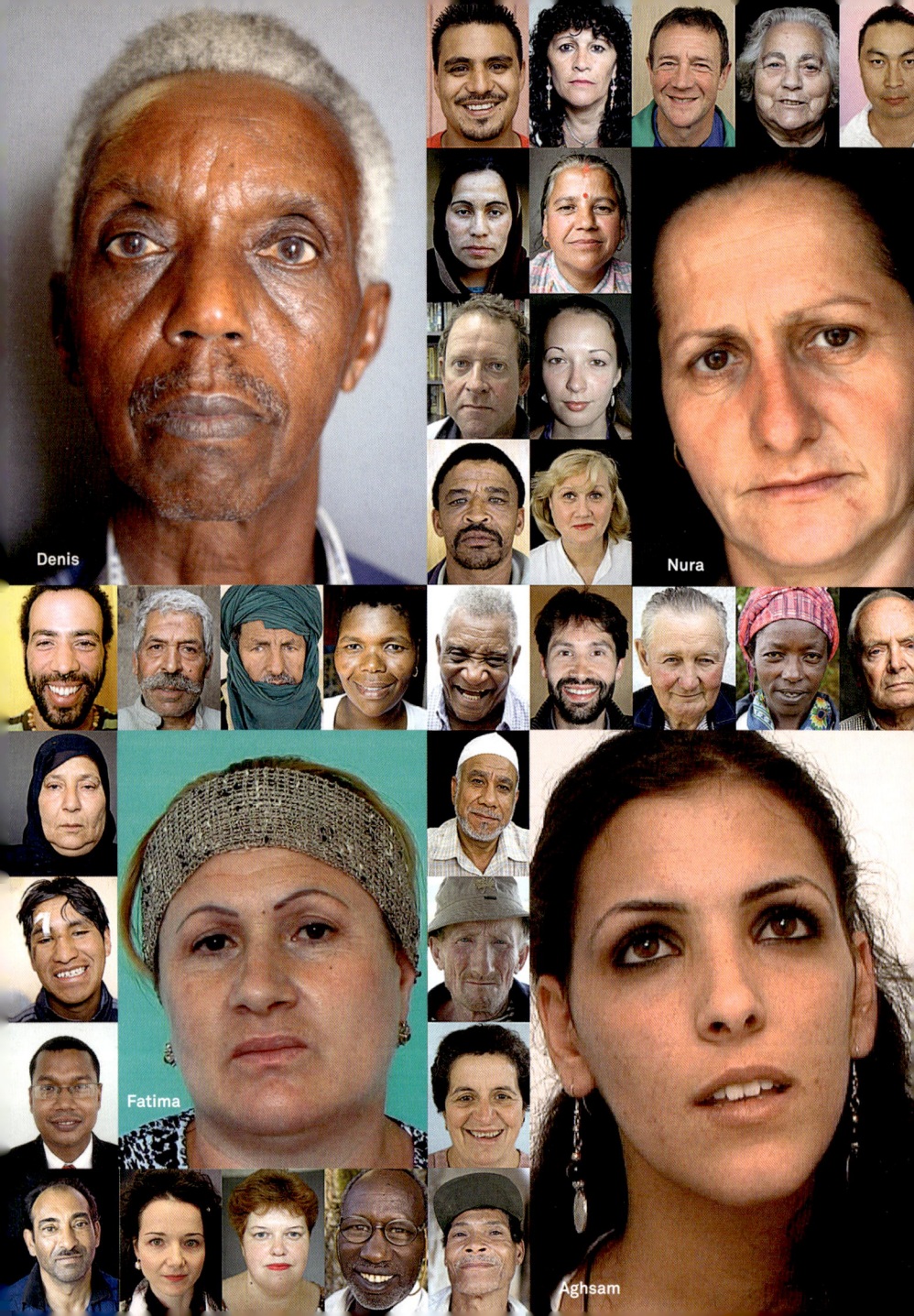

Denis

Nura

Fatima

Aghsam

WIE HABEN SIE DEN KRIEG ERLEBT?

Nura / *Lebt in Bosnien-Herzegowina*
Der Krieg und alle seine Folgen sitzen tief in mir drinnen. Ich weiß, dass sich binnen 24 Stunden alles ändern kann und die Verrückten, Kriminellen und Diktatoren tun können, was sie wollen. Das habe ich durch den Krieg gelernt. Und ich glaube nicht mehr, irgendetwas könnte unmöglich sein. Alles ist möglich auf dieser Welt. Das ist die Lehre aus diesem Krieg. Bis zum Krieg war das Leben so schön! Wir schrieben das 20. Jahrhundert, hatten ein gutes Leben, ich konnte mir nicht vorstellen, dass solche Dinge jemals geschehen würden, dass wir in einen sozusagen vorgeschichtlichen Zustand zurückfallen könnten, in dem ein Menschenleben nichts gilt, nicht den geringsten Wert mehr hat.

Aghsam / *Lebt in den Palästinensischen Autonomiegebieten*
Krieg heißt Barbarei, heißt Hass, aus dem Angst entsteht. Im Krieg passieren nur schlechte Dinge. Alles Gute verschwindet, Kindheit, Unschuld und Schönheit enden. Das Gute im Menschen wird kleiner, das Böse wächst. Ein guter Mensch wandelt sich in einen schlechten, ein Liebender beginnt zu hassen. Der Krieg macht die Menschen zu Kriminellen und Peinigern.

Denis / *Lebt in Ruanda*
Ich begreife den Krieg überhaupt nicht, denn während meiner gesamten Kindheit, Jugend und während des jungen Erwachsenenalters habe ich erlebt, wie die Ruander friedlich zusammenlebten. Ich weiß nicht, woher der Dämon kam, der den Hass gesät hat. Ich kannte die Ruander vor dem Krieg und kann mir den Genozid, der Unschuldige ausgelöscht hat, nicht erklären.

Fatima / *Lebt in Tschetschenien*
Ich erinnere mich an verbrannte junge Menschen in einem der Dörfer. Sie lagen zwischen den Ruinen. Ich erinnere mich an eine Mutter, die sich einer der Leichen näherte. Dort lagen mehrere verkohlte Leichen. Sie umfasste den Schädel einer Leiche; offensichtlich stand sie unter Schock. Sie suchte den Kopf nach einer Narbe ab, und während sie suchte, begann sie zu sprechen: »Aber du hattest hier doch eine Narbe, mein Söhnchen!« Sie blickte umher und fügte hinzu: »Aber du warst doch nicht so mager!« Um sie herum lagen viele Leichen. Sie betrachtete alle, dann weinte und brüllte sie: »Du bist nicht mein einziger Sohn, ihr seid alle meine Söhne!« Sie konnte die Leiche ihres eigenen Sohnes nicht finden.

Zijada / *Lebt in Bosnien-Herzegowina*
Das war sehr, sehr schwer! Ich war mit
meiner jüngsten Tochter schwanger.
Täglich lief ich dorthin, wo Hilfsgüter
verteilt wurden; ich stand fünf oder
sechs Stunden für zwei Kartoffeln an.
Als die Granaten fielen, glaubte ich, sie
kämen direkt in meine Richtung. Ich
lebte in Höhlen und war mit meinen
Kindern auf der Flucht. Mein Sohn
kämpfte an der Front, und ich fragte mich
täglich, ob ich ihn wiedersehen würde.
Aber ich war schon immer sehr mutig
und wollte nicht weinen. Ich betete zu
Gott, dass mein Sohn zurückkehren
sollte, doch meine Hoffnung währte nur
kurz. Eines Tages brach er zum Berg
Igman auf. Es war der 4. Dezember 1992.
Er ist niemals zurückgekommen.

Emmanuel / *Lebt in Ruanda*
Ich habe diese Leute getötet, weil das
Regime sich stabilisierte. Es schickte
Soldaten und Polizisten zu uns. Mir persönlich sagten sie, sie würden mir zeigen, wo ich mir Reichtümer holen könnte.
Also gingen wir zum Haus der ersten
Familie, von der ich gesprochen habe.
Dort befahlen sie mir, diese Leute zu
töten, und ich tötete sie. Es waren 14.
Wir gingen weiter und kamen zu einer
anderen Familie, wo ich drei Menschen
tötete. In der nächsten Familie tötete
ich auch eine Person. Das also habe ich
während des Genozids getan.

Seu / *Lebt in Kambodscha*
Man zwang uns, in die Armee einzutre-
ten und gegen die Roten Khmer zu
kämpfen. Weil man die Roten Khmer
nicht besiegen konnte, beschloss man,

ihnen beizutreten, um den Zwangs-
rekrutierungen zu entgehen. Ich kämpfe
nicht gerne, aber ich war dennoch ein
Soldat der Roten Khmer, weil einfache
Bürger verachtet wurden. Die Armen
wurden verachtet. Letztlich sind die
Khmer und die Militärs doch alle gleich,
wenn wir uns gegenüberstehen und
aufeinander schießen.

Dort befahlen sie mir, diese Leute zu töten, und ich tötete sie. Es waren 14.

Chirahamad / *Lebt in Afghanistan*
Heute habe ich in den Nachrichten gehört, dass sich zwei lokale Warlords
bekämpft haben. Beides sind Afghanen,
aber sie bekämpften einander im Namen
verschiedener Parteien oder anderer
Dinge. Wegen solcher Kriegstreiber sterben unzählige Menschen, verlieren ihre
Eltern, werden zu Waisen. Diese Chefs
haben die Aufgabe, den Krieg zu beenden. Die ganze Welt ist vor Ort, um
uns den Frieden zu bringen, um das
Land wiederaufzubauen – aber das ist
nur der äußere Schein! Die Warlords
stehen von allen Seiten unter Druck,
kämpfen gegeneinander und denken
nicht an unser Land und an die 25 Jahre

Zijada

Emmanuel

hirahamad

Seu

Rick

Umekishi

Sabil

Nadji

Krieg. Was haben wir davon? Arme Leute wie ich, die nichts besitzen … Wenn man mir ein Gewehr gibt und 500 oder 600 Afghani dafür bietet, dass ich in den Krieg ziehe, dann bleibt mir doch gar nichts anderes übrig! Aber die Afghanen, die mich in den Krieg schicken, sollten daran denken, dass die auf der anderen Seite auch Brüder haben. Warum sollte ich mein Gegenüber töten? Auch er ist ein armer Mensch wie ich, hat keine Arbeit wie ich, und keine Eltern wie ich.

Rick / *Lebt in Los Angeles, USA*
Mein Vater hat kein Selbstvertrauen und will deshalb stärker erscheinen, als er ist, vor allem physisch. Ich erzählte ihm von meinen Erfahrungen im Irak, dass ich mich »um andere kümmern« musste und dadurch krank wurde. Er sagt dann immer: »Sprich nicht darüber, das darf niemand hören! Sie müssen hören, dass ein Soldat groß und stark ist und die Welt beschützt. Sie wollen nichts über Gefühle, Tränen oder Ähnliches hören!«

Sabil / *Asylbewerber aus dem Kosovo, lebt in Frankreich*
Ich wurde zu Beginn des Kosovokrieges 1999 eingezogen und kämpfte bis zum Ende der Bombardements, also bis die Serben den Kosovo verließen – ich meine die serbische Polizei und die Armee. Wie ich den Krieg erlebt habe? Ich weiß nicht genau, wie ich Ihnen das erklären soll. Es ist ein seltsames Gefühl, denn ich bin weder Serbe noch Albaner, ich gehöre zu einer goranisch-slawisch-muslimischen Minderheit und habe weder unter den Serben noch unter den Albanern Feinde. Ich kämpfte nur, weil ich musste. Ich setzte mir nur das Ziel, am Leben zu bleiben und wenn möglich meine Familie zu schützen. In diesem Krieg hatte ich keine Ideale. Ich wartete nur auf das Ende des Ganzen.

Umekishi / *Lebt in Japan*
Der Einzugsbescheid kam. Damals kostete eine Briefmarke einen Sen. Wissen Sie, das war die alte japanische Währung. Für einen Sen wurden wir alle eingezogen. Der rote Brief war der Befehl des Kaisers. Und so wurde ich Teil der Geschichte, bis zur Niederlage.

Nadji / *Lebt in Bosnien-Herzegowina*
Auf Leute schießen? Ich kann nicht behaupten, das nicht getan zu haben: Ich habe es getan. Ich habe wohl nicht mehr als zehn Kugeln abgefeuert. Ich weiß nicht, was danach geschah, aber in dem Moment zwang mich niemand, es zu tun. Ich tat es ganz allein. Sie griffen mein Haus an, ich zog mir die Uniform über, und das war's. Als ich verstanden hatte, was geschehen war, zog ich die Uniform aus, gab das Gewehr zurück … das betraf mich nicht mehr.

Safi / *Lebt in Afghanistan*
Im Krieg sind die Feinde weit entfernt,
20 Kilometer. Woher soll man wissen,
ob man den Kopf oder den Bauch trifft?
Ob Kinder oder Erwachsene verletzt
werden? Ob ich sie töte oder jemand
anderes?

Yehuda / *Lebt in Israel*
Ja, ich denke darüber nach, was ich als
Soldat getan habe. Wir waren 600 000 Juden in Israel und standen Invasionen
aus fünf arabischen Ländern gegenüber.
Es stimmt, der Finger saß locker am
Abzug, aber das heißt nicht, dass wir die
Leute an die Wand stellten und nieder-
schossen. Manchmal jedoch schossen
wir, wenn es nicht nötig war. Heute wache
ich nachts mit Kriegsbildern im Kopf
auf. Das treibt mich wirklich um: Hätte
ich den Abzug drücken sollen oder
nicht?

Jovan / *Lebt in Bosnien-Herzegowina*
Während des Krieges habe ich Dummheiten gemacht, und wenn ich heute
daran denke, frage ich mich, warum.
Um den anderen Mut zu machen, habe
ich zum Beispiel 100 Meter von der
Frontlinie entfernt Handstand gemacht
oder Rad geschlagen. Oder ich lief im
Visier der Scharfschützen von einer
Straße zur anderen, um den Bewohnern
zu zeigen, dass man keine Angst haben
darf. Sie sollten denken: »Wenn Jovan
das kann, kann ich das auch.« Und die
Frage nach der Angst stelle ich mir wirklich nie. Ich habe vor nichts Angst.

Hans / *Lebt in Frankreich*
Ich erinnere mich sehr gut an den
Beginn des neuen Schuljahres, das war
ein Schock für mich, schrecklich! Wir
kamen zur Schule und mussten den
Hitlergruß zeigen! Ich hatte das zu Hause
nicht gelernt, niemand hatte mir davon
erzählt. Bei mir sagte man »Guten Tag«.
Und nun sollte ich »Heil Hitler« sagen.
Weil ich mich weigerte, schickte man
mich bereits am ersten Tag wieder nach
Hause.

Die Frage nach der Angst stelle ich mir wirklich nie. Ich habe vor nichts Angst.

Schie / *Lebt in Mexiko*
Ich kam mit dem Zug nach Auschwitz.
Ich gehörte zu den ersten europäischen
Juden, die dorthin geschickt wurden,
weil Polen als erstes Land den Nazis
zum Opfer fiel. Wir versuchten, uns zu
verteidigen, und es gelang uns auch,
aber nur ein klein wenig; letztlich konnten wir kaum etwas tun. Im Rückblick
merkt man aber, dass auch das wenige
zählte, weil wir bereit waren, unser
Leben zu geben. Es gelang uns, eine der
vier Gaskammern in Auschwitz in die
Luft zu sprengen. In Auschwitz gab es

Safi

Hans

Yehuda

Jovan

Schie

Epimaque

Mario Stefano

Mohammed Suleman

vier Gaskammern, und in jeder Kammer wurden 2000 Menschen pro Tag getötet. Täglich starben also 8000 Menschen. Unter diesen Umständen konnte man kaum etwas tun, aber wir haben immerhin eine Gaskammer gesprengt.

Mohammed Suleman / *Lebt in Indien*
In meinem Land gab es viele bewaffnete Konflikte. Deshalb glaubte ich, etwas tun zu müssen. Ich bin ein ehemaliger Soldat und war neun Jahre bei der Armee. Ich wollte etwas tun, das mich in meinem Land bekannt macht. So reiste ich mit einem Schild durch Indien, auf dem stand: »Hindus, Muslime, Sikhs, Christen – wir sind alle Brüder.«

Es gelang uns, eine der vier Gaskammern in Auschwitz in die Luft zu sprengen.

Epimaque / *Lebt in Ruanda*
Ich habe Tutsi versteckt, die auf der Flucht waren, weil ich die Menschen liebe, eine gute Ausbildung habe und Christ bin. Ich glaube, dass diese Leute auch Menschen sind. Es gab also keinen Grund, weshalb sie sterben und ich leben sollte. Ich war bereit, an ihrer Seite zu sterben. Ich finde, es sind auch Menschen. Sie hatten kein Verbrechen begangen. Ich verstand mich sehr gut mit meiner Frau, einer Tutsi, meinen Schwagern und der ganzen Familie. Zu sterben schien mir mutiger, als an dem Massaker teilzunehmen.

Mario Stefano / *Lebt in Italien*
Als ich unmittelbar nach der Vertragsunterzeichnung in den Kosovo kam, roch es stark nach Tod. Das werde ich nie vergessen. Meine zweite Erinnerung, auch ein Beispiel für die Folgen des Krieges, ist ein Fragment: Ich patrouillierte mit Kollegen durch eine verlassene Zitadelle. Es war kein Mensch da, nur der Geruch des Todes lag über allem. In einem Friseursalon sah ich ein einzelnes Pferd. Die Szene unterstrich die Abwesenheit der Menschen und schien sinnbildlich für die Rückkehr zur Herrschaft der Tiere und der Natur.

Jasna / *Lebt in Bosnien-Herzegowina*
Dieser Hass, den wir spüren, ist in uns allen und wird in uns allen sein, sogar in den Kindern. Ich weiß nicht, ob es daran liegt, dass wir als Kinder alles mitbekommen haben und als Erwachsene um all die Ereignisse wissen, all die Bilder der Toten gesehen haben. Und wir wissen auch, wie alles passiert ist,

obwohl wir es als Kinder nicht gespürt haben. Aber wenn man das alles sieht, hasst man natürlich den Krieg und alle, die uns das angetan haben. Das Gefühl wird nie verschwinden, ich weiß das, weil ich es auch in mir trage, es wird immer da sein. Es wird bleiben und sich wahrscheinlich auf meine Kinder übertragen.

Tom / *Lebt in Deutschland*
Mein Vater hat nie vom Krieg gesprochen. Er machte Andeutungen, aber alles, was ich heute über die schrecklichen Dinge weiß, die er mit 15 Jahren erlebt hat, weiß ich von seinem Bruder. Mein Vater konnte nie darüber sprechen. Manchmal sagte er: »Wenn ihr wüsstet ...«

Jean-Marc / *Lebt in Frankreich*
Als meine Eltern aus dem Krieg zurückkamen, war mein Vater sehr schweigsam. Meine Mutter war schwer gezeichnet. Ich holte sie im Hotel Lutetia in Paris ab, dort waren die Deportierten untergebracht. Ich erinnere mich noch, dass es ein schöner Sommertag war, 1945, wahrscheinlich Mai oder Juni. Ich stand an den Absperrungen und sah meine Mutter herauskommen. Sie trug die grau-weiße Häftlingskleidung mit dem aufgenähten roten Dreieck für politisch Inhaftierte. Und erstaunlicherweise trug sie in der Hand die französische Flagge. Sie war in Deutschland hergestellt worden. Wir gingen zu Fuß nach Hause, meine Mutter gab mir die Fahne, ich nahm ihre Hand. Meine Mutter war besessen von ihren Erlebnissen, von Ravensbrück und Buchenwald, sie sprach ohne Unterlass davon. Sie war körperlich und seelisch ge-

schwächt. Und ich muss zugeben, dass ich ihre Erzählungen nach einer Weile nicht mehr ertragen konnte. Erst in jüngster Vergangenheit konnte ich zurückblicken und interessierte mich für das Leben meines Vaters und meiner Mutter. Wieder kam ich zu der Erkenntnis, dass ich wunderbare Eltern hatte. Ich frage mich jedes Mal – und das ist eine schreckliche Frage –, was ich an ihrer Stelle getan hätte.

Jean-Marc

Tom

Jasna

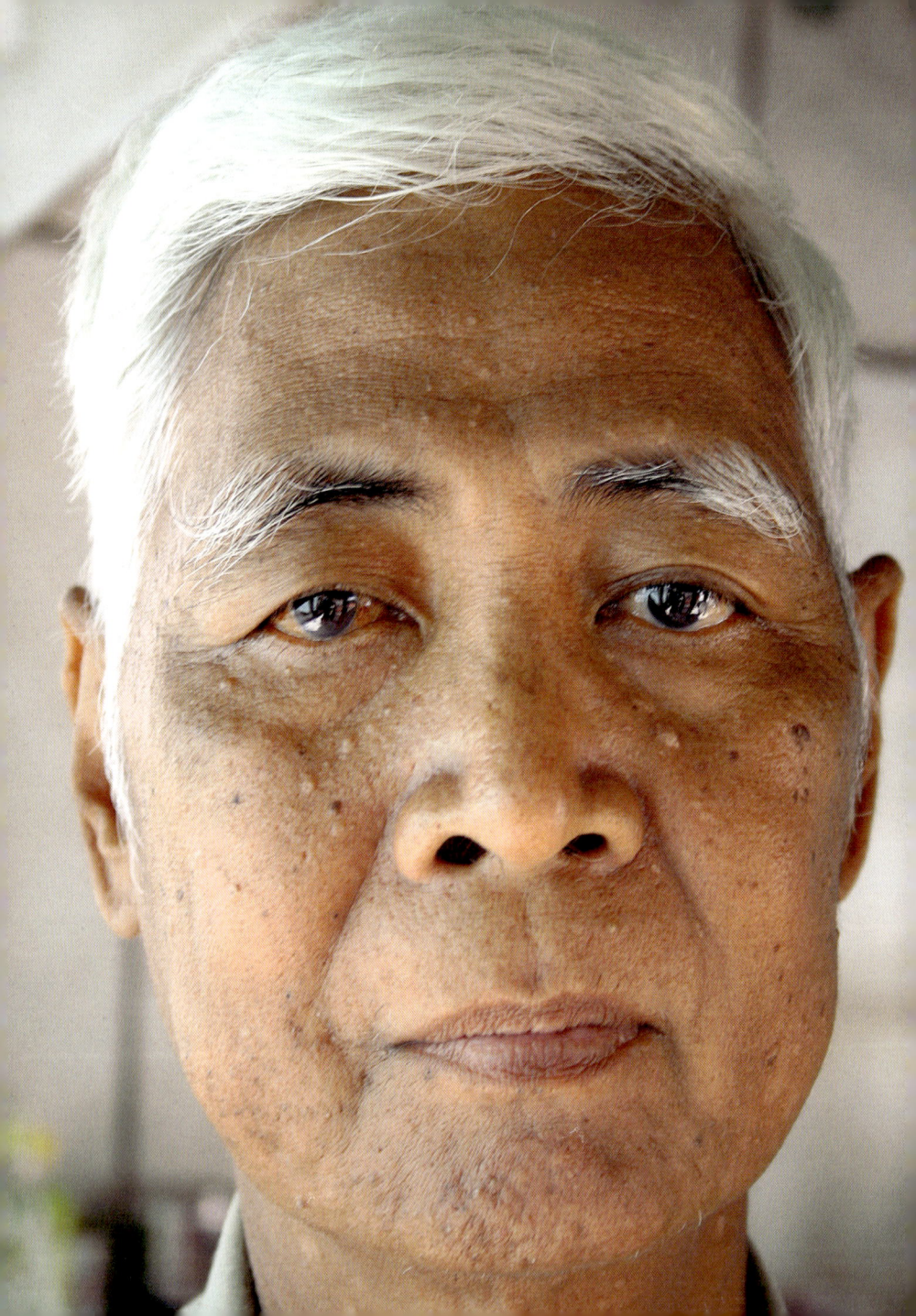

Vann

Lebt in Kambodscha

Wie soll man verzeihen, wenn die Verbrecher ihre Fehler nicht eingestehen?

Porträt / Ich heiße Vann und wurde 1946 geboren. Ich bin verheiratet und habe sechs Kinder. Drei sind während des Regimes der Roten Khmer umgekommen, die anderen drei wurden erst danach geboren, 1980, 1984 und 1990 – ein Junge und zwei Mädchen. __ Momentan führt meine Frau ein kleines Restaurant, das für unseren Lebensunterhalt sorgt. Ich selbst bin Maler. Wenn ich nicht krank bin, male ich. Wir leben korrekt und sind eine bescheidene Familie.

Unbeschreiblich / Was wir erlebt haben, ist schwer zu beschreiben. Wir können nicht alles erzählen. Es ist nicht so, dass wir nicht wollen, aber wir finden keine Worte, um den Horror, das Leid und die Angst zu beschreiben. __ Es ist zum Beispiel unmöglich, zu erzählen, wie es war, als wir mit verbundenen Augen gefesselt auf unsere Hinrichtung warteten. Ich kann nur sagen: In diesem Moment hatte ich große Angst. Ich erinnere mich, was ich mit meinen Eltern, meiner Frau und meinen Kindern durchlebt habe. Ich erinnere mich an alles, aber ich kann nicht vermitteln, welche Angst ich hatte oder wie sehr ich litt. Das ist unmöglich.

Das schlimmste Erlebnis / Die schwerste Zeit waren die drei Jahre, acht Monate und zwanzig Tage der Regierung Pol Pots. Aber ein Monat war besonders furchtbar: die Zeit zwischen dem 1. Januar und dem 3. Februar 1978. In diesem Monat wäre ich fast im Gefängnis S 21 gestorben. Es ist unvorstellbar, wie man so leben konnte. Wir hatten dem neuen Regime völlig vertraut. Eine neue Gesellschaft sollte entstehen, ohne Unterdrückung und Korruption. __ Wir glaubten, die Roten Khmer stünden für eine gerechte Gesellschaft und wollten das Land wiederaufbauen. Aber ab 1975 erlebten wir das genaue Gegenteil. Wir erfuhren Leid in jeder Form. Zunächst gab es überhaupt keine Medikamente mehr. Dann wurde uns die Nahrung weggenommen, und das Essen wurde uns verboten. Und wir wurden zu Zwangsarbeit verdammt, die weit über unsere Kräfte ging. Schließlich wurden wir des Verrats und anderer Taten bezichtigt. __ Tatsächlich arbeiteten ich und meine Mithäftlinge im Gefängnis S 21 so gut es ging.

Wir begreifen immer noch nicht, warum die Roten Khmer alles zerstörten, denn es gab ja eine funktionierende Regierung. __ Wieso wurden wir systematisch ermordet? Wir hatten doch nichts getan. Wir achteten die Regeln und die Arbeitszeiten. __ Sie zerrütteten ganze Familien. Warum ließen sie uns nicht am Leben? Es ging nicht nur um mich, mein Dorf, meine Provinz, sondern um das ganze Land. Ich verstehe das nicht. Als man mich verhaftet und ins Gefängnis S 21 gebracht hatte, überlebte ich nur wegen meines Berufs: Ich war Zeichner. Es gab viele Zeichner, alle sind tot. Wieso habe ich überlebt? __ Zu Beginn befahlen sie mir, eine Zeichnung anzufertigen. Ich bin ein ehrlicher Mensch, und als sie mir auftrugen, ein Foto zu reproduzieren, sagte ich, exakt könne ich es nicht wiedergeben, aber ich würde mich bemühen, die Angkar-Partei zufriedenzustellen. Sie waren zufrieden und behielten mich bis zum 7. Januar 1979 in ihren Diensten. An diesem Tag kam die vietnamesische Armee, und ich konnte flüchten. __ Ich bin glücklich, dies alles überlebt zu haben. Ich weiß nicht, warum sie all das Schlimme getan haben. Ich weiß nur, dass sie mich aufgriffen und einsperrten. Warum? Ich weiß es immer noch nicht.

Gerechtigkeit / Gerechtigkeit und Ungerechtigkeit gehören zusammen wie Tag und Nacht. Wer auf einer Seite steht, steht nicht auf der anderen. __ Man sagt, wer Verbrechen begeht, tut Unrecht. Heute versucht man, das Unrecht aufzuarbeiten, das unter Pol Pot verübt wurde. Das stimmt. Aber was nützt es, Gerechtigkeit walten zu lassen, wenn alle schon tot sind? Wir wollen nicht zurück, was man uns genommen hat, aber wir wollen, dass jene, die Unrecht begangen haben, sich zu ihrer Verantwortung bekennen. Das ist alles, was ich mir wünsche.

Gewalt / Die Gewalt dieser Zeit hat Spuren hinterlassen. Wer heute noch wagt, jemanden zu töten, auszuweiden oder zu köpfen, ist 30 oder 40 Jahre alt und war mit zwölf, 13 oder 14 Jahren Aufseher bei den Roten Khmer. Für solche Leute ist Töten eine Gewohnheit geworden. Wir, die wir nie getötet haben, fürchten uns; jene sind daran gewöhnt und haben keine Angst. __ Das also bleibt von der Vergangenheit. Jene, die die Gewalt praktiziert und banalisiert haben, machen einfach weiter, als sei das normal. Sie haben nicht verstanden, dass sich die Gesetze und die Gesellschaft geändert haben. Sie selbst haben sich nicht verändert.

Wut / In der Vergangenheit habe ich mich manchmal sehr geärgert, aber nicht so, dass ich jemanden töten wollte. Ich kann nur für mich sprechen: Ich bin nicht nachtragend. Ich wollte mich noch nie durch einen Mord rächen. Ich habe nur einen Wunsch: dass die Menschen die von ihnen verursachten Probleme anerkennen und die begangenen Fehler zugeben. Das wünsche ich mir. __ Der Mann, der mich verhaftet und im Gefängnis S 21 eingesperrt hat, lebt heute noch. Ich habe ihn besucht, weil ich die Vergangenheit besser verstehen wollte. Er versteckte sich aus Angst vor meiner Rache. Aber ich wollte mich niemals an ihm rächen.

Folter / Bei den Befragungen sagte ich ihnen, ich hätte keine Ahnung. Ich wusste nicht, was CIA bedeutet. Ich lebte doch in Battambang! __ In meiner Akte steht alles, ich habe sie hier: »Sie gehören zum neuen Volk, Sie leben in der feindlichen Zone und sind Maler, also sind Sie Mitglied der CIA.« __ Wo hätte ich denn leben sollen? Meine Eltern und Großeltern lebten schon in diesem Dorf. Ich wollte doch nicht allein irgendwo leben. Mensch! __ Sie klagten mich an, und ich hatte darauf nichts zu sagen. Das machte mich verdächtig. Sie zwangen mich zu Falschaussagen. Aber wenn ich nicht sagte, was sie hören wollten, schlugen sie mich und traktierten mich bis zur Bewusstlosigkeit mit Elektroschocks. Das kam drei oder vier Mal vor, weil ich nichts sagen wollte. __ Schließlich sagte ich: »Ja, es stimmt.« Es war sehr schwer, etwas zuzugeben, was ich nie getan hatte. Man kann lügen, und andere glauben einem. Aber in diesem Fall belog man sich selbst und behauptete etwas, das man nie getan hatte. Wir mussten Geschichten erfinden und aufschreiben, uns selbst, andere, jeden belügen, um den Schmerzen der Schläge zu entgehen.

Vergebung / Wie soll man verzeihen, wenn die Verbrecher ihre Fehler nicht eingestehen? Das ist sehr wichtig. Jene, die Tausende Menschen massakriert haben, geben ihre Fehler nicht zu. Wie soll man ihnen verzeihen? __ Wie soll man jenen verzeihen, die Befehle gaben und behaupten, nichts gewusst zu haben? Solches Verhalten erstaunt mich. Wem soll ich denn verzeihen? __ Derzeit spricht man von »Versöhnung«. Man müsse sich »versöhnen«, um das Land wiederaufzubauen. Aber mit wem soll ich mich versöhnen? Wer wird aus der Deckung kommen, um sich mit mir zu versöhnen? Wie heißt er? Wer ist er? Er soll sich zeigen, soll eine Pressekonferenz veranstalten oder so. Er soll mir gegenübertreten. So dass ich ihm Fragen stellen kann. Und er soll mir antworten und die Gründe seines Handelns erklären.

Mamadou

Maji

Noosuri

Khalef

Corinne

Michel

FÄLLT IHNEN DAS VERZEIHEN LEICHT?

Majji / *Lebt in Tansania*
Ich habe schon vielen Menschen verziehen. Ich habe dem verziehen, der mir meine Schuhe gestohlen hat, ich habe dem verziehen, der meine Kinder geschlagen hat, ich habe dem verziehen, der mir schlechte Ware für meinen Laden gegeben hat ... Ich habe ihnen allen verziehen! Ich kann sagen, dass ich keinen Feind habe.

Khalef / *Lebt in Algerien*
Oh ja! Wenn jemand mir wehtut, verzeihe ich ihm beim ersten Mal. Aber ich erkläre ihm, dass er mir wehgetan hat, damit er es nicht noch einmal tut. Wenn es aber Absicht ist, wenn er es noch einmal tut, dann verzeihe ich das nicht.

Michel / *Lebt in Frankreich*
Ja, einigen habe ich nicht verziehen. Warum? Verrat. Ein Typ, dem ich geholfen hatte und der mir alles kaputt gemacht hat, der meine Werkstatt kaputt gemacht hat und dem ich hinterher bin ... Ich hätte ihn umbringen können, echt, ich bin ihm auf der Straße hinterhergelaufen, nachts, mit einem Schaufelstiel. Später habe ich ihn noch mal getroffen, ich verzeihe ihm das bis heute nicht. Da bin ich stur. Eigentlich vertraue ich den Menschen, aber wenn ich enttäuscht werde, wenn ich verraten werde, dann kann ich nicht mehr zurück. Dann streiche ich sie aus meinem Adressbuch.

Mamadou / *Lebt in Mali*
Wie legt man einen Streit bei? Bei uns ist es die Aufgabe der Alten, die Leute miteinander zu versöhnen und sie zur Vergebung aufzufordern. Wenn Leute sich prügeln, und selbst wenn es zwanzig oder tausend sind – wenn die Alten aufstehen, versöhnen sie sich, sie entschuldigen sich und verzeihen einander.

Corinne / *Lebt auf Réunion, Frankreich*
Nein, ich verzeihe nicht, oder kaum. Vor Kurzem habe ich erfahren, dass ich sizilianisches Blut in den Adern habe, jetzt verstehe ich auch, warum das so ist. Wenn einer mir eine reingedrückt hat, vergesse ich das nicht, ich bin ziemlich nachtragend. Und solange ich mich nicht gerächt habe, vergesse ich es nicht. Christliche Vergebung ist nicht mein Ding. Überhaupt nicht. Ich verzeihe nicht. Wahrscheinlich ist das falsch, denn eigentlich weiß ich, dass ich Leute um mich habe, auf die ich wahnsinnig wütend bin, denen ich nicht verzeihe, aber sie leben trotzdem ruhig weiter, weil es ihnen egal ist. Eigentlich bin ich unglücklicher als sie, weil ich immer noch sauer auf sie bin, und sie sind schon längst bei etwas ganz anderem.

Ich habe ihnen allen verziehen! Ich kann sagen, dass ich keinen Feind habe.

Noosuri / *Lebt in Kenia*
Mir fällt das Verzeihen leicht, weil ich auch möchte, dass mir verziehen wird.

Nicholas / *Lebt in Los Angeles, USA*
Ich habe in meinem Leben Dinge getan, auf die ich nicht gerade stolz bin. Ich habe schon sehr viele Menschen verletzt. Ich habe meine Familie verletzt, Leute, die mich liebten, und sie haben mir verziehen. Aufgrund dieser Erfahrung gibt es bei mir immer eine Chance auf Vergebung.

Yvonne / *Lebt in Frankreich*
Es ist sehr hübsch zu sagen »ich verzeihe dir«; wenn es um Kleinigkeiten geht, ist das ganz einfach. Aber wenn man wirklich tief verletzt worden ist ... ich glaube, das ist wie eine Wunde, die nicht heilt. Das braucht Zeit.

Peter / *Lebt in Kalifornien, USA*
Verzeihen? Man kann nicht verzeihen. Das nicht. Meine Mutter konnte die Krematorien hören, in denen ihre Mutter verbrannt wurde. Trotzdem hatte sie keinen Groll gegen das moderne Deutschland. Mein Vater und sie sind als Touristen durch Europa gereist, und sie waren auch in Deutschland. Aber verzeihen? Nein. Ich zweifle daran, dass sie in ihrem Leben je wird verzeihen können.

Patrick / *Lebt in Tansania*
Ich versuche alles, was ich kann, um zu verzeihen, aber es ist schwer, zu vergessen. Dabei sage ich mir immer wieder: Wenn jemand dir etwas Schlimmes antut, schreib es in den Sand. Wenn jemand dir etwas Gutes tut, meißle es in Stein. Und wenn die Sonne kommt und der Regen, verschwindet, was im Sand steht, und was in den Stein gemeißelt ist, wird irgendwann auch verschwinden, aber erst in sehr langer Zeit.

Sachiko / *Lebt in Japan*
Nicht verzeihen kann ich denen, die anderen Schaden zufügen. Um ein konkretes Beispiel zu nennen, eine unserer Geishas kam einmal zu mir und wollte Geld leihen, sie sagte mir, wofür, sie weinte. Ich hatte zwar nicht sehr viel Geld, aber ich habe ihr etwas geliehen, auf Ehrenwort. Sie sagte mir: »Ich zahle es nächstes Jahr zurück ...« Und ich habe ihr zehn Millionen Yen geliehen! (etwa 70 000 Euro) Dass sie mir das nicht zurückgezahlt hat, kann ich ihr nicht verzeihen. Das war im ersten Jahr der Heisei-Zeit, es ist also jetzt fast 18 Jahre her. Trotzdem lässt sie sich nichts anmerken. Wenn ich sie darauf anspreche, sagt sie: »Warten Sie noch ein kleines bisschen!« Das zu verzeihen, fällt mir schwer.

Wenn jemand dir etwas Schlimmes antut, schreib es in den Sand. Wenn jemand dir etwas Gutes tut, meißle es in Stein.

Peter

Sachiko

Nicholas

Patrick

Yvonne

Alicia

Javier

Christian

Norma

Javier / *Lebt in Mexiko*
Was ich bis heute sehr bereue ... Mein
Vater arbeitete sehr schwer, um unser
Haus bauen zu können, um Stockwerke
zu bauen und Zimmer. Und ich, ich war
am Alkohol, hing an der Flasche, ich
habe ihm alles gestohlen, was er für das
Haus gespart hatte. Meiner Schwester
habe ich auch viel Geld gestohlen. Meine
Brüder, die älter sind als ich – ich bin
der Jüngste –, arbeiteten. Also schaute
ich, wo sie ihr Geld hinräumten und
stahl es ihnen. Ich stahl ihren Schmuck,
um ihn zu versaufen, um weiter Drogen
nehmen zu können. Heute bereue ich
das wirklich. Ich spüre, dass ich sie nicht
einmal um Verzeihung bitten kann,
weil ... Sie haben ja längst alles vergessen, aber ich noch nicht. Es tut mir riesig
leid. Sie haben für ihr Geld schwer gearbeitet, und ich habe es einfach gestohlen. Es tut mir immer noch leid.

Alicia / *Lebt in Frankreich*
Gibt es jemanden, dem ich nicht verziehen habe? Die Einzige wäre meine Mutter, die ich nicht gekannt habe ... Aber am
Ende habe ich ihr doch verziehen. Ich
verzeihe allen. Auch ihr, ich habe ihr verziehen. Warum? Weil sie mir ein Leben
in Frankreich geschenkt hat, und obwohl nicht jeder Tag gut läuft, hat sie mir
eine Familie gegeben, die in Ordnung
ist, und das genügt mir! Das ist das Wichtigste, und deshalb verzeihe ich ihr.

Christian / *Lebt in New York, USA*
Wenn ich über Vergebung nachdenke,
sollte ich an meine Eltern denken, ob
ich ihnen verziehen habe oder nicht;
aber was eigentlich? Ich habe dieses

Bedürfnis, dass sie perfekt sein sollen,
wünsche mir, ich hätte ein einfacheres
Leben gehabt, eine bessere Kindheit ...
Vielleicht bin ich wirklich bloß ein Trot-
tel, der zu viel Fernsehen sieht, wenn
ich denke, ich hätte ein perfektes Leben
haben sollen. Ja, es tut mir leid, dass
ich ihnen nicht verziehen habe. Es tut
mir leid, dass ich nicht stark genug war,
es zu tun, denn sie haben es verdient.

Norma / *Lebt in Buenos Aires, Argentinien*
Ich kann meiner Mutter nicht verzeihen.
Ihre herrische Art in meiner Jugend
und noch heute, das kann ich ihr nicht
verzeihen! Sie hat mir immer das Gefühl
gegeben, ich wäre im Vergleich zu dem,
was andere schaffen, ziemlich schäbig.
Meine Mutter hat sich nie gefreut, nicht
einmal über die Geburt meiner Kinder.
Sie hat eine sehr zurückhaltende, sehr
kalte Art. Das andere, was ich nie verzeihen kann – und ich glaube, das werde
ich nie können –, das ist, dass der Vater
meiner Kinder abgehauen ist ... dass er
mich mit den beiden Kleinen verlassen
hat, das werde ich ihm nie verzeihen!
Nie!

Nirmala / *Lebt in Nepal*
Was mir sehr wehgetan hat? Nichts.
Ach doch! Mein Mann! Ja, und das werde
ich ihm nie verzeihen. Niemals werde
ich ihm das verzeihen! Noch wenn er
stirbt, will ich nicht sein Gesicht sehen,
denn wegen ihm habe ich sehr gelitten.
Noch während wir zusammenlebten,
fiel ihm nichts Besseres ein, als andere
Frauen zu heiraten. Zwei oder drei Mal
hat er wieder geheiratet. Es war so schwer,
mit ihm zusammenzuleben! Ich habe

so gelitten bei der Erziehung meiner Kinder! Ich habe bei Leuten den Abwasch gemacht, habe mich um die Kinder gekümmert, ich habe sie erzogen, ernährt ...

Eike / *Lebt in Deutschland*
Was ich nicht verzeihen konnte, ist, dass ich betrogen wurde. Dass mich jemand bei etwas so Grundlegendem belogen hat, das ist schon sehr schwer zu verzeihen. Wenn jemand mir sagt, er liebt mich, und hinter meinem Rücken sagt er: »Hähä, schön blöd, ich liebe dich gar nicht!« Das ist schwer zu verzeihen.

Miriam / *Lebt in Bolivien*
Ah ... Das war bei mir lange so, ein furchtbares Leben in einem sehr gewalttätigen Umfeld, wegen des Alkohols. Damals habe ich vieles gar nicht begriffen, aber ich habe verziehen. Ich versuche jetzt, den zu verändern, der mich so hat leiden lassen. Das ist sehr schwierig, aber unmöglich ist es nicht. Ich bin jemand, der in seinem Handeln Verständnis für die anderen aufbringen muss, um so den Frieden zu finden, nach dem sich jeder Mensch sehnt. Und, ja, man muss die Fehler der anderen verstehen.

Megan / *Lebt in Ohio, USA*
Ich würde sagen, dem Mann, der mich vergewaltigt hat, habe ich nicht verziehen. Ich konnte sehr schlecht damit umgehen, dass ich nicht verzeihen konnte. Mir ist mein Glauben an Gott sehr wichtig, und ich hatte das Gefühl, ich müsste diesem Mann verzeihen. Bis mir einer meiner besten Freunde gesagt hat, der Grund, warum es Gott gibt, oder zumin-

dest einer der Gründe, ist, dass wir den Menschen nicht vergeben müssen, weil Gott das tut, weil solche Dinge er übernimmt. Wir brauchen das nicht zu tun, wir sind nur Menschen, für uns ist das zu schwierig. Ich habe ihm also nicht verziehen, aber ich habe kein Problem mehr damit.

Ich konnte sehr schlecht damit umgehen, dass ich nicht verzeihen konnte.

Fatiha / *Lebt in Algerien*
Diese Regierung, die von der Versöhnung redet, was hat sie denn für uns Opfer getan, um zur Versöhnung aufzurufen? Mein Mann ist seit elf Jahren vermisst, ich habe keinerlei Nachricht von ihm! Sollen sie doch einmal ansehen kommen, wie es uns geht, wie wir leben, unsere ganze Lebenssituation, und dann können sie von Versöhnung reden! Diese Terroristen, die den Leuten die Kehle durchgeschnitten haben, die gemordet haben, die alle diese Grausamkeiten verübt haben, sind jetzt die Guten geworden, und wir bleiben eben die Opfer des Terrorismus.

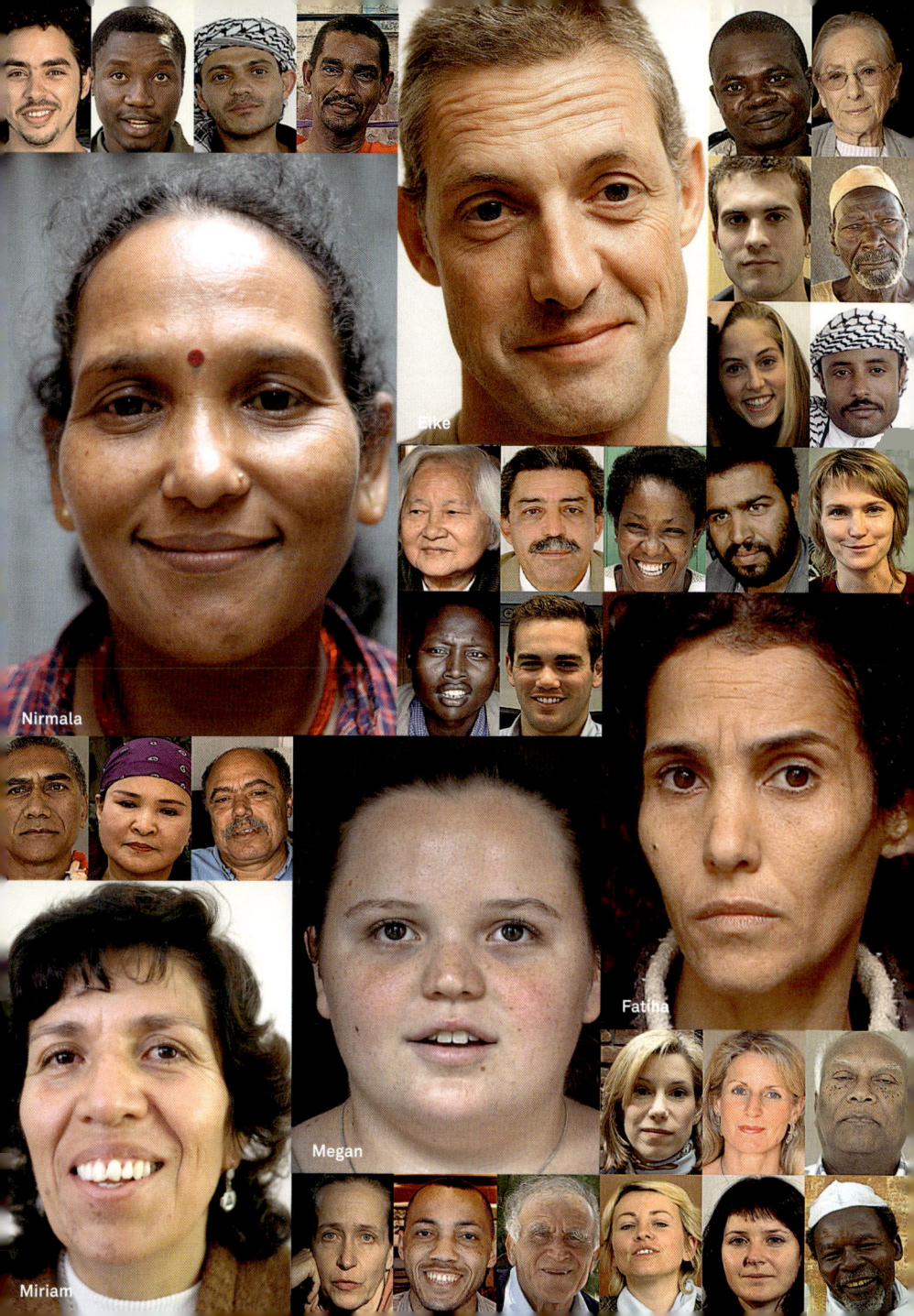

Nirmala

Eike

Miriam

Megan

Fatiha

Ljilja

Musa

Alija

Seum

Hajrija

Musa / *Sudanesischer Flüchtling,*
lebt im Tschad
Ich würde verzeihen, wenn sie die Ungerechtigkeit wiedergutmachen würden,
die sie uns angetan haben. Wenn jemand
zu dir kommt, dir deinen Besitz nimmt
und deine Verwandten umbringt, dann
kannst du ohne Gesetze nicht mit ihm
zusammenleben, weil er sehr wahrscheinlich noch einmal dasselbe tun wird und
niemand jemals über ihn richtet.

Ljilja / *Lebt in Serbien*
Ich kann den Politikern nicht verzeihen,
dass sie sich für den Krieg entschieden
haben, ja genau. Weil es dazu nicht hätte
kommen dürfen. Wenn jemand Territo-
rien brauchte, hätte man das friedlich
erreichen können, ohne dass Menschen
hätten sterben müssen oder in eine der-
artige Armut, in solches Elend gestürzt
worden wären … Das war doch unnütz,
alle Kriege sind unnütz. Da verlieren alle,
einen Gewinner gibt es nicht. Bezahlt
haben die unschuldigen Seelen. Was hat
mein Kind getan, dass man ihm alles
nimmt und es jetzt ohne alles dasteht?

Seum / *Lebt in Kambodscha*
Ich werde nie den Roten Khmer verzeihen, denn sie haben meine gesamte
Familie tyrannisiert und den Tod meiner
Kinder verschuldet, weil sie uns nichts
zu essen gegeben haben. Sie haben mir
die Arme gefesselt und mich in den Bergen ausgesetzt. Ihnen gehört ausnahms-
los allen der Kopf abgeschnitten.

Hajrija / *Lebt in Bosnien-Herzegowina*
Ich werde den Kriegsverbrechern nie
verzeihen, niemals. Niemals werde ich
ihnen verzeihen. Was für ein Verbrechen
haben unschuldige Kinder begangen?
Mein Kind war in der sechsten Klasse,
als es gestorben ist. Hat das einen Sinn?
Sie hatten nichts Menschliches in sich
(die Verantwortlichen des Massakers
von Srebrenica).

Alija / *Lebt in Bosnien-Herzegowina*
Das ist ziemlich interessant zu sehen,
ich und mein Kollege und Nachbar
Zrinko Pulic, wir waren vorher die besten
Freunde. Solange wir hier waren, in derselben kroatischen Armee, waren wir
beide Offiziere, bevor wir einander plötzlich in feindlichen Lagern gegenüber-
standen … Und wenn wir uns jetzt treffen,
was sollen wir dann tun? Wir müssen
weiterleben, wir müssen verzeihen, man
muss verzeihen … Wir dürfen nicht beim
Geist des Krieges stehen bleiben.

Ich werde den Kriegsverbrechern nie verzeihen, niemals.

Edison / *Lebt in Ruanda*
Um aus dem Gefängnis freizukommen, musste ich die Tat anerkennen. Ich habe die Überlebenden um Verzeihung gebeten, ihre Familien, den Staat Ruanda und Gott.

Jean-Pierre / *Lebt in Ruanda*
Ich glaube, ich könnte verzeihen, wenn jemand mich um Verzeihung bitten würde, aber ich kann nicht heute sagen »Okay, ich verzeihe euch«, obwohl mich niemand um Verzeihung gebeten hat! Reden wir einmal von dem Völkermord hier in Ruanda. Der Staat lässt viele Menschen frei, und diese Leute sagen: »Okay, wir haben beim Staat um Verzeihung gebeten.« Als wäre der Staat umgebracht worden! Beim Staatspräsidenten. Als wäre der Präsident umgebracht worden! Und beim ganzen ruandischen Volk und der gesamten Menschheit. Ich bin aber nicht die gesamte Menschheit! Ich heiße Jean-Pierre, ich bin kein Staat, ich bin ein Mensch, ich bin auch nicht Staatspräsident. Also, damit ich dem Mörder meiner Familie verzeihen kann, muss er kommen und mich um Verzeihung bitten. Ich werde niemals zu ihm gehen und sagen:»Okay, ich verzeihe dir.« Er muss zu mir kommen und mir genau sagen, unter welchen Umständen er die Meinen umgebracht hat, und dann werde ich ihm verzeihen.

Adria / *Lebt in Ruanda*
Wenn sie zu mir kommen und mit mir über meine Verwandten sprechen, die sie umgebracht haben, wenn sie mir sagen, wohin sie ihre Leichen geworfen haben, wenn sie mir helfen, diese Leichen dort auszugraben, wohin sie sie geworfen haben, dann können sie mich um Verzeihung bitten. Und ich verzeihe ihnen.

François / *Lebt in Ruanda*
Ich war voller Hass, ein unentrinnbares menschliches Gefühl, ein Gefühl, dem du als Mensch nicht entkommen kannst. Wenn jemand dir etwas antut, kannst du nicht anders, als ihn zu hassen. Ich bin kein Heiliger, ich bin ein Mensch wie jeder andere. Wenn jemand dir etwas antut, hasst du ihn. Ich kann nicht sagen, dass ich sie mag, es gibt noch einige, die ich nicht mag, ich mag sie heute noch immer nicht. Der, den ich achte, ist der, der mich um Verzeihung gebeten hat, die anderen mag ich noch immer nicht, weil ich Angst vor ihnen habe. Wenn du jemanden nicht magst, hast du Angst vor ihm; wir leben zusammen, weil das Gesetz es verlangt, aber ich habe Angst vor ihm. Und ich glaube, er hat auch Angst vor mir, denn wenn er versucht, mir etwas anzutun, ist da das Gesetz! Diese menschliche Natur ist noch immer da.

Damit ich verzeihen kann, muss jemand kommen und um Verzeihung bitten.

Edison

Jean-Pierre

François

Adria

Renata

Lebt in Rumänien

»Schaut die Zigeuner! Mit denen spielen wir nicht, das sind Zigeuner!«

Porträt / Ich heiße Renata. Ich wohne in Craidorolt. Geboren bin ich aber in Timişoara. Ich kümmere mich zu Hause um die Kinder; zurzeit arbeite ich nicht. Ich hoffe, dass ich eines Tages irgendwo Arbeit finde, ich weiß nicht, wo, aber ich hoffe, also, damit ich auch helfen kann, ein bisschen Geld nach Hause bringe, denn für meinen Mann ist es zu schwer allein. Das ist alles!

Mitgeben / Was ich meinen Kindern mitgebe? Ich gebe ihnen mit, nur ihren Eltern zu gehorchen, weil ihre Eltern nicht wollen können, dass ihnen etwas zustößt. Sie sollen in der Schule gut arbeiten, weil sie mit einer guten Bildung weiter kommen. Aber ohne Bildung enden sie auf der Straße, beim Abschaum oder was weiß ich ... Ohne Schule ist es nicht gut.

Familie / Ich verstehe mich weder mit meiner Mutter noch mit meinen Brüdern, aber mit meiner neuen Familie, meiner Schwiegerfamilie, läuft es sehr gut. Mit ihnen kann ich über alles reden. Wenn ich Probleme habe, gehe ich zu ihnen. __ Wie könnte ich nach Timişoara fahren? Und was würde ich dort tun, bei meinen Eltern? Nichts. Ich käme zurück, wie ich gegangen bin. Ich würde für nichts und wieder nichts fahren. __ Ich habe zwei Kinder: Würden sie mich mit zwei Kindern sehen, dann würden sie mich vor die Tür setzen. Meine Eltern sind böse, sehr, sehr böse. Kannst du dir das vorstellen? Ich bin seit 15 Jahren verheiratet, und wir reden fast nicht miteinander. In 15 Jahren habe ich vielleicht zehn Mal mit ihnen geredet. Ich hänge nicht an ihnen, aber meine neuen Eltern liebe ich sehr. Neue Eltern, das kann ich sagen ...!

Verliebt / Ich bin Bobby hier in Craidorolt begegnet. Ich war bei meinen Großeltern zu Besuch. Wir sind uns begegnet; wir haben gespielt wie Kinder: Wir waren zwölf, als wir uns kennengelernt haben. Und aus Kindheit und Spiel ist Liebe erwachsen! Fünf Jahre danach hat er mich gebeten, seine Frau zu werden. __ Meine Eltern wollten nicht. Ich weiß nicht ... sie mochten ihn nicht. Ich habe gesagt, ich würde mit ihm durchbrennen, wenn sie mich nicht meine Wahl treffen ließen, und eines Tages haben wir beschlossen zu gehen, weil sie mich wegen Bobby geschlagen hatten. Meine Mutter war betrunken: Sie hat mich sehr schlimm geschlagen. Da habe ich gesagt, dass ich auf der Stelle gehe, dass mich das hier nichts mehr angeht: »Ihr wollt nicht, dass ich bei ihm bleibe? Ihr wollt mich verletzen?« __ Eine Woche später haben wir geheiratet. Seitdem bin ich glücklich. Der Tag meiner Hochzeit war für mich ein unermessliches Glück, eine sehr große Freude.

Liebe / Wir hängen sehr, sehr aneinander. Sehr! Sehr! Ich habe oft Angst, wir könnten uns trennen. Und nachts, wenn ich schlafen gehe, denke ich dann an jede Menge Unsinn ... Ich frage meinen Mann: »Was würdest du machen, wenn wir getrennt wären? Könnten wir dann noch weiterleben? ... So wie andere weiterleben, die Kinder getrennt, beim einen, beim anderen ...« Und dann weinen wir nachts, wenn wir über solche Dinge reden. Und mein Mann weint. Und ich weine. Ich weiß nicht, wir hängen sehr aneinander.

Armut / Mein Mann arbeitete noch nicht in der Dräxlmaier-Fabrik. Es war sehr schwierig. Wir lebten von Sozialhilfe und dem Kindergeld, das wir für unseren ersten Sohn Bobby bekamen. Wir hatten damals 60 000 Leu (ungefähr zwei Euro) pro Tag. Und ich schäme mich nicht, es zu sagen, wir waren sehr, sehr arm. Wir hatten nicht ein Stück Brot im Haus, nicht ein Stück Brot! Und die Kinder weinten vor Hunger. Wir waren so arm ... __ Auf dem Dorfmarkt haben wir unsere besten Kleider verkauft. Was wir eben hatten, ich kann nicht sagen, dass das gerade Luxuskleider waren, aber sie waren noch in ganz gutem Zustand. Die haben wir für 10 000 bis 15 000 Leu pro Stück verkauft, und davon konnten wir Brot kaufen. Diese Zeit war sehr, sehr schwierig. Kannst du dir das vorstellen? Wir gruben Felder um, und wenn wir nach Hause kamen, kauften wir ein Brot, eine Packung Zigaretten, Öl und zwei oder drei Kilo Kartoffeln, und das war's! Mehr Geld gab es nicht! Und jeden Tag war es dasselbe. __ Und oft gab es keine Arbeitsstelle, denn hier im Dorf gibt es nicht viel Arbeit ... Anderswo schon, aber hier kann man verhungern. __ Und ich danke Gott, dass er mich so weit hat kommen lassen. Ich kann nicht sagen, dass wir reich sind, auch jetzt nicht, aber wir leben nicht mehr so wie früher. Wir haben jeden Tag zu essen, und dafür danke ich Gott.

Geld / Bobby verdient fünf Millionen im Monat (ungefähr 200 Euro). Und die fünf Millionen reichen nicht, um davon die Schulden zu bezahlen. Es ist eine sehr kleine Summe, sehr wenig. Und wenn sein Lohn ausbezahlt wird, geben wir ihn der Firma, um unsere Schulden zu bezahlen. __ Mein Kleiner braucht jeden Abend Milch. Ich kaufe sie, aber sie kostet 150 000 Leu pro Liter. Ich gebe also jeden Monat zwei Millionen Leu allein für die Milch aus, und mein Mann verdient gerade fünf Millionen! Was kann ich schon tun? Praktisch nichts. Vor allem keine Schuhe für sie kaufen oder eine Hose oder ein T-Shirt oder ich weiß nicht was ... Ich weiß nicht ... Das Geld reicht nicht: Fünf Millionen, das ist sehr, sehr wenig. Das Geld ist nichts wert.

Sinn des Lebens / Der Sinn meines Lebens? Was soll ich dazu sagen? Ich bin alles geworden, was ich in diesem Leben wollte, alles, was ich mir gewünscht habe. Nur dass ich nicht reich bin. Mein Reichtum ist jetzt die Liebe, ich bin reich an Liebe. Ich habe eine große Familie, ich hänge sehr an meinen Kindern und an meinem Mann. Es ist meine Liebe, meine Familie.

Freude / Vor allem morgens, sonntags oder samstags, wenn Bobby nicht arbeitet, dann wachen wir auf, und der Kleine wacht lachend auf. Der kleine Nicolas, er kommt zu Bobby, er gibt ihm einen Klaps, Bobby wacht auf; er wirft ein Kissen auf uns und so geht es ... Wir spielen den ganzen Tag: Wir wachen auf, wir frühstücken, wir gehen raus oder wir fahren nach Crasna zum Baden. Wir gehen baden, und das ist sehr schön, wenn man nicht zu große Probleme hat. Es ist selten, dass wir sehr gut gelaunt sind, aber für die Kinder versuchen wir, unsere Probleme nicht allzu offen herzuzeigen, damit sie nicht auch verletzt werden. Es reicht schon, dass wir Eltern verletzt sind.

Angst / Wovor ich Angst habe? Dass meinen Kindern etwas zustößt. Davor habe ich immer Angst. Sogar nachts, wenn ich aufwache, habe ich Angst, es könnte eine schwere Überschwemmung geben, und dann habe ich große Angst, weil sie nicht schwimmen können. Meine größte Angst ist, dass meinen Kindern etwas zustößt.

Diskriminierung / Ja, als ich klein war, damals gab es Rassismus. Wir spielten vor dem Wohnblock, und die Kinder, die keine Zigeuner waren, sagten zu mir und meinen Brüdern: »Schaut die Zigeunerin! Mit denen spielen wir nicht, das sind Zigeuner!« __ Und ich weiß nicht ... wir haben uns abgesondert. Noch heute, wenn ich mit Leuten wo hingehe, fühle ich mich als Zigeunerin. Ich weiß nicht, wie ich das sagen soll, als diese Kinder das zu mir gesagt haben, haben sie es mir in den Kopf gehämmert, dass ich Zigeunerin bin, dass niemand auf mich achten oder mit mir irgendwo hingehen würde. Ich war ein Kind wie sie, und ich habe darunter sehr gelitten, weil sie mich als Zigeunerin beschimpft haben, obwohl ich doch ein ganz sauberes Kind war: normal angezogen wie sie ... Nur mein Gesicht war ein bisschen dunkel.

Zukunft der Welt / Ich weiß nicht, wie die Welt in 20 Jahren aussehen wird. Das weiß ich nicht. Ich kann das nicht vorhersagen. Ich hoffe, es wird besser sein als jetzt. Ich hoffe, es wird zivilisierter sein. Heute ist es auch zivilisiert, aber ich mag es nicht, so wie es ist. __ Sagen wir, ich bin Zigeunerin, so ist es. Eine Rumänin kommt und sagt: »Schau! Eine Zigeunerin!« Ich mag das nicht, denn ich bin auch ein Mensch wie eine Rumänin, wie eine Ungarin. Ich bin ein Mensch ... Ich bin Zigeunerin, aber ich bin eine saubere Zigeunerin! Ich mag die Sauberkeit ... __ Ich hätte gerne ein gutes Leben, aber wir können uns das nicht leisten. Denn wenn wir es uns leisten könnten, könnte ich auch sagen: »Schaut, wer ich auch bin: eine Dame!« Aber nein, wir sind eben so: Wir sind auf der Leiter ganz unten geblieben.

Hannah

Lilu

Yeter

HATTEN SIE SCHON EINMAL UNTER DISKRIMINIERUNG ZU LEIDEN?

Hannah / *Lebt in Südafrika*

Die Schwarzen sind eine andere Rasse. Sie haben andere Werte, sie haben andere Träume und Ziele, sie möchten nach ganz oben, aber sie haben noch nicht die Mittel dazu. Ich glaube, Bildung und Studium würden helfen. Aber dass sie wirklich ein Land ordentlich regieren könnten, ich weiß nicht, denn wenn ich den Rest von Afrika anschaue, da kann keiner von ihnen ein Land ordentlich regieren. Immer gibt es Kämpfe, Auseinandersetzungen und lauter unerfreuliche Vorkommnisse. Also ich weiß nicht, ich habe keine wirkliche Hoffnung, dass die Schwarzen schaffen, das Land zu regieren.

Lilu / *Lebt in Nepal*

Erst mit elf bin ich zur Schule gegangen. Ich musste zwei Stunden nach Bahun Danda laufen, einem Dorf der Brahmanen (einer Kaste). In meinem Gurung-Dorf (ein nepalesisches Volk) gab es keine Schule. Manchmal luden mich Freundinnen in Bahun Danda zu sich nach Hause ein, und ich kam mit. Aber zu den Mahlzeiten musste ich ganz allein unten sitzen, weil ich eine Gurung war. Sie waren alle oben in der Küche, und mich hatten sie ganz allein unten im Haus hingesetzt. Bei uns Gurung waschen Gäste nicht ab, das tun wir. Aber im Haus der Brahmanen musste ich meinen Teller selbst abwaschen. Ich verstehe das nicht! Ich schlief bei ihrer Tochter, ich lernte mit ihr in der Schule, ich aß Kekse mit ihr, wir hatten dieselben Einstellungen, aber wenn ich zu ihnen nach Hause kam, ließen sie mich immer irgendwo weit weg sitzen.

Yeter / *Lebt in der Türkei*

Meine Familie war vom Schwarzen Meer, also sehr nationalistisch eingestellt. Ihr Blick auf die Rassen der Welt war ... na ja. Zum Beispiel merke ich mit dem Abstand, den ich heute habe, dass meine Familie die Kurden nicht positiv zu sehen vermag, dass sie sie nicht als Menschen sieht. Eine Familie, die sich nie festlegt, wenn es um die Rechte der Kurden geht, oder darum, ob sie nun Hilfe brauchen oder nicht. Eine Familie, die den türkischen Nationalismus befördern will. Ich habe begriffen, dass sie das an mich weitergegeben hatten, als ich hierher kam und anfing, die Dinge zu hinterfragen.

Wir hatten dieselben Einstellungen, aber wenn ich zu ihnen nach Hause kam, ließen sie mich immer irgendwo weit weg sitzen.

Rina / *Lebt in Südafrika*
Wenn wir an den Strand gingen – an die größten Strände –, waren da keine Schwarzen. Und wenn ich meine Mutter fragte, wo die Schwarzen sind, dann sagte sie: »Die haben ihre eigenen Strände, sie wollen nicht bei uns sein.« Wir wurden so erzogen, in der Überzeugung, dass sie nicht bei uns leben wollten. Und, das lässt mich heute geradezu erstarren, die Schwarzen galten auch als Menschen ohne Intelligenz. Wenn man also mit einem Schwarzen sprach, dann sprach man langsam, weil man meinte, er wäre nicht intelligent. Als wir klein waren, hieß es, die Schwarzen hätten kein Interesse an der Bildung, sie wären nur eine niedere Bevölkerungsklasse. Sie interessierten sich nicht für das, wofür wir uns interessierten, so wurden wir erzogen.

Florentino / *Lebt in Kuba*
Ich erinnere mich, dass die, die meine Schwiegermutter war, mir einmal in allem Ernst sagte: »Florentino, ich hatte etwas gegen Sie, weil Sie Schwarzer sind, aber das Problem war nur, dass ich Sie nicht kannte, denn das Einzige, das Sie von einem Schwarzen haben, ist die Hautfarbe.« Da sagte ich ihr: »Braucht man denn, um Schwarzer zu sein, etwas anderes als die Hautfarbe?« – »Nein, weil Sie wie ein Weißer reden!«, antwortete sie. »Nein, Señora, ich rede nicht wie ein Weißer, ich rede, wie ich rede. Ich habe bis zu Ende studiert, und meines Wissens, es sei denn, man hätte mich belogen, geht es beim Weiß- oder Schwarzsein nur um die Farbe der Haut.« Da

blieb ihr der Mund offen stehen ... Unsere Ehe hat keine zwei Tage gehalten, sondern 18 Jahre, also haben sie sich irgendwann ein bisschen daran gewöhnt.

Pachaiamma / *Lebt in Südindien*
Man kann die Welt nicht verändern! Seit Urzeiten, seit der Zeit der Könige, wird dieses Kastensystem von Generation zu Generation weitergetragen. Wenn ein Vater an einem Ort arbeitet und sein Sohn will studieren und aus seinem Umfeld ausbrechen, dann würde ihn niemand in seiner Umgebung lassen. Die Leute würden ihm sagen: »Dein Vater hat diese Arbeit getan, und du tust dieselbe!« Es gibt also keinen Fortschritt; das geht fast von Natur aus so, und niemand kann am Lauf der Dinge etwas verändern oder verbessern.

Chafiqa / *Lebt in Afghanistan*
Wenn Mädchen und Jungen klein sind, sagen ihnen ihre Eltern, dass sie nicht gleich sind. Und leider sagen das auch die Mütter, vor allem die ungebildeten Frauen. Unsere Gesellschaft wird von den Männern kontrolliert, die Mütter wünschen sich also Jungen. Und da die Jungen beim Heranwachsen bevorzugt werden, fühlen sie sich von Natur aus über die Mädchen erhaben. Die Mädchen arbeiten immer nur im Haus, aber die Jungen können draußen arbeiten gehen, Geschäfte machen, Schafe verkaufen ... und so können sie Geld verdienen. Deswegen wünschen die Mütter sich Jungen.

Rina

Florentino

Chafiqa

Pachaiamma

Isabelle

Amine Bouzarine

Rahmatou

Cecilia

Rahmatou / *Lebt in Mali*
In unserem Milieu wird die Frau nicht diskriminiert, sie ist die Herrin. Sie entscheidet. Wir hatten sogar schon Frauen als Dorfchefin, geistige Führerinnen, Kriegsanführerinnen, Ratsfrauen ... Wenn eine Frau durch ihre Tüchtigkeit auffällt, wird sie respektiert.

Isabelle / *Lebt in Frankreich*
Als ich jünger war, sagte ich mir: »Der Feminismus ist ein Kampf meiner Eltern.« Das stimmt nicht! Noch heute gibt es, wenn man unsere Regierung anschaut, die Leute an der Spitze des Staates, fast nur Männer bei den Abgeordneten, in den Ministerien, ganz zu schweigen bei den Ministern. Wir haben da fast nur Männer! Stellen wir uns doch mal das Gegenteil vor. Stellen wir uns vor, der Präsident wäre eine Frau, der Premierminister wäre eine Frau, der Innenminister wäre eine Frau, der Wirtschafts- und Finanzminister wäre eine Frau ... Da würden die Franzosen sagen: »Was ist denn da los? Die Frauen nehmen uns in Geiselhaft!« Dabei schockiert es uns nicht, wenn die Männer dasselbe machen. Das beweist doch, dass wir meilenweit von der Gleichheit zwischen Männern und Frauen entfernt sind.

Amine Bouzarine / *Lebt in Algerien*
Die Lage der Frau in Algerien hat sich sehr verbessert. Vor ein paar Jahren war es noch wie im Mittelalter: Man fragte sich, ob diese Frauen Menschen waren oder Dämonen, Gegenstände oder ich weiß nicht was. Die Frau durfte weder reden noch ausgehen; sie durfte ganz einfach nichts. Sie kannte diesen Ausdruck in- und auswendig: »darf nicht«. Und sie respektierte diesen Zustand. Aber heute beginnt sie, sich für die Gesellschaft zu öffnen, sich für die Außenwelt zu öffnen, zu sehen, zu sprechen, sich auszudrücken, Verantwortung zu übernehmen. Das finde ich super!

Cecilia / *Lebt in Texas, USA*
Als ich in Venezuela meinen Abschluss als Ingenieur in der Tasche hatte, suchte ich Arbeit. Ich antwortete also auf eine Stellenanzeige. Ich entsprach dem gesuchten Profil. Und als ich meine Bewerbung hinbrachte, sagten sie mir, sie suchten keine Frau, sondern einen Ingenieur. Ich antwortete: »Ich bin Ingenieur!« »Aber du bist eine Frau! Wir suchen keine Frau!« Diese Situation war sehr schwer zu ertragen. Trotzdem habe ich Arbeit gefunden in einer Branche, die zu hundert Prozent von Männern beherrscht wird. Und zwar in der Erdölindustrie. Tja, es gibt alles!

> In unserem Milieu wird die Frau nicht diskriminiert, sie ist die Herrin.

Abdel Aziz / *Lebt in Frankreich*
Einmal bin ich zu einem Arbeitgeber gegangen – das ist wirklich so passiert! Also ich gehe zu ihm, ich stelle mein

Auto ab und gehe in die Fabrik rein. Alle sagten mir: »Die suchen händeringend Leute in der Fabrik da unten.« Ich war 23. Ich gehe also hin. Ich komme an, ich treffe den Typen, ich war ordentlich angezogen: »Guten Tag, Monsieur.« – »Ja, guten Tag.« – »Ich wollte fragen, ob Sie jemanden zum Arbeiten suchen.« – »Sie kommen genau richtig, wir suchen gerade jemanden! Haben Sie einen Lebenslauf?« – »Ja, ja, ich gehe ihn holen, er ist in meinem Auto.« Ich laufe zum Auto, hole den Lebenslauf. Er nimmt ihn. Er liest meinen Namen. Ich heiße Abdel Aziz. Er liest meinen Namen und sagt: »Ja, also, ich rufe Sie dann an. Da steht ja Ihre Telefonnummer. Es müsste klargehen, wenn die Arbeit kommt ...« Schon kapiert, oder. Er hat mich nie zurückgerufen. Ich weiß, hätte ich einen französischen Namen gehabt, hätte ich sofort anfangen können. Wie er mich so ansah, meinte er wohl, »das passt«, aber als er meinen Namen gelesen hatte, dachte er »das passt nicht mehr«.

Bora / *Lebt in Kambodscha*
Früher verachteten mich viele Menschen, weil sie mich sehr dunkelhäutig fanden, nicht hübsch und zu klein. Keiner mochte mich, sie sagten, ich sei niemand Ordentliches. Zu Beginn meines Universitätsstudiums mochte mich keiner, denn ich hatte ihnen erzählt, dass ich als Kind auf der Mülldeponie Plastik und Eisen sammelte. Keiner wollte mit mir reden, und sie sagten, so eine Arbeit wäre eklig. Sobald ich jemandem davon erzählte, ging er mir aus dem Weg. Ich war unglücklich, ich wollte mich um-

bringen. Ich fragte mich, warum ich so anders geboren war, warum, sobald ich mit den anderen sprach, keiner mir antworten wollte. Sie sagten, ich sei arm, und sie wollten nichts mehr mit mir zu tun haben.

Jean-Marc / *Lebt in Frankreich*
Ganz viele Leute schauen dich nicht an, wenn sie auf der Straße vorbeigehen, weil sie nicht daran denken wollen, dass sie eines Tages auch so enden könnten. Verstehst du? »Einen Penner schaut man nicht an.« Oder, wenn sie dich sehen, schauen sie weg. »Ich habe ihn nicht gesehen. Ich gehe vorbei.« Sie sind verunsichert. Sie möchten dir schon helfen, aber sie sagen sich: »Ist das auch gut? Bringe ich ihm damit etwas? Nein! Ich halte ihn nur dazu an, so zu bleiben!« Möchtest du geben? Dann gib. Möchtest du nicht geben? Dann lächle! Aber geh nicht vorbei, ohne hinzuschauen! Am härtesten ist die Gleichgültigkeit, die Leute, die vorbeigehen und dich nicht sehen wollen.

Mohamed / *Lebt in Frankreich*
Meine Fresse unterscheidet mich von den anderen: Ich bin ein bisschen braun, ein bisschen dunkelhäutig, ich schiele ziemlich stark, ich habe eine gebrochene Nase, ich habe Zähne, bei denen man nicht weiß, ob das wirklich Zähne sind ... Schon seit meiner frühesten Kindheit schauen mich die Leute so an, völlig verdutzt, verstehen Sie? Und dann ist das auch eine Art und Weise, aufs Leben zuzugehen. Ich verweigere mich der Monotonie!

Jean-Marc

Bora

Abdel Aziz

Mohamed

Stéphanie

Roberto

Carmen

Carmen / *Lebt in Spanien*

Für mich ist Diskriminierung Scheiße! Ich hatte damit nämlich echt zu kämpfen, als ich klein war. Meine Eltern sind ein bisschen anders, ästhetisch gesehen. Mein Vater ist Tätowierer, meine Mutter macht Piercings. Sie kleiden sich anders, weil sie sehr *heavy* sind, und ich bin daraus eher als Gothic rausgekommen, düster. Also, als Dreizehnjährige in Jerez, ein Dorf bei Cádi ... da kam ich nicht wirklich gut an! Die Leute sagten, ich wäre eine Hexe, man redete nur schlecht über mich. Weil die Leute hier sehr verschlossen sind. Das ist etwas, was wir uns alle bewusst machen sollten, wir sollten offener werden, die Leute nicht nach ihrem Äußeren beurteilen. Denn wenn du cinen Mann in Anzug und Krawatte siehst mit seinem Aktenkoffer auf dcm Weg zur Arbeit, dann kann er ein größeres Arschloch sein als einer, der ein Stachelhalsband trägt oder lange schwarze Fingernägel hat.

Stéphanie / *Lebt in Israel*

Als ich noch in Frankreich lebte, wurde ich nie diskriminiert. Ich wurde nie auf der Straße nach meinen Papieren gefragt oder so. Aber mir ist klar, wäre ich ein bisschen dunkelhäutig, wäre ich zum Beispiel ein dunkelhäutiger Mann und würde in bestimmten Stadtvierteln wohnen, dann würde ich nicht gleich behandelt. Leider muss ich sagen, dass ich das erlebe, seit ich hier bin, und das ist für mich ein bisschen tragisch. Ich mag Israel, ich bin froh, hier zu leben, ich wollte hierherziehen, aber es stimmt, leicht ist es nicht. Das heißt, hier musst du wirklich deine Identität runtersagen: Alter, ob du verheiratet bist oder nicht, woher du kommst, deine Staatsangehörigkeit. Wenn ich erzähle, dass mein Vater Jude ist und meine Mutter nicht, dann glotzen sie mich mit großen Augen an. Das verstehen sie nicht! »Echt! Du bist keine Jüdin! Was tust du dann hier?«

Roberto / *Lebt in Kuba*

Ich habe einen Freund, der Schwarzer ist, und jedes Mal, wenn wir durch die Calle Obispo laufen, kommt die Polizei und fragt ihn nach seinem Ausweis, bloß weil er Schwarzer ist. Hier in Kuba, in der Calle Obispo. Und ich halte den Polizisten dann auch meinen Ausweis hin, und sie sagen mir: »Nein, nicht du! Bloß er.« Aber warum nur? Wir sind zusammen, wir kommen gerade von

Wenn du einen Mann in Anzug und Krawatte siehst mit seinem Aktenkoffer auf dem Weg zur Arbeit, dann kann er ein größeres Arschloch sein als einer, der ein Stachelhalsband trägt.

der Arbeit! Natürlich sagen sie dir nicht, dass es ist, weil er Schwarzer ist, aber da das viermal am Tag vorkommt, bei vier verschiedenen Polizisten, an jedem beliebigen Wochentag, muss es doch irgendeinen Grund geben ...

Maxime / *Lebt in den Palästinensischen Autonomiegebieten*
Ich habe einen palästinensischen Pass, einen grünen Pass. Ich sage »grün«, weil wir in Palästina Farbcodes haben. Diesen Code haben uns die Israelis aufgezwungen. Dass ich einen grünen Pass habe, bedeutet, dass ich Araber bin und im Westjordanland wohne. Andere haben blaue Pässe: Das sind die Palästinenser aus Ostjerusalem. Wieder andere haben rote Pässe: Das sind die Palästinenser aus dem Gazastreifen. Das ist wichtig, denn jede Farbe entspricht unterschiedlichen Abstufungen der »Rechtlosigkeit«, nicht von »Rechten«, sondern von »Rechtlosigkeit«. Bestimmte Sachen darf ich nicht tun, aber andere Dinge als Leute mit blauem Pass. Was diese Farben für die israelischen Soldaten bedeuten? Man kann diesen Palästinenser misshandeln, weil er von einer niederen Rasse ist und weil er außerdem noch einen grünen Pass hat. So ähnlich wie in Südafrika: Die Schwarzen waren in 17 Farbstufen eingeteilt, und die Weißen gaben ihnen diesem Code entsprechend unterschiedliche Rechte (besser: Rechtlosigkeiten). Das heißt ganz einfach, dass ich ein Mensch bin, dem man alle seine Rechte genommen hat. Das heißt, dass ich jederzeit umgebracht werden kann, ohne dass meine Familie vor Gericht

gehen und Klage einreichen kann. Ich kann am Checkpoint verprügelt werden, ich kann verhaftet, verhört, bedrängt werden, ich kann denunziert, gedemütigt werden und was weiß ich noch alles ... Das passiert den Leuten hier jeden Tag.

Fatima / *Lebt in Frankreich*
Meine Kinder sind hier geboren. Dank sei Gott! Meine Kinder sind hier geboren, sie haben kein Problem. Sie heißen Daniel, Emmanuel, Isabelle, Catherine, und das ist gut. Sie heißen nicht Fatima wie ich.

Shazia / *Lebt in Ohio, USA*
Vor dem 11. September wurde ich nie diskriminiert. Wenn ich in der Öffentlichkeit meinen Schleier anlegte, lächelten die Leute, grüßten mich und fragten, wie es mir geht. Es war ein sehr freundschaftlicher Umgang, ein bisschen komisch, denn die meisten dieser Menschen wissen nicht, was ein Muslim ist und was es bedeutet, sich zu verschleiern. Nach dem 11. September hat sich dieser Umgang verändert: Es ist feindseliger geworden. Die Leute lächeln nicht mehr. Sie starren mich an oder erschlagen mich mit Blicken, sie machen beim Vorbeigehen hinterhältige Bemerkungen. Und ich muss immer erklären, warum ich so gut Englisch kann. Die Leute bringen das nicht zusammen, dass jemand Schleier trägt und Amerikaner ist.

Mangquina / *Lebt in Südafrika*
Wie die Apartheid sich auf uns ausgewirkt hat? Einmal war ich beim Rugbyspielen, ich war Mannschaftskapitän. Eines Tages waren wir gerade dabei, das

Shazia

Mangquina

Maxime

Fatima

Nely

Ephraim

Jerald

Spiel zu verlieren, und ich rief die Jungs zusammen und sagte ihnen als Kapitän: »Wir müssen das schaffen! Ihr müsst mehr geben, wir müssen besser spielen!« Ich war ziemlich bestimmt. An diesem Tag saßen mein Großvater und mein Vater auf der Tribüne. Nach dem Spiel ging ich quer übers Feld zu ihnen, und plötzlich gab mir mein Großvater eine Ohrfeige. Ich war sprachlos und verstand nicht, was er wollte! Das lag daran, wie er konditioniert worden war: »So redest du nicht mit Weißen, du schreist sie nicht an!« Also, wenn man von den Opfern des Rassismus redet oder vom Kampf dagegen, dann geht es um verschiedene Dinge, und was ich gerade erzählt habe, ist einfach eine andere Form dessen, Opfer des Rassismus zu sein. Die Apartheid wurde 1994 abgeschafft, aber sie lebt weiter, nicht mehr körperlich, sondern geistig. Dieses Einnehmen einer Opferrolle ist ein Bündel, das ich nicht mit mir herumtragen möchte.

Ephraim / *Lebt in den USA*

Ich bin in Äthiopien aufgewachsen, einem Land, in dem man auf die Europäer herabsieht, auf die Weißen. Unsere Leute halten sich für überlegen, und sie meinen, Europäer sind vielleicht deshalb weiß, weil sie Lepra haben. Wir sollen Europäer nicht anfassen, weil wir uns anstecken könnten. Ich bin also mit diesem Gefühl aufgewachsen, den Europäern überlegen zu sein, und als ich nach Amerika kam und es mit Diskriminierung gegen uns zu tun bekam, hat mir das nichts ausgemacht, ich fand das sogar lustig!

Jerald / *Lebt in Kanada*

Ich bin Mischling, und darunter habe ich lange gelitten. »Du bist kein Indianer. Du bist kein Weißer. Du bist zwischen Baum und Rinde.« Ich habe darunter gelitten, weil ich mich weder mit Indianern identifizieren konnte noch mit Weißen. Die Regierung sagte mir, mich gebe es nicht. Das muss erst mal einer schaffen, oder? Und das nur, weil ich Mischling bin! Wenn du so aufwächst, wo ist dann dein Zugehörigkeitsgefühl? Ich gehörte nirgends mehr dazu. Und ich fühle mich noch nicht lange zugehörig, habe mich gerade erst selbst angenommen: Ich bin Hinou, ein Mensch.

Nely / *Lebt in Bolivien*

Ich bin gerne Afro-Bolivianerin. Manchmal habe ich das Gefühl, da, wo ich lebe, eine Art Schönheitsfleck zu sein. Das liebe ich, Schönheitsfleck zu sein! Es ist auch sehr schön, sich anders zu fühlen, wenn man das Gefühl hat, alle Leute sind gleich. Das ist doch süß! Nein, ich bin sehr froh, Schwarze zu sein, ich bereue es kein bisschen, Schwarze zu sein!

Ich bin in Äthiopien aufgewachsen, einem Land, in dem man auf die Europäer herabsieht, auf die Weißen.

Ahlam

Flüchtling aus dem Irak, lebt in Syrien

Ich habe nie in Erwägung gezogen, in den Irak zurückzukehren, weil meine Kinder dort keinerlei Chancen haben.

Porträt / Ich heiße Ahlam, ich bin 42 Jahre alt und komme aus Bagdad.

Erinnerung / Wir waren sieben Kinder, vier Mädchen und drei Jungen. Mein Vater arbeitete mit meiner Mutter auf dem Feld. Wir waren dabei, und wenn Obst von den Bäumen fiel, klaubten wir es auf. Wir brachten das Frühstück und Tee. In den großen Ferien kamen wir nach Hause, wenn es dunkel wurde, aber vorher gingen wir immer in das Schwimmbad und machten einen Kopfsprung. Mein Vater selbst hatte das Bewässerungswasser mit einer dicken Pumpe vom Tigris hergeleitet. Das war herrlich. __ Unsere Eltern kamen mit ins Schwimmbad, und wir tollten da alle zusammen herum. Aber sobald wir wieder angezogen waren, nahmen unsere Eltern wieder ihre Rolle ein.

Kinderträume / Ich habe versucht, den Traum meines Vaters zu verwirklichen: jemand Eigenes zu werden. Er hat mir alles gegeben, was er konnte, obwohl er nur ein einfacher Landwirt war. __ Es war sehr schwer für ein Mädchen, an die Universität zu kommen oder Autofahren zu lernen. Aber mit seiner Hilfe konnte ich Sprachen und Informatik studieren. Er hat mir auch beigebracht, zu meiner Verteidigung eine Waffe zu führen: Auf dem Land konnte man jederzeit von herumirrenden Tieren angegriffen werden. __ Vielleicht habe ich seinen Traum wahr gemacht: nämlich anders zu sein.

Aus der Erziehung gelernt / Ich wurde erzogen wie ein Junge, ich kann Auto fahren, schwimmen, eine Waffe führen, kämpfen ... Ein bisschen, als hätte mein Vater vier Söhne gehabt statt drei ... Er sagte mir immer: »Du bist eine Kämpferin. Ein Mädchen, aber eine Kämpferin. Du bist nicht so wie deine Schwestern ...« __ Ich hatte nie Angst, weder vor einem Vogel noch vor einem anderen Tier. Ich glaube, ich bin eine Abenteurerin. Die Jungen waren immer fort, beim Militärdienst, in der Volksarmee ... und der Junge im Haus war damit ich. __ Ich trug eine Waffe, um das Haus zu bewachen. Zur selben Zeit hielten sich meine Schwestern, die auch als Mädchen erzogen wurden, von den Jungen und den Männern fern; sie lernten zu kochen, zu backen, das Haus sauber zu halten ... __ Ich habe meine Rolle als Hausfrau erst gelernt, als ich verheiratet war.

Schlimmste Erfahrung / Einmal habe ich dem Tod gegenübergestanden, als ich fast ertrunken wäre. Ein zweites Mal hatte ich einen Autounfall. Ein drittes Mal wurde ich während der Arbeit gekidnappt und acht Tage und sieben Nächte gefangen gehalten. __ Jeden Moment, jede Minute, jede Sekunde in diesen acht Tagen habe ich mit dem Tod gelebt. Er wurde gewissermaßen mein Begleiter. Wenn ein Kidnapper kam, um mich zu verhören, oder eine Kugel dicht an meinem Ohr abschoss, um mich einzuschüchtern und meine akustische Wahrnehmung zu verändern, hatte ich nie Angst. __ Angst hatte ich nur vor einem: dass meine kleine Tochter irgendwann erfahren würde, dass ihre Mutter umgebracht worden war. Ich dachte auch an meine alte Mutter. Seit meiner Heirat und dem Tod meines Vaters brauchte sie mich mehr. An diese beiden dachte ich: meine Mutter, der ich immer näher stand, und meine Tochter, die vielleicht würde glauben müssen, dass ich eine Spionin war. __ Damals arbeitete ich für eine Menschenrechtsorganisation. Gott sei Dank konnte ich meinen Kidnappern entkommen. Aber das Schlimmste war für mich, meinen Sohn vor meinen Augen sterben zu sehen und rein gar nichts tun zu können.

Weinen / Ich weine fast jeden Tag, allein, ohne dass meine Kinder und mein Mann davon wissen. Ich habe meinen älteren Sohn verloren, den ich mir zum Freund gemacht hatte. Er war fast genauso groß wie ich; wenn er mich begleitete, dachten alle, er sei 16 und nicht zwölf. __ Ich weine, weil er uns verlassen hat. Ich weiß, der Tod liegt in Gottes Hand, aber der Tote fehlt einem doch. Und in solchen Momenten weint man. Man weint um den, der einem fehlt, den, den man zur Welt gebracht hat, den man erzogen hat, der bei einem herangewachsen ist, den man zu schützen versucht hat, obwohl er als Ältester auch Schlimmes miterlebt hat. __ Er war dabei, als ich entführt wurde, und auch auf meiner Irrfahrt von Bagdad nach Damaskus mit Umwegen über Amman und Ägypten. Er hat die Verantwortung eines Erwachsenen getragen. Ich weine jeden Tag um ihn, manchmal ohne Tränen. __ Früher saß ich oft neben ihm, und wir redeten lange. Sonst habe ich keinen Grund zu weinen. Gar keinen.

Sein Land verlassen / Als ich den Irak verlassen habe, hatte ich keine andere Wahl. __ Ich arbeitete für das irakische Hilfszentrum. Mein Ziel war es, der geschädigten Zivilbevölkerung zu helfen. Aber da ich mit Ärzten und Ingenieuren aus Amerika zu tun hatte, schlossen die Milizen daraus, dass ich als Spionin für die Amerikaner tätig war. Dass ich fließend Englisch spreche und keinen Dolmetscher brauche, bestätigte sie noch in ihrem Verdacht. __ Sie haben mich vor meiner Haustür entführt, eines Morgens früh um acht, als ich zur Arbeit ging. Vier Autos umstellten mich. Zwei bewaffnete Männer kamen auf mich zu, dem ersten konnte ich entkommen, aber nicht dem zweiten. Sie zogen ihre Waffen und schossen mir zwischen die Beine. __ Während meiner Gefangenschaft habe ich sehr gelitten. Folter. Schüsse. Sie behaupteten, sie hätten Abdallah gekidnappt, meinen jüngeren Sohn. Sie spielten mir Tonbänder von Kinderstimmen vor, die nach ihrer Mama heulten, um mich unter Druck zu setzen. __ Als meine Eltern mich zu befreien versuchten, forderten die Kidnapper ein Lösegeld von 50 000 Dollar, außerdem sollte ich mit den Kindern ins Exil gehen. __ Am Tag nach meiner Befreiung hatte ich einen Herzanfall. Sie hatten mir meinen Pass gestohlen, also musste ich einen neuen ausstellen lassen. Dafür und für die ärztliche Behandlung brauchte ich ungefähr zwei Monate. __ Schließlich verließ ich Bagdad am 2. September 2005. Eineinhalb Monate blieb ich in Amman, wo ich nicht leben konnte. Von da ging ich nach Ägypten, wo ich auch keinerlei Kontakte hatte. Damaskus lag mir mehr: Das ist dieselbe Erde, dieselbe Umgebung wie im Irak. Hier sind die Leute sehr umgänglich, sehr viel mehr, als man meint, wenn man nur weiß, wie man sie anpacken muss. __ Vor allem ihre Bescheidenheit zog mich an. Jetzt bin ich seit fast drei Jahren in Syrien, und ich werde nicht mehr weggehen. Sie flehen mich an: »Komm nach Bagdad zurück!« Aber ich antworte ihnen: »Nein, ich bleibe in Syrien.«

Zu Hause sein / Syrien ist mein Zuhause! __ Dieses Land hat uns aufgenommen, meine Kinder und mich. Es hat uns ein eigenes Haus ermöglicht, dort dürfen wir wohnen. Meine Nachbarn, Iraker und Syrer, haben mich bei meiner schwersten Erfahrung unterstützt. __ Als ich meinen Sohn verlor, hätten Sie einmal sehen sollen, all diese Frauen und Männer, die genauso weinten wie ich. Sie rührten kein Essen an, solange ich nicht kam und mit ihnen aß. Für den Morgenkaffee nahmen sie mich mit zu sich nach Hause. Heute sind sie immer noch da, aber per Telefon! __ Wie sie mich grüßen, wenn sie mir auf der Straße begegnen, wie sie sich um meine Kinder sorgen, auf die sie aufpassen, als wären es ihre eigenen ... __ Ja, wirklich, Damaskus ist mein Zuhause.

Zukunft des Landes / Eigentlich habe ich nie in Erwägung gezogen, in den Irak zurückzukehren, weil meine Kinder dort keinerlei Chancen haben. Und ich glaube, das wird nicht besser werden. Das Einzige, was ich tun kann, ist darauf hinzuwirken, dass die Leute sich nützlich machen, dass sie zum Aufbau ihres Landes beitragen, statt es zu zerstören. Aber das Ergebnis meiner Tätigkeit werde ich wohl nie erleben, anders als meine Kinder, die der nächsten Generation angehören. __ Eines Tages, glaube ich, werden Abdallah und Roqaya in den Irak zurückkehren, aber leider ohne mich.

Familie / Die Familie ist Liebe, Vertrautheit und das Gefühl, dass man auch, wenn man weit entfernt voneinander lebt, nicht allein ist. __ Meine Mutter, die 70 Jahre alt ist, kommt mich zwei oder drei Mal im Jahr besuchen. Meine Schwestern rufen mich, sobald ich eine SMS schicke, sofort zurück und fragen mich, was ich brauche, trotz ihrer eigenen Probleme. __ Mein Bruder und mein Neffe besuchen mich, sie bleiben zwei Wochen und vergewissern sich, dass es mir gut geht, dann kehren sie in den Irak zurück. __ Ich fühle mich nie allein. Ich habe immer jemanden von meiner Familie bei mir: Jetzt gerade sind es zwei meiner Brüder und eine meiner Schwestern. Wir besuchen uns, wir verbringen Zeit miteinander. __ Wenn meine Mutter mich bittet, sie in Bagdad zu besuchen, sage ich ihr, dass das unmöglich ist: Sobald ich das Schild an der irakischen Grenze sehe, kehre ich um. Einmal habe ich ein Taxi genommen, um nach Bagdad zu fahren. Aber als ich die Grenze sah, habe ich dem Fahrer gesagt, er solle umkehren. Es war stärker als ich.

Verzeihen / Ja, ich verzeihe meinen Kidnappern. Sofort nach meiner Entführung habe ich ihnen verziehen. Ich kann nicht über die Leute richten. Ich habe ihnen gleich zu Beginn meiner Entführung verziehen, egal, was mich erwartete. __ Es war das erste Mal, dass sie eine Frau in dieser Situation sahen, eine Frau, die so eine Arbeit tat. Mit Ausländern umgehen, sich um sie kümmern, ihnen bei der Fortbewegung im Land helfen … Vor allem, wenn die amerikanischen Truppen sich schuldig machten durch Vergewaltigungen, Morde, Verletzungen oder blinde Zerstörung, durften wir die amerikanische Armee gerichtlich belangen und für die Opfer Entschädigungen einklagen. __ Das war in der irakischen Gesellschaft ganz neu, dass man mit Menschenrechtsorganisationen zusammenarbeitete und die Probleme zwischen irakischen Zivilpersonen und amerikanischen Soldaten behandelte. __ Die meist ungebildete Landbevölkerung war ein Opfer unüberprüfbarer Gerüchte. Jeder, der eine Uniform trug, galt als Feind, und jeder Ausländer auch. Und in diesem Umfeld waren wir zugange. Wenn man so ein Abenteuer auf sich nimmt, muss man etwas aushalten. __ Deshalb habe ich schon in den ersten Minuten meiner Entführung allen verziehen.

Liebe / Mein Mann ist ein Cousin, der zehn Jahre älter ist als ich. Anfangs spielte ich die Kupplerin! Während ich mit meinem Studium beschäftigt war, versuchte ich, eine Frau für ihn zu finden. __ Aber jedes Mal, wenn ich ihm von einem Mädchen erzählte, fand er eine Ausrede: Die eine war zu groß, die andere zu klein … Immer gab es etwas, das nicht passte. __ Eines schönen Tages raffte er sich auf: »Du suchst eine Frau für mich, aber ich liebe dich!« Das brachte mich aus der Fassung. Niemals hätte ich gedacht, dass er sich für mich interessieren könnte, wo ich doch meine Zeit darauf verwendete, für ihn eine Frau zu suchen! So ist das!

Freude / Meine größte Freude ist, bei meinen Kindern zu sein. Sie aufzuziehen. Ich träume davon, Abdallah und Roqaya zu erleben, wenn sie ihren Abschluss machen. Dann habe ich meinen Auftrag erfüllt, und sie können allein weiter.

Gott / Gott lebt. Er zeigt uns den rechten Weg. Es genügt, auf sein eigenes Herz zu hören. __ Gott lebt. Er sieht uns, beobachtet uns, stellt uns auf die Probe. Wenn man standhält, ist man der glücklichste Mensch auf Erden. Wenn man scheitert, kann man nur sich selbst Vorwürfe machen. __ Gott sei Dank ist der Glaube seit frühester Kindheit in unseren Herzen verankert. Wir haben den wahren Islam erlernt, nicht den, von dem heute alle reden. Der Islam ist die Religion der Liebe, die allen gilt, vom Kind bis zum Greis. In jedem Lebensabschnitt leuchtet sie uns. Wenn man diesen Abschnitten folgt, lebt man glücklich. __ Und man ist verbittert, wenn man fragt: »Warum hat Gott mir das angetan und nicht den anderen?« __ Schauen wir nicht auf die, die ein besseres Leben haben, sondern auf die, deren Leben hart ist. In meiner ganz bescheidenen Wohnung habe ich nie das Gefühl, dass Gott ungerecht zu mir ist. So viele Leute leben unter sehr viel schlimmeren Bedingungen! Ich habe Glück: ein Dach, Kinder, eine Familie, einen Mann, mehr will ich nicht.

Krieg / Krieg heißt Zerstörung. __ 25 Jahre meines Lebens habe ich im Krieg verbracht. Bei meiner Geburt war es der Iran-Irak-Krieg, in dem ich einen Großteil meiner Jugend verlor. Obwohl wir in Bagdad weniger zu leiden hatten – außer im ersten Jahr mit den Luftangriffen –, hat sich der Krieg aber doch ausgewirkt. __ Kinder haben keinen Vater mehr. Mütter müssen allein vier, fünf Kinder ernähren, sie rackern bis zu Erschöpfung hinter ihren Nähmaschinen oder auf den Obstplantagen. Man verliert Verwandte, geliebte Menschen, Freunde. Ganze Familien werden zerstört. __ Krieg heißt Zerstörung. Gott hat die Menschen nicht geschaffen, damit sie sich zerstören, sondern damit sie sich lieben. Der Krieg vernichtet die Umwelt, die Gesellschaft, die Seele selbst.

Krieg / **schlimmste Erfahrung** / Als die Amerikaner Bomben auf uns fallen ließen, habe ich Kinder sterben sehen. Da ging ich ein großes Risiko ein. Lange hat es nicht gedauert: bloß 48 Stunden, wenn man in Stunden rechnet. Aber von diesen 48 Stunden lebt man jeden Moment, jede Minute. __ Ich setzte mein Leben aufs Spiel für ganz junge Männer, 18 bis 20 Jahre alt, die vor meinen Augen von diesen Bomben verbrannt und getötet wurden. Wir waren für sie verantwortlich. __ Die Soldaten richteten Feldlager in den Obstplantagen ein. Sie kamen vor allem aus dem Südirak, aus Basra oder Amara. Ihre Familien suchten sie. Am schlimmsten war es, den Eltern den Ausweis ihres Sohnes zu übergeben und die Leiche mit einem einfachen Grabzeichen zu beerdigen.

Krieg / **Diskriminierung** / Ich sehe keine Nachrichten mehr an. __ Ich habe gelernt, nicht zwischen Sunniten und Schiiten zu unterscheiden. Das einzige Mal in meinem Leben, dass mein Vater mich geschlagen hat, war, als ich ihm sagte, ich hätte in der Schule einen Schiiten zum Freund. Er verbot uns, zwischen Sunniten und Schiiten zu unterscheiden. __ Doch der Krieg von heute zerstört nicht Sunniten oder Schiiten, sondern den ganzen Irak. Die junge Generation wächst heran mit der Erfahrung von Gewalt, mit dem Verlust von geliebten Menschen ... Was für eine Gemeinschaft bauen wir denn? Ob Jungen oder Mädchen, alle werden sie gebrandmarkt sein, wenn sie eine Familie gründen. Wie werden sie ihre Kinder erziehen, wenn man sie selbst die Gewalt gelehrt hat? __ Wollte man eine ganze Gesellschaft zerstören, so müsste man einen solchen Konflikt auslösen, einen Konflikt unter Sekten. Dabei verschwindet dieser Gegensatz, sobald man die Landesgrenze überschreitet: Da ist es egal, ob man Sunnit ist oder Schiit. Wenn man einen Exilanten fragt, sagt er:»Ich bin Muslim, Punkt, aus. Ich bin nicht aus dem Irak geflohen, um in Damaskus solche Fragen zu beantworten.«

Botschaft / Ich möchte mich an das irakische Volk wenden:»Ihr seid ein gutes Volk. Ihr habt mich Liebe und Wohlbefinden gelehrt. Hört auf, euch gegenseitig umzubringen. Schaut eure kaputten Straßen an, eure zerstörten Häuser. Wie viele Mühen waren nötig, um sie zu bauen? __ Vergleicht das Leben eurer Söhne mit eurem: Also erzieht eure Kinder, wie ihr erzogen wurdet, in dem Gedanken, dass es weder Schiiten gibt noch Sunniten noch Christen noch Sabier, sondern Menschen, die man als solche behandeln muss. Das ist die Voraussetzung, um die Zukunft vorzubereiten.«

Sabil

Najeeba

Rose

Chirahmad

Fatima

WARUM HABEN SIE IHR LAND VERLASSEN?

Sabil / *Asylbewerber aus dem Kosovo, lebt in Frankreich*
Niemand verlässt sein Land, um das Land eines anderen kennenzulernen. Unglück, Leid und Krieg zwingen ihn dazu. Heute fliehen die Libanesen, die man im Fernsehen sieht, nicht, weil sie das wollen, sondern weil sie gezwungen sind! Glauben Sie mir, wenn ich heute schlafen gehe, träume ich von meinem Land, aber von diesem alten Land: von Titos Jugoslawien. Das war mein Land. Das ist mein Traum, eine Utopie, die nicht mehr wahr werden kann.

Najeeba / *Flüchtling aus dem Irak, lebt in Syrien*
Ich habe den Irak wegen der Katastrophen verlassen, dem Gemetzel, den Überfällen, den Bedrohungen. Du denkst, jemand kann sein Land und seinen Boden einfach so verlassen? Nein ... Aber jetzt haben wir dort nichts mehr zu suchen. Vor allem wir Christen sind bedroht. Ich habe mit eigenen Augen gesehen, wie jemand umgebracht wurde und noch ein anderer mit seinem Auto, und das waren nicht ein oder zwei Menschen ... sondern Tausende. Und vor allem in unserer Gegend um Dora. Warum soll man so weiterleben? Und das ist noch nicht einmal alles, zudem gibt es noch Drohungen. Ich bin eine alte Frau von 70 Jahren, und ich wurde bedroht! Das macht man nicht bei meinem Alter. Der Islam verbietet es. Ich bin eine Frau, die eine Generation erzogen hat. Und sie sind gekommen, vermummt, mit Maschinengewehren, und haben mich bedroht!

Rose / *Asylbewerberin aus dem Kongo, lebt in Frankreich*
Ich bin einfach so gegangen, ohne mich zu fragen: »Was wird dort in Frankreich passieren?« Nein, nein! Als ich fand, dass das Leben meiner Kinder in Gefahr war, bin ich lieber gegangen, denn ich habe mir gesagt, meine Kinder dürfen nicht durchmachen, was ich durchgemacht habe.

Fatima / *Flüchtling aus dem Sudan, lebt im Tschad*
Was uns passiert ist? Im Morgengrauen des ersten Angriffstags Flugzeuge, Laster, Kamele, Pferde ... Als wir angegriffen wurden, haben sie getötet. Sie haben Feuer vom Himmel fallen lassen. Nachts sind wir gelaufen, tags nicht. Wir haben uns zwischen den Männern versteckt. Wegen all diesem *yalla, yalla, yalla* sind wir gegangen. Wir sind gegangen, um den Sudan zu verlassen. Sie haben Leute niedergemetzelt, sie haben die Mädchen genommen, die Alten umgebracht, alle haben sie ins Feuer geworfen.

Chirahmad / *Lebt in Afghanistan*
In Lugar (Afghanistan) wurden am Anfang, als die Revolution begann, unsere Dörfer und Häuser bombardiert, und alles brannte nieder. Wir zogen in andere Dörfer. Nach einiger Zeit, drei oder vier Jahre, hatten wir genug von diesen Sorgen ums Geld und um die Sicherheit, und wir sind nach Pakistan geflohen.

Magdelein / *Lebt in Katar*
Ich habe immer gespürt, dass ich nicht lange an einem Ort bleiben kann. Es wird der Tag kommen, an dem ich von hier werde fliehen müssen. Wohin ich dann wohl gehe? Ich glaube, dieses Gefühl der Unsicherheit, diese Unmöglichkeit, sein Leben zu planen, und sei es nur für die zwei oder drei nächsten Jahre, weil man nie weiß, was passieren kann – das macht uns enorm zu schaffen.

Yaya / *Flüchtling aus dem Sudan, lebt im Tschad*
Dort war Heimat, Eigentum, Besitz, Felder, Gärten ... Dort war eine friedliche, fröhliche Welt. Hier gibt es keine Freude, nichts Schönes, bis auf die Tatsache, noch am Leben zu sein, und dass die Familie da ist mit heiler Haut.

Jalil / *Lebt in Afghanistan*
Ich hatte in Afghanistan große Probleme. Die Taliban haben meinen Vater umgebracht und auch mich verfolgt. Ich konnte dort nicht leben, ich musste mein Land verlassen, im Ausland leben. Frankreich ist das einzige Land, in das ich geflohen bin, aber ich bekam dort keine Aufenthaltsgenehmigung.

Zedjiga / *Asylbewerberin aus Algerien, lebt in Frankreich*
Ich fühle mich hier mehr zu Hause als drüben in Algerien. Weil ein Land, in dem du nicht in Ruhe gelassen wirst, in dem du Probleme hast, in dem die Menschen dich nicht akzeptieren, nicht dein Land ist. Also hatte ich nie das Gefühl, dass es mein Land ist, ich fühle mich hier besser. Hier ist fast schon meine Heimat, obwohl wir noch Probleme haben, wir haben keine Papiere ... Aber hier ist es besser! Wenigstens gibt es hier keine Bedrohungen, nichts davon gibt es hier.

Soupian / *Asylbewerber aus Aserbaidschan, lebt in Frankreich*
Wir leben in der Hoffnung, eines Tages in unsere Heimat zurückkehren zu können, wenn es von der Besatzung befreit ist, von diesem ganzen Elend, das weder unsere Väter leben lässt noch unsere Großväter noch uns noch unsere heranwachsende Generation. Wir sehen keine Zukunft, solange diese Leute uns nicht in Ruhe lassen, in Frieden lassen. Genau. Wir glauben natürlich daran, und wir hoffen sehr, dass das eines Tages wahr wird; dann können wir ins Land unserer Geburt zurückkehren, in unsere Heimat.

Aseeya / *Lebt in Afghanistan*
Als ich ein Kind war, dachte ich immer an Afghanistan, jetzt bin ich wieder dort und will bleiben. Wenn es in Afghanistan Probleme gibt, will ich versuchen, etwas zu verändern, aber verlassen will ich mein Land nicht. Ich bin frei in meinem Land, ich kann sagen: »Ich bin Afghanin.« Ich kann tun, was die anderen Afghanen auch tun. Deshalb will ich bleiben.

Hier gibt es keine Freude, nichts Schönes, bis auf die Tatsache, noch am Leben zu sein ...

Magdelein

Aseeya

Soupian

Zedjiga

Jalil

Yaya

Otto

Asylbewerber aus Kamerun, lebt in Melilla, Spanien

Meine größte Freude war der Tag, an dem ich zum ersten Mal einen Fuß nach Spanien gesetzt habe. Ich war der glücklichste Mensch der Welt.

Porträt / Ich komme aus Kamerun, ich heiße Otto, ich bin 37 Jahre alt.

Kinderträume / Als Kind träumte ich davon, einmal Staatspräsident zu werden.

Von den Eltern gelernt / Meine Eltern haben mir beigebracht, den Menschen zu helfen. Bei uns ist der Zusammenhalt in der Gesellschaft ein Muss, man muss seinem Nächsten helfen, man muss seinen Nächsten lieben und ihm helfen, das ist das Wichtigste.

Familie / Familie ist für mich etwas Wunderbares, etwas Besonderes. Ja, Familie ist etwas Heiliges. __ Ich bin leider Junggeselle, in meinem Alter ist das für einen Afrikaner eine Schande. Das liegt alles an der wirtschaftlichen Lage unserer Länder in Afrika, die jemanden in meinem Alter dazu bringt, nicht verheiratet zu sein.

Träume von heute / Heute ist es mein Traum, eine Familie zu gründen, zu heiraten, meine eigenen Kinder großzuziehen und sie über alles zu lieben.

Schlimmste Erfahrung / Die schlimmste Erfahrung war der Tod meines Vaters. Vor 25 Jahren ist mein Papa an den Folgen eines Verkehrsunfalls gestorben. Wenn ich heute dieses Leben rekapituliere, sage ich mir, wäre er an meiner Seite gewesen, dann wäre es für mich vielleicht nicht so hart gewesen, vielleicht hätte er mir in meinem Kampf geholfen. __ Wenn ich mein Leben heute ansehe, ehrlich, dann fehlt mir mein Vater. Wenn ich die Väter der anderen sehe, frage ich mich oft, wie meiner gewesen wäre.

Sein Land verlassen / Ich habe Kamerun verlassen, weil ich nicht gearbeitet habe, und das nicht etwa, weil ich mich nicht bei mehreren Unternehmen beworben hätte! Ich habe eine Schulausbildung, mit der ich eine Stelle bekommen kann: Ich war bis zur Abschlussklasse in der Oberschule. Also müsste ich zwangsläufig mindestens einen kleinen Job bekommen, aber das war mir nicht vergönnt. 15 Jahre nachdem ich aus der

Schule war, 15 Jahre nachdem ich nicht mehr dort auf der Bank saß, musste ich zwangsläufig woanders schauen gehen. Und heute habe ich meinen Kampf beinahe gewonnen.

Reisebericht / Um Kamerun verlassen zu können, habe ich einen kleinen Job übernommen, der mir an die 200 000 CFA-Franc eingebracht hat, und da habe ich mich auf den Weg gemacht. Erst bin ich nach Nigeria gefahren. Von dort aus bin ich mit dem Auto nach Benin gefahren, danach kam Togo, dann Burkina Faso, Mali, dann Algerien und schließlich Marokko. Und nach Marokko das Land meiner Träume: Spanien. Und das in mehreren Monaten ... __ Insgesamt waren das drei Jahre Opfer, drei Jahre harte Fron. Ich habe die Wüste durchquert, wurde angegriffen ... oh ja, es war hart! Drei Jahre lang habe ich im Wald gewohnt, einfach da, wo der Schlaf mich überkam. Drei sehr schwierige Jahre. Nun ja! __ Sie können sich vorstellen, jemand, der aus dem Äquatorialklima kommt und jetzt plötzlich im Januar in diesem kalten Klima sitzt! Das war sehr, sehr schwierig, aber durch die Kraft Gottes des Allmächtigen, des Allerhöchsten konnte ich diese Herausforderung meistern. __ Im Wald wacht man morgens auf, man hüpft ein bisschen herum, man erzählt sich alles, wir reden von unseren Träumen, von dem, was wir in Europa machen werden, dass wir bereit wären, die Straßen zu fegen, die niederen Jobs zu übernehmen, alles zu tun, um Erfolg zu haben. Denn dort in Europa kann man wenigstens kämpfen. Oh ja! __ Durch die Wüste geht man manchmal zu Fuß, manchmal fährt man auf Wagen ... Und der Wagen war für mich ein reiner Zufall, ich konnte überhaupt nicht sicher sein, ihn zu bekommen. __ Heute bin ich glücklich, das sage ich Ihnen ganz aufrichtig. Es hat Tote gegeben, Leute, die in der Wüste nicht laufen konnten, die wir unter der Erde zurücklassen mussten, mehrere waren es. Und für sie hat ihr Traum dort geendet. Sie hatten einen Traum wie ich, aber sie konnten nicht. Sie konnten nicht.

Glücklich / Ich bin noch nicht glücklich, noch nicht ... Aber ich habe mich in die richtige Umlaufbahn gebracht, um glücklich zu werden, denn ich werde kämpfen. Im Westen kann ich kämpfen, in Afrika geht das nicht. __ Um glücklich zu sein, braucht man zuerst einmal eine gute kleine Arbeit, man muss arbeiten können. So definiere ich mein Glück.

Europa / Europa? Europa stelle ich mir vor wie einen Garten Eden, kennen Sie das? Als Gott die Erde schuf, war der Garten Eden für ihn da oben, das war fast das Paradies, wissen Sie? Mit schönen Bäumen, einem guten Klima, es war angenehm dort, es gab keinen Schmerz. Oh ja! __ Europa ist für mich der Garten Eden! Man kann kämpfen, man hat genug zu essen, man kann arbeiten. Das bedeutet für mich Europa. __ Ich weiß, dass es in Europa Millionen Arbeitslose gibt, vielleicht hätten die auch gerne schöne Jobs, sie säßen gerne in den Büros ... Ich bin heute bereit, die Straßen zu fegen, weil man in Europa selbst fürs Straßenfegen bezahlt wird. Und man wird gut bezahlt, ich kann das! Bei uns gibt es nichts zu tun, und dabei müsste alles gemacht werden. Haben Sie das verstanden? Also.

Freude / Meine größte Freude ist natürlich meine Ankunft hier. Der Tag, an dem ich zum ersten Mal einen Fuß nach Spanien gesetzt habe. Ich war der glücklichste Mensch der Welt, weil ich mir gesagt habe, dass mein Traum endlich wahr wird! Gott steht mir zur Seite, das war meine größte Freude.

Angst / Meine größte Angst ist, dass ich vielleicht nach Afrika zurück muss, ohne meinen Traum verwirklicht zu haben: ohne verheiratet zu sein, ohne ein Haus zu haben, verstehen Sie?

Armut / Es gibt Armut in der Welt, weil die Menschen sie geschaffen haben. Und die erkennen sich darin wieder. Afrika ist kein armer Kontinent. Soweit ich weiß, ist Afrika voller Bodenschätze, die Erde ist sehr, sehr reich. Die Menschen müssten Afrika nur gut regieren. __ Wenn eine Straße gebaut werden soll, wird das Budget bewilligt, aber manchmal wird dieses Geld wer weiß wo vergeudet. Ich hatte genug Zeit, um zu sehen, wie diese kleine Stadt Melilla das macht: Um eine Straße zu bauen, braucht man kein Budget aufzustellen. Der Bürgermeister braucht nur zu beschließen, dass dieses Stück, dieser Abschnitt der Straße nicht in Ordnung ist, und sie wird neu gemacht. Aber bei uns ist das nicht so, da braucht man ein Budget, da muss abgestimmt werden ... Das ist so langwierig!

Feind der Menschheit / Der Feind der Menschheit ist der Mensch, denn der Mensch ist dem Menschen ein Wolf: Der Mensch frisst den Menschen. Oh ja!

Botschaft / Was hat Afrika getan, um all das zu verdienen? Das ist meine Frage.

Ich habe Kamerun verlassen, weil ich keine Arbeit gefunden habe, ... da musste ich mich woanders umschauen. Und heute habe ich meinen Kampf beinahe gewonnen.

Hector

Wilfredo

Claudia

Filomeno

Ben Ali

Hector / *Lebt in Ecuador*
Wir wünschen uns alle einen Ausweg in ein anderes Land, um zu arbeiten, wir Armen wünschen uns alle einen Ausweg zu einem Quell für Arbeit. Es gibt Leute, die sogar anderswo hingehen, wenn sie Arbeit haben, natürlich. Für uns ist es noch schlimmer. Wir leben im Wasser, in den Mangroven, wir haben keine drei Mahlzeiten am Tag. Wir wollen, dass uns jemand helfen kommt. Wenn du mir sagst, geh in ein anderes Land, um Geld zu verdienen, um zu arbeiten, dann gehe ich auf der Stelle hin!

Filomeno / *Lebt in Mexiko*
Wir waren so arm, dass ich immer etwas suchte, um meinen Eltern und meinen Brüdern zu helfen. Die Zeit verging, und ich musste in die USA gehen, bei den Bedingungen, unter denen meine Familie lebte. Gott sei Dank konnte ich dort zwei Arbeitsstellen finden. Ich arbeitete morgens, um 14 oder 15 Uhr war Feierabend. Ich hatte gerade Zeit, mich ein bisschen frisch zu machen, zu duschen, denn dann fing um 17 Uhr die andere Arbeit an, und da war ich um zwei Uhr morgens fertig. Das machte ich alles, weil ich meiner Familie eine bessere Zukunft verschaffen wollte. Damals war ich schon verheiratet, und ich wollte nicht, dass meine Kinder einmal dasselbe tun müssten, was ich damals tat.

Claudia / *Lebt in Bolivien*
Meine Kinder sind nicht da, sie sind in Argentinien. Hier kann man unmöglich leben, also sind sie in ein anderes Land gegangen. Sie rufen mich an, und das ist, als wären sie an meiner Seite, ich erinnere mich an sie, und deshalb weine ich.

Ben Ali / *Algerier, lebt in Frankreich*
Das Schwierigste ist, die Familie zurückzulassen, die Kinder natürlich, aber vor allem die eigenen Eltern. Weil die Eltern gelitten haben, um uns großzuziehen, und wenn man sie hier zurücklässt, weint man, weil sie einem so teuer sind, das ist das Schlimmste.

Wilfredo / *Lebt in Mexiko*
Nie, niemals hatte ich an diese Reise gedacht, als ich jung war. Ich habe fünf Kinder in Honduras. Ich hatte nie vor, mein Land zu verlassen und diesen Ort kennenzulernen. Erst mit 32 Jahren habe ich daran gedacht, und zwar um die Lebensumstände meiner Familie aufzubessern. Ich sah immer viele Leute, die versuchten, über die Grenze zu kommen, und die es schafften, deshalb wollte ich irgendwann auch fort. Mich trieb die Verzweiflung, weil ich meine Familie durchbringen wollte, und so habe ich es geschafft, meine Familie zu verlassen und mein Land.

Wenn du mir sagst, geh in ein anderes Land, um Geld zu verdienen, um zu arbeiten, dann gehe ich auf der Stelle hin!

Yves Clement / *Asylbewerber aus Kamerun, lebt in Melilla, Spanien*
Die größte Herausforderung ist das Durchqueren der Wüste. Das war sehr hart, ich mag gar nicht daran denken! Ich danke dem gütigen Gott, dass ich dahin kommen konnte, wo ich bin. Ich habe in der Wüste viele Freunde verloren. Ich habe Freunde verloren, drei Kameraden aus Nigeria, die umgekommen sind. Nach sieben Tagen Wüste, ohne Wasser, ohne Essen, alleingelassen im Sand, wir mussten 14 Kilometer laufen, ohne Wagen, nichts. Da der gütige Gott die Dinge gut lenkt, sind wir plötzlich einer anderen Gruppe Illegaler begegnet, und sie haben uns geholfen. Wir hatten schon drei Kameraden verloren. Das ist die größte Herausforderung ... nein, ich mag nicht daran denken.

Andres / *Lebt in Mexiko*
Ich war zwischen zwei Eisenbahnwaggons versteckt, mit der ständigen Angst, die Polizei könnte uns schnappen. Wir versuchten, uns zu verstecken, um uns nicht erwischen zu lassen. Aber auf der Strecke hatten wir manchmal Hunger, dann mussten wir absteigen. Da beschlossen wir also manchmal, vom Zug zu steigen; obwohl wir Angst hatten, machten wir es doch. In genau diesen Momenten konnte man scheitern. Ich bin gefallen, und er hat mir den Fuß abgeschnitten. Ich bin unter die Räder des Zugs gefallen, und er hat mir den Fuß abgeschnitten.

Philemon / *Asylbewerber aus Kamerun, lebt in Melilla, Spanien*
Wir mussten nahe der spanischen Grenze im Wald leben. Hin und wieder gingen wir an den Zaun, in der Hoffnung, nach Europa zu kommen. Es war nicht einfach, die marokkanische Polizei nahm uns fest und verprügelte uns, und auch die Guardia civil. Und das war sehr hart, ich habe viel Folter und Bedrohung mitgemacht. Ich habe dreieinhalb Jahre im Wald gelebt, ja dreieinhalb Jahre! Sehr viel verlorene Zeit, aber ich hatte Hoffnung, ich behielt immer die Nerven, weil ich wusste, sonst wäre ich nichts. Ja, sonst war ich wirklich nichts! Ich musste alle denkbaren Anstrengungen auf mich nehmen, um hier reinzukommen.

Evangelina / *Lebt in Mexiko*
Ich weiß nicht, wie ich über die Grenze kommen werde, denn ich habe niemanden, der mich führen kann. Ich wäre gerne so mutig, einen Bus oder ein Taxi zu nehmen und zu sagen: »Bringen Sie mich zur Grenze!« Man sieht viele Leute hinübergehen, ich würde mich unter sie mischen und loslaufen und so mutig sein, furchtlos hinüberzugehen, und möge Gott mich schützen, bis ich nach Los Angeles komme und außer Gefahr bin, denn ich will nicht, dass die Grenzpolizei mich festnimmt, denn ich will nicht in mein Land zurück.

Daouda / *Asylbewerber aus Mali, lebt in Melilla, Spanien*
Meine größte Angst ist die Abschiebung, das ist alles; das ist meine größte Angst. Wenn ich nicht abgeschoben werde, dann werde ich absolut sicher Arbeit finden. Meine größte Angst ist die Abschiebung.

Yves Clement

Evangelina

Andres

Daouda

Philemon

Mirta

Hamlet

Zombra

Martha

Sohari

Zombra / *Asylbewerber aus Burkina Faso, lebt in Melilla, Spanien*
Als ich klein war, war es mein Traum, nach Europa hineinzukommen; ich muss dem gütigen Gott danken. Ich bin hineingekommen, und jetzt ist es an mir ... alles zu tun.

Martha / *Bolivianerin, lebt in Großbritannien*
Mein ältester Sohn konnte nicht studieren, weil wir kein Geld hatten. Die anderen wollten studieren, und ich habe gesagt, dass sie sich einen Beruf suchen müssen, dass sie studieren müssen. Ich musste nach England. Wäre ich nicht nach England hineingekommen, wäre ich nach Spanien gegangen, wenn es nicht Spanien geworden wäre, dann Italien ... Ja, ich musste in eines dieser drei Länder kommen, um zu arbeiten. Ich habe drei Monate lang gelitten. Ich schlief beinahe auf der Straße. Und dann begegnete ich Leuten auf meinem Weg, und so habe ich dieses Haus kennengelernt, nach drei Monaten ohne Arbeit, ohne alles.

Mirta / *Lebt in Buenos Aires, Argentinien*
Paraguay zu verlassen, hat mich sehr traurig gemacht. Ich fragte mich, wie es wohl werden würde, weil alle sagten, dass Argentinien großartig sei. Und ich stellte mir etwas vor, das ganz anders war als Paraguay. Meine Mutter stammt aus einer bescheidenen Familie, und als wir hierherkamen, mussten wir in einer Baracke in einem Slum wohnen. Als ich das alles sah, war das wie ... Ich war ein bisschen enttäuscht, weil das nicht wirklich dem entsprach, was ich mir vorgestellt hatte.

Sohari / *Flüchtling aus Madagaskar, lebt in Frankreich*
Mein Kindertraum war es, wie bei allen, nach Frankreich zu kommen. Für uns war Frankreich das Allerheiligste. Alle wollten nach Frankreich! Jetzt bin ich gut in Frankreich angekommen, aber ich sehe es nicht mehr so wie damals, als ich klein war: ein Frankreich, in dem alles schön ist, alles gut, wo das Leben schön ist. Ich habe festgestellt, dass die Leute, die hier in Frankreich waren, wenn sie in die Heimat zurückkommen, ein falsches Bild von Frankreich zu vermitteln versuchen. Sie arbeiten sehr schwer, und ich merke, wenn sie heimkommen, wenn sie wieder zurückkommen, dann zeigen sie, dass sie im Gold schwimmen, dass das Leben in Frankreich gemütlich ist, dass alles in Ordnung ist. Dabei muss man hier, um als Ausländer durchzukommen, wirklich hart arbeiten! Ferien kann man vergessen, freie Abende kann man vergessen, eigentlich kann man das ganze Leben vergessen!

Hamlet / *Lebt in Moskau, Russland*
Wissen Sie, das Leben ist hart in den Ländern der GUS, der ehemaligen Sowjetunion. Das Leben ist hart! Ich bin hierhergekommen, um zu arbeiten und meine Familie zu unterstützen, natürlich fehlt mir meine Frau, und ich fehle ihr auch! Und die Kinder ... Jedes Mal, wenn ich anrufe, sagt mir meine kleine Tochter: »Papa, komm, Papa, komm!« Bis jetzt ist das alles nicht sehr lustig, aber die Lage da unten muss sich unbedingt stabilisieren, meine Söhne müssen da unten Arbeit finden.

Kader / *Algerier, lebt in Frankreich*
Meine Familie ist dort. Und ich bin hier.
Manchmal ist das schwierig. Manchmal
habe ich schon den ganzen Tag lang geweint, die ganze Nacht, weil meine Eltern
dort sind und ich hier. Seit fast vier Jahren habe ich meine Eltern nicht mehr
gesehen. Zum Beispiel haben zuletzt
mein Bruder und meine Schwester Hochzeit gehalten, und ich war nicht dabei,
ich war nicht da. Das ist das Problem!
Als ich das Video gesehen habe, habe ich
die ganze Nacht geweint.

Marissa / *Philippinerin, lebt in*
Hongkong, China
Ich arbeite seit 16 Jahren in Hongkong,
und alles, was ich verdiene, gebe ich
meiner Familie. Zum Beispiel habe ich
Plastoplan gekauft für den Hausbau, ich
habe es einem Bruder und einer Schwester ermöglicht, an die Uni zu gehen.
Seit über 16 Jahren bin ich hier, und ich
habe nichts für mich gespart. Einmal
wurde mir gekündigt, und ich musste
ohne Geld nach Hause zurückkehren, und
das war, als würde ich sie anbetteln ...
Das war der größte Fehler, den ich je begangen habe! Ich kümmere mich nicht
um mich, ich tue alles für sie!

Camilo / *Lebt in Mexiko*
Ich glaube ja, es hat sich gelohnt. Sie
sehen mein kleines Haus, das habe ich
unter Opfern gebaut, habe es zusammen-
gespart. Das sind die Früchte meiner
Arbeit, was ich mit meinen Fahrten in
die USA geschafft habe. Wäre ich hier
geblieben, dann hätte ich nichts, denn
hier gibt es keine Arbeit. Dies ist keine
Stadt, in der es viel Arbeit gibt.

Pedro / *Lebt in Bolivien*
Zum letzten Mal geweint habe ich vor
fünf Jahren. Ich war in Argentinien, ich
habe gearbeitet, ich kam nicht mehr
nach Hause, ich hatte schon lange nicht
mehr gesehen, wie meine Eltern, wie
meine Mutter aussah ... Und da überkam mich Traurigkeit, ein Gefühl der
Machtlosigkeit, und ich habe geweint,
weißt du? Ich habe geweint! Ich habe
viel geweint, bis ich mir gesagt habe:
»Warum gehe ich nicht nach Hause zurück und bin glücklich?« Und jetzt bin
ich hier, und jetzt bin ich glücklich!

Meine Familie
ist dort. Ich bin
hier. Manchmal ist
das schwierig.
Manchmal habe
ich schon den
ganzen Tag lang
geweint, die ganze
Nacht, weil meine
Eltern dort sind
und ich hier.

Kader

Pedro

Marissa

Camilo

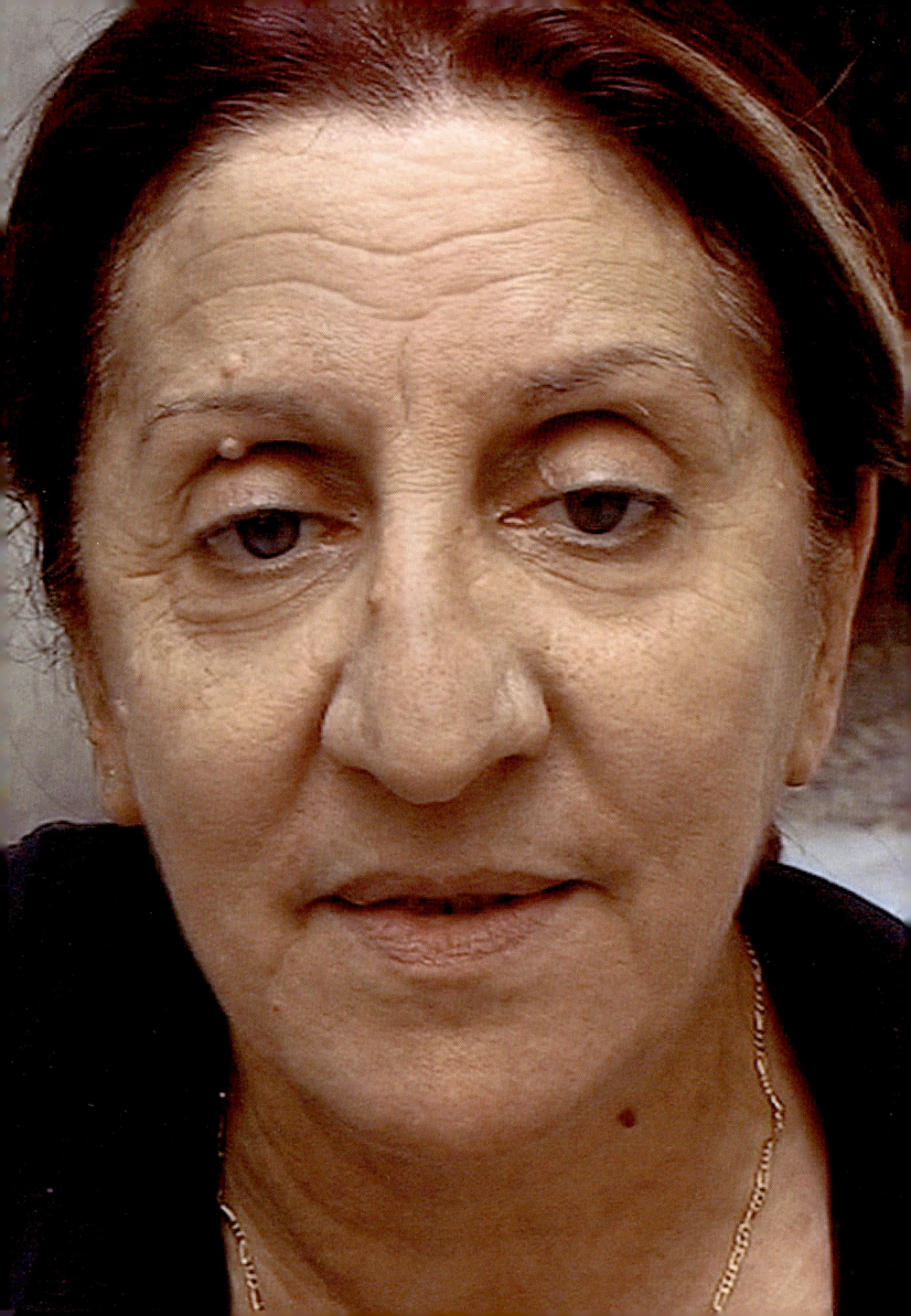

Katiba

Lebt in Algerien

Vor der Unabhängigkeit war ich die Eingeborene, nach der Unabhängig-keit bin ich die Algerierin geworden.

Porträt / Ich bin Katiba, und sehr oft fragen mich die Leute: »Warum heißt du Katiba?« Ganz einfach, weil mein Vater dem Regiment von Salah Eddin El Ayoubi aus der Zeit der Kreuzfahrer eine Ehre erweisen wollte, und so hat er mir diesen Vornamen gegeben, den dann die ALN (Nationale Befreiungsarmee) für ihre Kampfeinheiten übernommen hat. Ich heiße also Katiba, ich bin 55 Jahre alt, ich wohne seit etwa 20 Jahren in Tipasa. Ich stamme aus Algier, aus diesem Viertel ... Stadtteil einer Geschichte, Geschichte eines Stadtteils. Ich stamme aus der Kasbah, vom Kasbah-Hügel, dem sogenannten Bab el Djedid.

Erinnerung / Algerierin zu sein, wenn Sie wüssten, was das bedeutet! Wenn man zuvor schikaniert wurde, wenn man beleidigt wurde, als Kameltreiber beschimpft, als Melonenfresser, als Ratten, wenn man nur im Verhältnis zum anderen existierte – wenn der andere nicht da war, existierte man nicht. Wenn Sie wüssten, wie wir uns fühlten in diesem Juli 1962! Ich weiß, dass ich alte Geschichten aufwärme. Meine Kinder sagen dann immer: »Das kennen wir doch schon.« ... und dann erzählen sie es vor mir. Dann fühle ich mich wie 90! __ Wenn Sie wüssten, wie glücklich ich war als Kind! Erstens wurde für mich 1962 ein Traum wahr: Algerierin zu sein. Mein Vater hatte mir gesagt: »Weißt du, was die Unabhängigkeit bedeutet?« Für mich war die Unabhängigkeit etwas Abstraktes, es bedeutete nichts. Es war ein Übergang zu einer neuen Etappe. Und als mein Vater sagte: »Weißt du, was die Unabhängigkeit bedeutet? Da bekommst du einen Sitz bei der UNO.« Wenn man zwölf oder 13 ist, da ist ein Sitz bei der UNO ... großes Fragezeichen, obwohl wir schon betroffen waren. Aber ein Pass! Von der Unabhängigkeit an werde ich existieren! Das ist meine schönste Erinnerung!

Land / Vor der Unabhängigkeit war ich die Eingeborene, nach der Unabhängigkeit bin ich die Algerierin geworden. __ Vor der Unabhängigkeit lebten wir gemischt mit Juden, Christen ... Respekt vor dem anderen hieß also, ihn so zu nehmen, wie er ist. In diesem alten Kasbah-Viertel gab es nicht nur Algerier, oder Araber, wie es damals hieß, oder

Eingeborene; es gab Juden, es gab Christen ... Alle hatten ihre Feste wie Weihnachten oder *aid Sghir*. Bei uns ist *aid Sghir* das Fest, mit dem in einem Freudentaumel der Fastenmonat Ramadan zu Ende geht! Oder zum Beispiel Jom Kippur bei den Juden ... Und wir luden uns gegenseitig ein, wir teilten unsere Freude.

Schlimmste Erfahrung / Die Ausgangssperre war sehr schlimm, das war sehr hart. __ Ich hätte nie gedacht, dass ich eines Tages in diesem Land, in diesem unabhängigen Algerien, dasselbe noch einmal erleben würde! Ausgangssperre! Dieses Todesschweigen, dieses Schweigen hinter der Tür – das ist grausam! Man hat das Gefühl, in Sicherheit zu sein, aber in Sicherheit wovor? __ Ich habe diese Ausgangssperre erlebt, in der man den Marschschritt der französischen Armee hörte, den Schritt der Soldaten, rrrraak! Spezialeinheiten! Ich dachte, das wäre vorbei, davon würde ich höchstens einmal meinen Enkeln erzählen. Nie hätte ich gedacht, dass meine Kinder erleben würden, was sie mit mir in den letzten zehn Jahren erlebt haben. Ich dachte, das wäre Geschichte. Ich will nichts mehr von einer Ausgangssperre wissen. Eine Ausgangssperre ist das Ende der Welt, das Ende einer Geschichte, das Ende einer Liebe, das Ende eines Lebens, das Ende des Tages, da steht die Tür offen für die Angst, für wache Sinne. Alle Sinne sind wach, man sitzt da und horcht! Das habe ich aus den letzten zehn Jahren gelernt. Nein, nie wieder, *Inschallah*, nie wieder das!

Sein Land verlassen / Oh ja! Ja! Wenn ich wütend bin, gehe ich. Und jedes Mal, wenn ich wütend auf mein Land bin, will ich weg. __ Als ich fortging, sagte ich: »Schluss, es ist aus! Ich komme nicht mehr zurück!« Nach zwei Monaten hatte ich Heimweh, ich war deprimiert, weil ich Algerien mitgenommen hatte. Ich war unerträglich! Ich redete nur noch von Algerien. __ Nach zwei Monaten also holte ich ständig lauter Geschichten über Algerien hervor, dass mir selbst meine Freunde sagten: *»Khlass basta! Schluss jetzt!«* Und da sagte ich mir: »Ich habe es selbst satt, ich muss wieder nach Hause.« Und ich sage Ihnen eins: Schläge stecke ich lieber zu Hause ein als bei den anderen!

Verhältnis Mann – Frau / Das ist ein Kampf, der weit zurückreicht, der Kampf, den meine Großmutter begonnen und meine Mutter weitergeführt hat. Wissen Sie, man meint immer, die algerischen Frauen leben in einem Käfig und die algerischen Männer sind große Machos. Aber ich sage Ihnen eins: Ich habe erlebt, wie meine Großmutter zu Hause das Regiment führte, und meine Mutter hat immer erreicht, was sie wollte! Mein Vater tat immer so, als würde er entscheiden, aber in Wirklichkeit entschied meine Mutter! Das ist diese Raffinesse, diese raffinierte Intelligenz, den Mann dazu zu bringen, zu reden und zu handeln, wie die Frau es will. __ Während des Befreiungskriegs ging ich zur Schule, und viele meiner Onkel sagten meinem Vater: »Was! Ein Mädchen in der Schule!« Aber mein Vater antwortete ihnen: »Wir kämpfen dafür, dass unsere Töchter in die Schule können. Und etwas lernen.« Also diese Grundlage habe ich mitbekommen. __ Ich habe nie den Schleier getragen wie meine Mutter. Das heißt, diesen Käfig, dieses Frauengemach habe ich nicht mit mir herumgetragen, während meine Mutter mit ihrem Schleier den gesamten Innenraum mit herumtrug, Haus und Familie, die damalige Gesellschaft. Ich nicht, und meine Tochter wird das nie mit sich herumtragen müssen. Meine Tochter wird ihrem Nächsten gleich sein, das ergänzt sich, die Frauen kommen vorwärts, sie bringen einen Zugewinn, sie werden mit Algerien machen, was sie wollen.

Zukunft des Landes / Warum sollen wir uns alle ähneln? Das ist doch unmöglich! Ich sage Ihnen mal ein arabisches Sprichwort: *El Kerch Djib Sebagh* oder *Debbagh*, das heißt, dass die Brüder und Schwestern, die im selben Bauch empfangen wurden, einander doch nicht ähneln. Aber sie sind Brüder und Schwestern, sie lieben einander. So möchte ich mein Land haben. Dass Wissen großgeschrieben wird, dass man sich in Zeit und Raum vorwärts denkt, damit die Zukunft angenehmer wird. Ich will nicht, dass es immer grau oder schwarz bleibt, ich will, dass es bunt wird. Ich liebe Farben, ich liebe Blau, Grün, Rot, ich liebe die Farben meiner Flagge, die Farben, die um uns sind! Ich mag die Sonne sehr. Also möchte ich, dass es so wird: eine helle Zukunft, eine bunte, strahlende Zukunft. Obwohl ich weiß, dass das nur ein Traum ist, *maaliche*, egal! Wenn ich träume, wenn ich träumen kann, dann können auch die Kinder träumen und damit weiterkommen. _ Wenn Gott mir ein langes Leben schenkt! Oh, *ya rabbi laaziz*, mein guter Gott, es wäre mein Traum, in 20 Jahren noch da zu sein. Dann ist mein Land ... Dann ist Algerien 60 Jahre alt, eine reife alte Dame, voller Weisheit, Erfahrung, dann kann das Land seinen Kindern vergeben, diesen Kindern, die nicht folgsam waren, dann wird es seine Erfahrung einbringen können, von sich erzählen und erzählen ... Oh, in 20 Jahren ... Ich hoffe, *b'rabbi Inschallah*, du gütiger Gott, dass wir dann gute Menschen sind.

Spruch / Bei uns gibt es ein Sprichwort:»Er hat gelebt und hat nichts besessen; er ist gestorben und hat nichts hinterlassen: *aache ma k'seb mat ma khella*.« Aber ich bin der Meinung, dass jeder von uns etwas zu hinterlassen hat. _ Ich danke Ihnen.

Nsimba Bob

Mina

Frederick

Mariette

WAS BEDEUTET HEIMAT?

Mina / *Lebt im Iran*
Ja, ich mag Shal, mein Heimatdorf!
Wenn ich nach Shal komme, ist das mein
Atem! Meine Heimat ist mein Atem,
ich weiß nicht, ob das für Sie auch so ist?
Dem Menschen ist seine Heimat aus
Zucker.

Frederick / *Lebt in Südindien*
Ich habe mich in Deutschland immer
im Exil gefühlt, ich konnte nie entspan-
nen, ich fühlte mich immer unwohl.
Ehrlich gesagt, konnte ich meinen Mitmenschen dort niemals vertrauen. Als
ich zum ersten Mal mit dem Schiff nach
Indien kam, ist mir eine große Last von
den Schultern gefallen, und ich habe
gespürt, trotz all dieses Durcheinanders,
ich habe einfach gespürt, dass ich an
diesen Ort gehörte. »Heimat« ist dort, wo
man eine Bindung spürt, nicht nur an
die Leute, sondern auch ans Land, und
das von Herzen.

Nsimba Bob / *Flüchtling aus dem Kongo,
lebt in Südafrika*
Zu Hause kann man alles tun; wenn
man woanders ist, ist das schwierig. Zu
Hause kann ich am Tisch essen oder
auf dem Boden essen. Für mich ist das
eine Decke, es ist da, wo ich geboren bin,
wo ich aufgewachsen bin, wo ich über
alles reden kann. Wenn man nicht zu
Hause ist, muss man wissen, wie man
mit den anderen redet.

Mariette / *Lebt in Tschetschenien*
Für mich ist es sehr wichtig, daheim
zu sein, zu Hause zu sein. Ich wohne in
einer Einzimmerwohnung, und wenn
ich heimkomme und die oberen und
die unteren Nachbarn höre, dann setze
ich mich aufs Sofa und merke, dass
ich zu Hause bin. Einerseits bekomme
ich alles mit, was meine Nachbarn für
Probleme haben, wir wohnen in winzi-
gen Wohnungen in einem dieser Blöcke,
die unter Chruschtschow gebaut wurden. Aber andererseits ist es ein solches
Glück, zu wissen, dass die Leute oben
und unten noch am Leben sind! Dass sie
oben heute beim Essen lachen und dass
unten niemand weint. Es ist sehr schön,
das zu wissen. Bei mir zu Hause fühle
ich mich befriedet.

> »Heimat« ist dort, wo man eine Bindung spürt, nicht nur an die Leute, sondern auch ans Land, und das von Herzen.

Jade / *Lebt in den Palästinensischen Autonomiegebieten*

Als ich Palästina verlassen habe, dachte ich, ich würde nie zurückkommen. Ich sagte mir:»Schluss, aus! Hier ist es zu deprimierend. Alles Scheiße!« Ich wollte irgendwohin, um einen Job zu finden, für meine Musik, um viele Möglichkeiten zu haben. Das stellte ich mir vor. Ich hatte meinen Eltern am Flughafen gesagt, wenn sie mich einmal wiedersehen wollten, müssten sie mich in den USA besuchen. Die ersten Monate war ich immer noch so drauf. Aber ein paar Monate später war alles anders. Ich lernte allmählich, meine Heimat zu lieben. Vorher hasste ich Palästina wegen der Zustände dort. Und als ich weg war, habe ich begriffen, wie sehr ich meine Heimat liebte, die Leute um mich herum ... Und deshalb bin ich zurückgekehrt.

Rose / *Asylbewerberin aus dem Kongo, lebt in Frankreich*

Ich weiß nicht, woher ich komme. Das Land, in dem ich geboren bin, hat mir meinen Vater genommen, hat mir viel genommen. Ich weiß nicht, woher ich komme! Aber ich sage mir, ob du aus diesem oder jenem Land kommst, ist nicht das Entscheidende. Entscheidend ist, sich da wohlzufühlen, wo du bist. Bei uns sagte meine Großmutter immer: »Wenn du irgendwo hingehst, wenn jemand dich aufnimmt, fühle dich wie zu Hause.« Wenn ich also irgendwo hingehe, frage ich nicht, aus welchem Land diese Leute kommen. Wenn ich mich bei diesen Leuten wohlfühle, dann sind sie für mich wie Brüder und Schwestern.

Waddah / *Flüchtling aus dem Irak, lebt in Syrien*

Ich fühle mich hier in Syrien wie in meiner Heimat. Als ich den Irak zum ersten Mal verließ, ging ich in die Emirate und kam dann erst nach Syrien, und in den Emiraten hielt es mich kein halbes Jahr. Ich konnte das nicht ertragen. Ich spürte, dass ich dort nicht leben konnte. Und als ich hierherkam, war plötzlich alles sehr einfach. Wenn man ein Taxi nimmt, wenn man einkauft, wenn man mit jemandem redet, fühlt man sich nicht als Ausländer oder als Flüchtling; ich fühle mich, als wäre ich zu Hause. Ich arbeite, ich male, ich habe mit Händlern zu tun. Der Umgang ist hier sehr angenehm, als wäre ich Syrer und kein Ausländer.

Sarah / *Lebt in Tel Aviv, Israel*

Ich habe kein Zuhause, ich habe kein »Heimatland«. Ich bin in Kanada geboren, aber Kanada ist nicht meine Heimat, ich lebe in Israel, aber meine Heimat ist es nicht. Ich versuche, der Erde, auf der ich gehe, treu zu sein, ich glaube nicht an Länder oder an Grenzen.

Als ich weg war, habe ich begriffen, wie sehr ich meine Heimat liebte ... Und deshalb bin ich zurückgekehrt.

Lidya

Ljubisa

Sashi

Lidya / *Lebt in New Orleans, USA*
Ich glaube, es war der Tag, als wir vor einem Monat zum ersten Mal nach Addis Abeba (Äthiopien) kamen. Ich kam nach 26 Jahren zum ersten Mal zurück. Es war ein unglaubliches Gefühl, dort aufzuwachen, dort herumzulaufen und zu merken, wow! Das ist der Ort, von dem ich stamme, von hier komme ich. So viele Leute zu sehen, die sind wie ich, die meine Sprache sprechen, essen, was ich esse. Zum ersten Mal dachte ich mir: »Ich bin wieder an etwas gebunden, ich habe eine Geschichte, eine Kultur, die über mich hinausgeht.« Immerhin bin ich in den USA aufgewachsen, und selbst wenn ich immer mit meiner Kultur in Kontakt war – ich spreche die Sprache, ich höre die Musik –, ist das kein Vergleich zu einer Rückkehr an den Geburtsort, dazu, diese Erfahrung ganz direkt zu machen.

Sashi / *Lebt in New York, USA*
Heimat ist für mich etwas, was ich nur sehr schwer definieren kann: Ich bin in einer Stadt geboren, ich war in einer anderen Stadt in der Schule, in einer dritten Stadt in der Oberschule, in einer vierten an der Universität, und meinen Abschluss habe ich in einer fünften gemacht. Dann habe ich in der ganzen Welt gearbeitet. Auch in New York, der Stadt, in der ich am längsten gelebt habe, bin ich oft umgezogen, zuerst aus Bequemlichkeit, dann auch aus persönlichen Gründen, wegen meiner Scheidung. Ich gehöre zu den Leuten, die die Bedeutung des Wortes »Heimat« verloren haben. »Heimat« war für mich lange dort, wo meine Eltern waren, aber seit ich meinen Vater verloren habe, lebt meine Mutter in einer Stadt, zu der ich keinen Bezug habe, ich habe dort nie irgendetwas getan, das ist ihr Zuhause, aber nicht meines. In Indien habe ich noch ein großes Haus, wo meine Großmutter lebt. Es ist traurig, aber ich bin ein Mann ohne Heimat, meine Heimat ist die Welt.

Ljubisa / *Lebt in Frankreich*
Ich bin in Paris geboren, alles an mir ist französisch: die Bücher, die ich gelesen habe, die Musik, die ich höre ... Und dabei spreche ich fließend serbokroatisch. Meine Eltern haben das an mich weitergegeben, aber das ist wie eine Schenkung: Ich spreche diese Sprache fließend, aber ich habe nicht vermittelt bekommen, was dazugehört, die ganze Geschichte des Landes, die orthodoxe Religion ... nichts wusste ich davon! Also habe ich das alles selbst gesucht. Zum Spaß sagte ich manchmal, ich fühlte mich wie ein Kind von unbekannten Eltern. Nicht zu wissen, was vor mir war, war für mich ein echtes Problem, denn wenn man nicht weiß, woher man kommt, kann man sich nur schwer vorstellen, einmal irgendetwas seinen Kindern mitzugeben. Ich habe dazu das Fotografieren genutzt, das war ein Vorwand, um in die Dörfer zurückzukehren, in denen meine Vorfahren gelebt hatten. Und ich habe alles wiedergefunden. Fotografisch gesehen waren das sehr unfruchtbare Reisen, das war nichts wert, eher eine Nabelschau. Aber ich habe ein Dorf mit all meinen Vorfahren gefunden ... ihre Gräber. Jetzt weiß ich Bescheid.

Mohammed / *Lebt in Deutschland*

Manchmal habe ich eine Identitätskrise. Wer bin ich? Ich bin kein Ägypter, denn wenn ich nach Ägypten komme, sagen sie mir, ich bin zum Europäer geworden: »Du brauchst eine Gabel, ein Messer, du willst einen Aschenbecher ...«, und so weiter. Ich verhalte mich europäisch. Wenn ich nach Deutschland komme, nach Europa, sagen sie mir, ich bin Orientale. Also frage ich mich tief in mir, wer ich bin. Ich bin kein Ägypter, ich bin kein Deutscher ... Das verwirrt mich. Deshalb habe ich beschlossen, zu sein, wie ich bin: Ich bin das Ergebnis all dieser Erfahrungen in den beiden Kulturen. Ich bilde eine Synthese daraus.

Ing / *Lebt in der Schweiz*

Ich kann nicht sagen, was ich bin. Das ist mein Problem. Die Schweizer fragen mich, warum ich nicht die Schweizer Staatsangehörigkeit beantrage, weil ich doch schon so lange hier lebe. Aber warum sollte ich das tun? Ich fühle mich nicht als Schweizerin. Erzogen wurde ich eher niederländisch, meine Muttersprache ist Niederländisch. Andererseits habe ich nie in den Niederlanden gelebt. Ich habe in Indonesien gewohnt und in der Schweiz, also was bin ich nun? Ich fühle mich als Chinesin, weil ich chinesische Vorfahren habe. Deswegen lerne ich Chinesisch, vielleicht fühle ich mich also eher als Chinesin? Andererseits ist es mir peinlich, weil ich ja nicht einmal die Sprache spreche. Vielleicht kommt das übers Blut, wissen Sie, da ist eine Blutsverwandtschaft, vielleicht fühle ich mich deshalb eher als Chinesin denn als Schweizerin, obwohl ich schon sehr lange in der Schweiz lebe.

Geoffrey / *Lebt in Südafrika*

Ein Weißer auf einem schwarzen Kontinent zu sein? Wissen Sie was? Ich bin Afrikaner und noch wichtiger, ich bin Südafrikaner. Ich bin hier geboren, aufgewachsen, ich habe diesem Land sechs Jahre lang gedient. Ich werde nirgendwo anders hingehen, ich komme aus Südafrika, so einfach ist das.

Salwa / *Lebt in Frankreich*

Sagen wir, ich betrachte mich wie ein Haus: Mein Fundament ist marokkanisch, der erste Stock ist marokkanisch, der zweite französisch ... und wir werden sehen, wie einmal die kleine Dachterrasse wird!

Pierre / *Lebt in Frankreich*

Hätte ich nicht dieses Stück Land in der Ardèche, wäre ich im Exil. Ich wäre im Exil, denn obwohl ich kein Franzose bin, bin ich derart europäisiert, dass ich mich nicht mehr als Algerier oder auch nur als Afrikaner fühle. Ich bin eine Mischung aus dem allem. Was ist also meine Heimat? Meine Heimat ist auch dieser ganze soziale Kontext, die Bekanntschaften, die Freundschaften, die Leute und eben dieser Ort. Dieser Ort, der meine Heimat ist, weil ich diese Erde viel bearbeitet habe, ich habe sie geliebt, mit meinem Schweiß befruchtet, mit meiner Arbeit. Sie ist zugleich meine Mutter, meine Geliebte, meine Tochter. Das gehört alles zusammen, und da fühle ich mich zu Hause, und zwar derart, dass ich in dieser Erde begraben sein möchte. Weil ich außerhalb davon im Exil bin.

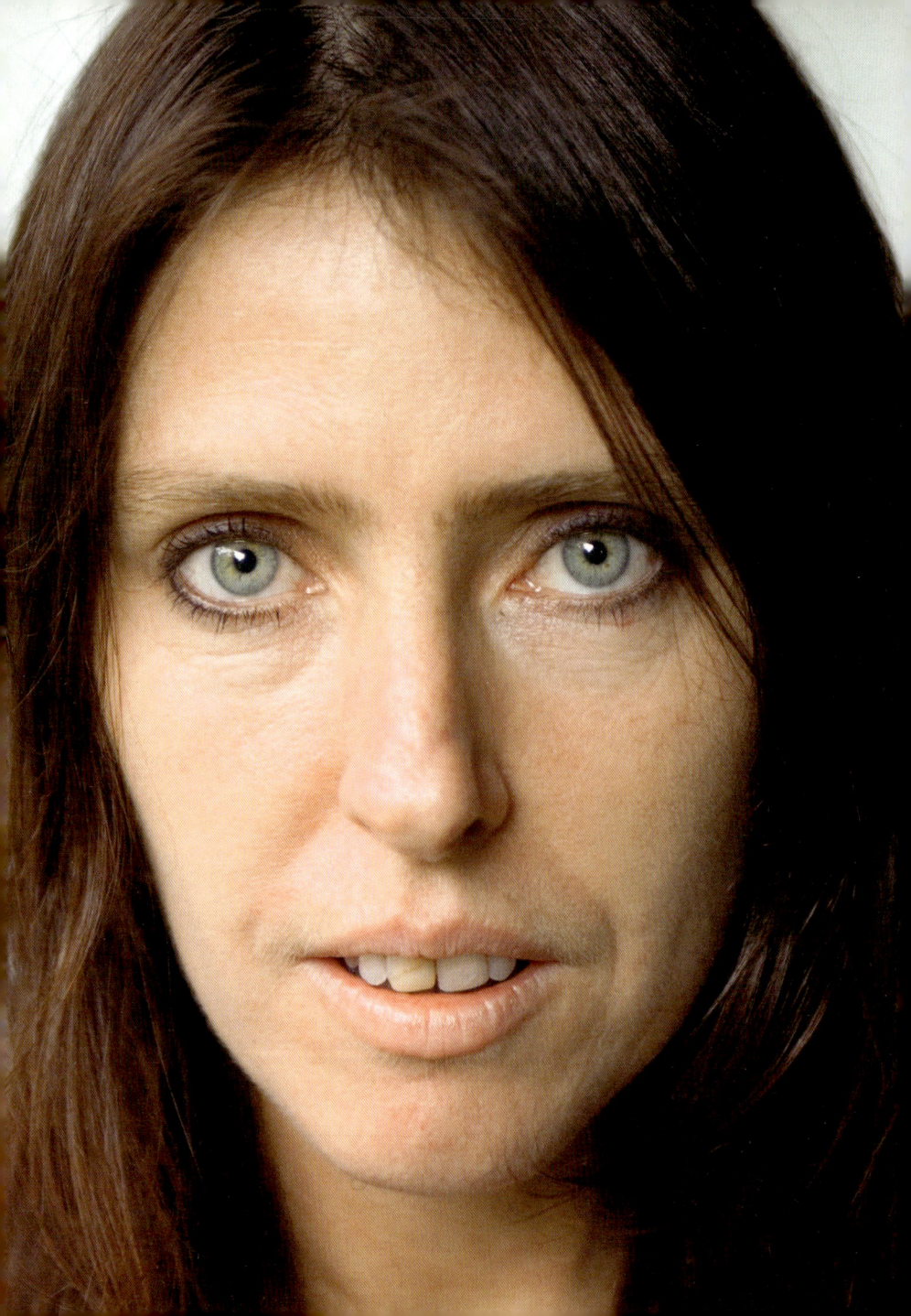

Mary

Lebt in Australien

Die Natur gibt mir mein Leben. Sie stützt und inspiriert mich.

Porträt / Ich heiße Mary Claire – das ist mein vollständiger Vorname. Ich bin am 15. August 1966 geboren, und das ist der Geburtstag meiner Großmutter: Deshalb habe ich ihren Vornamen bekommen. Ich bin bei meiner Großmutter aufgewachsen. Ich bin ein Einzelkind. Meine Eltern sind bei meiner Geburt gestorben, mit gerade 40. __ Jetzt bin ich 40 Jahre alt. Ich wohne hier in den Blue Mountains westlich von Sydney. Es ist sehr schön hier, zugleich ein angenehmes Klima, ein internationales kulturelles Erbe, Nationalparks. Ich fühle mich sehr privilegiert, hier zu wohnen. __ Ich bin Single; ich habe eine Tochter, Christina, die fast 15 Jahre alt ist.

Beruf / Ich habe gerade an der Universität von Western City einen Abschluss in Umweltschutz und -management gemacht. Eine Stelle habe ich noch nicht gefunden, aber ich habe ehrenamtlich in der Buschpflege gearbeitet, habe mich um die Natur vor Ort gekümmert und besonders um die Pflanzen. Ich suche Arbeit im Bereich Landschaftssanierung. __ In Australien schreitet die Abholzung sehr schnell voran. Es gibt inzwischen viele Gebiete, die darunter leiden. Deshalb sind solche Sanierungsprojekte – also fruchtbare Böden zu finden, Wasser und Lebensräume für die Tiere – mein Ziel.

Kinderträume / Ich wollte schon lange für die Natur arbeiten, für die Pflanzen und die Bäume. Schon als Kind habe ich das gemacht oder als Jugendliche: Da war diese Schule an der Landstraße, und ich pflanzte Bäume, wenn keiner mich sah. Ich war schon immer auf dieser Suche, die im Neupflanzen von Bäumen besteht.

Mitgeben / Ich möchte, dass meine Tochter an ihre Fähigkeiten glaubt, dass sie versucht, so gut zu leben, wie sie kann, dass sie eine Gelegenheit erkennen kann, dass sie in vollen Zügen lebt und einfühlsam ist. Es geht um das Bewusstsein für die anderen, um den Sinn für Gleichberechtigung. Ich habe das von meiner Großmutter gelernt, das heißt von meinen beiden Großmüttern: gleichberechtigt zu sein mit den anderen, mit dem Müllmann, der den Abfall wegschafft, genauso wie mit dem Bürgermeister. So bin ich aufgewachsen, mit einer Großmutter, die das auslebte. Sie ging mit allen respektvoll um. Dieses Prinzip möchte ich meiner Tochter mitgeben und vielleicht auch meine Liebe zur Natur, denn wir teilen diesen Planeten mit vielen anderen Lebewesen und nicht nur mit den Menschen. Unser Leben ist reicher, wenn unser Lebensraum geschützt ist, um uns zu inspirieren, uns zu überwältigen.

Schlimmste Erfahrung / Die größte Herausforderung? Mich aufzuraffen, meine Tochter zu bekommen, glaube ich, denn die Umstände dafür waren nicht ideal. Ihr Vater war weg. Ich hatte das Gefühl, ich müsste an diese Situation glauben. Das habe ich getan, und ich wurde dafür mit der unglaublichsten Erfahrung belohnt.

Vom Leben gelernt / Folge deinem Instinkt. __ Das Leben ist Gelegenheit, jeden Tag, jede Stunde etwas zu lernen, eine Lösung zu finden für das, was du bist, so oder so. Jede Stunde gibt uns die Wahl, die eine oder andere Richtung einzuschlagen, ehrbar, anständig, bescheiden oder wenn nötig stolz zu handeln. Gelegenheit, sich auf die Probe zu stellen: Das Leben ist oft eine Probe. Manchmal bestraft es einen, aber es verzeiht auch leicht. Ich glaube, wir werden von sehr viel mehr Menschen unterstützt, als wir meinen.

Glück / Glück ist für mich, wenn ich jedes Jahr die Knospen aufblühen sehe, als wäre es das erste Mal, wenn ich die Vögel in meinem Garten singen höre, die großen Bäume sehe, die den Fortschritt überdauert haben. __ Glück? Ja, einfache Dinge: am Feuer sitzen, an der Felsenbucht spazieren gehen, die Hände ins Wasser tauchen, unter Wasserfällen durchgehen, genau darunter stehen, fähig sein zu solchen Erfahrungen. __ Ich werde älter: Früher hatte ich Angst davor, aber jetzt sehe ich auch Vorteile. Wenn man älter wird, merkt man, wie schnell die Zeit vergeht und wie wichtig es ist, und eigentlich auch ganz einfach, durch Zeit und Gelegenheiten zu gehen, einfach glücklich zu sein.

Wut / Ausbeutung macht mich wütend. __ Die Verschwendung unserer Ressourcen, der Verlust des Erbes in unserem Land – das macht mich sehr wütend.

Das Leben ist oft eine Probe. Manchmal bestraft es einen, aber es verzeiht auch leicht.

Verzeihen / Ich habe lange gebraucht, um mit der Kolonisierung bestimmter Erdteile abzuschließen. Aber allmählich nehme ich hin, dass es eben eine Realität ist. Wir müssen jetzt mit dem fertig werden, was wir haben: Diese Bewegung hat schon begonnen, und sie kann nur fortschreiten. __ Kürzlich habe ich ein Buch über die Geschichte Australiens gelesen, in dem es um die europäische Invasion ging und das, was die Ureinwohner damals mitgemacht haben. Das hat mich völlig deprimiert. Diese Geschichte wird nicht bekannt gemacht. Ich habe also Zeit gebraucht, bis ich verzeihen konnte. Verzeihen? Tja, man kann eben nicht alles Beliebige verzeihen, vermute ich.

Veränderungen der Welt / Gesellschaftlich gesehen hat es einen großen Schritt dahin gegeben, dass sich der Einzelne das Wort verschafft und auch Wertschätzung erfährt – hin zum Individualismus, zum ökonomischen Rationalismus. Die Leute sind ganz offenbar mehr auf ihren eigenen Komfort bedacht: Sie müssen ein großes Haus besitzen und bestätigen sich dadurch, dass sie sich abschotten. Das ist oft so, und das ist traurig. Die Leute versuchen, eine bleibende Spur zu hinterlassen. Aber das Leben ist nicht bleibend.

Sein Land verändern / Ich würde gerne erleben, dass wir mehr für das Wesentliche ausgeben – Gesundheit, Bildung – und weniger für die Armee. Bei unserem Individualismuskult heute will jeder abgesichert sein, hat Angst, sucht seinen eigenen Vorteil. Aber Sicherheit gibt es nicht. Alle sorgen sich um ihre Zukunft, um ihre Rente. Deshalb würde ich gerne von einer Wende zum Sozialen reden.

Feind der Menschheit / Der Mensch selbst. Sein Durst nach immer noch mehr. Seine Gier. Das Nichts. Er versucht, das Nichts zu füllen, das künstliche Götter hinterlassen haben.

Nach dem Tod / Das übersteigt unsere Vorstellung. Ich glaube, dort findet man Ruhe, ein bisschen Frieden für eine gewisse Zeit. Und wenn nötig, kommen wir wieder und bekommen noch ein Leben, um etwas anderes zu lernen und neue Gelegenheiten geboten zu bekommen.

Natur / Die Natur gibt mir mein Leben. Sie stützt und inspiriert mich. __ Ich betrachte mich als Heidin, ich bin der Erde verbunden. In der Natur sehe ich Vorzeichen: Die Natur schickt einen Vogel? Da sage ich mir: »Das bedeutet etwas.« Die Natur ist Quell meines größten Glücks. Leben bedeutet, mit der Natur im Einklang zu sein. Die Natur ist zugleich Mutter, Vater, Lehrer, Freund, Trost, Schönheit, Überwältigung und Inspiration.

Francesca

Maud

Cassie

Abdelha

Laetitia

WAS BEDEUTET IHNEN DIE NATUR?

Francesca / *Lebt in Italien*
Die Natur ist für mich so etwas wie die *Mamma*, die Mutter. Sie erzählt dir viel, bringt dir viel bei, sie reinigt dich, sie schimpft dich, sie macht dich glücklich.

Maud / *Lebt in Frankreich*
Die Natur ist wie eine große Schwester. Wenn ich an die Natur denke, sehe ich mich wieder als Kind; ich hatte das Glück, bis ich elf war, in einem Haus inmitten der Felder aufzuwachsen. Das erste Dorf lag sieben Kilometer entfernt. Wenn im Winter zu viel Schnee lag, saßen wir im Haus fest, statt in die Schule zu gehen. Und wir fuhren Schlitten. Im Sommer schliefen wir draußen, die Nase in den Sternen. Ich hatte das Glück, eine Beziehung zur Natur zu leben, die in Frankreich nur wenige Menschen kennen, weil die meisten Kinder in der Stadt aufwachsen. Dieser Kontakt zur Natur ist ganz wesentlich; vielleicht kommt man auch ohne ihn zurecht, aber ich glaube, er gibt einem viel inneres Gleichgewicht.

Abdelha / *Lebt in Marokko*
Das Beste ist, wenn man morgens sehr früh aufwacht und in einen Garten kommt, in dem sich verschiedene Gerüche mischen. Blumen, dies und das, ein süßer Duft, und wenn du den riechst, kannst du ihn nicht mehr loswerden. Die Nacht verströmt Gerüche, weil es dann feucht ist; und wenn du um Mitternacht ins Freie kommst oder um ein Uhr morgens, dann berauschst du dich an diesen Düften.

Cassie / *Lebt in Großbritannien*
Ich habe mich für ein Leben auf dem Land entschieden, und ich habe das Glück, dass ich mich fast jeden Tag auf einen Hügel setzen kann, einen See betrachten, im Wald spazieren gehen, wo ich Rehe und Fasane sehen kann. Jedes Mal gibt die Natur mir Energie, sie macht das Leben wieder möglich, gut und schön für den Menschen, der ich bin. Jedes Mal staune ich über die Schönheit, die uns umgibt, über die Anmut der Pflanzen in meinem Garten: Das ist so wunderbar! Meine Beziehung zur Natur ist ganz einfach: Wenn ich Probleme habe, wenn ich schwarzsehe und deprimiert bin, dann ist die Natur immer da, um mir zu helfen. Und noch der Nebel auf dem Hügel oder die grauen Wolken muntern mich wieder auf.

Laetitia / *Lebt in Frankreich*
Die Natur hat sich ein bisschen verändert, aber nicht so sehr. Sie hat sich verändert, sie ist nicht mehr so wild wie früher, aber ich glaube, ich habe mich auch verändert, ich kann also nicht sagen, wer von uns beiden sich mehr verändert hat. Wenn ich an einen Ort komme, an den ich Erinnerungen aus meiner Kindheit und Jugend habe, kann ich beide Augen schließen und mich konzentrieren, und dann spüre ich genau dasselbe wie damals. Diese Natur hat sich also nicht so sehr verändert. Wir haben uns beide verändert.

Karl Andres / *Lebt in Schweden*
Die Erderwärmung, das meistdiskutierte Thema heutzutage! Ich persönlich denke, es handelt sich um einen normalen Stimmungswandel der Natur; es hat schon viel größere Veränderungen gegeben, auch als man noch gar nichts von der Existenz des Erdöls wusste. In der Bronzezeit gab es hier in Schweden Regenwälder! Es gibt nicht einen triftigen Grund, der mich an diese Erwärmung glauben ließe. Irgendetwas hat sich verändert, aber warum hat es sich verändert? Ein Vulkan speit in einer Viertelstunde so viel aus, wie die Welt in einem Jahr produziert! Was soll man machen? Sollen wir aufhören zu leben? Ich glaube, da wird viel übertrieben.

Cesar Miguel / *Lebt in Mexiko*
Die Waldbrände haben die Vegetation verwüstet. Ich spüre, dass es ein bisschen wärmer ist als früher. Wir hatten einen sehr schönen Fluss, wir haben ihn noch immer, aber jetzt wird er für die Bewässerung der Felder in der Trockenzeit umgeleitet. Also gibt es weniger Wassertiere, immer weniger Fische. Und dann ist da die Verschmutzung der Flüsse, die Abwässer werden in die Flüsse gekippt, und jetzt sind sie verschmutzt. So wurden Vegetation und Tierwelt sehr beeinträchtigt.

Vincent / *Lebt in Frankreich*
Das Meer wird immer bleiben, was es ist, aber das, was drinnen ist ... Das Meer wird immer ärmer. Wir können nicht mehr zurück. Da hat sich so viel getan. Die Industrieländer kippen ständig ihren Müll ins Meer, und der Fischfang ... die Überfischung vor allem, wegen der Nachfrage natürlich. Das Meer wird ärmer, und die Verschmutzung ist daran auch mit schuld, ich glaube, wenn wir nichts unternehmen ... Aber was soll man unternehmen? Schon bald, in vielleicht 15 Jahren, wird es für die Fischer wohl sehr schwierig werden. Dann ist das Meer nur noch für die Touristen da, zum Baden, das war's.

Sovichea / *Lebt in Kambodscha*
Früher gab es vier Jahreszeiten: Regenzeit, Trockenzeit, Windzeit und Frühling, wie in den anderen Ländern. Früher begann die Regenzeit Anfang April oder Anfang Mai, jetzt beginnt sie Mitte oder Ende Mai, und manchmal regnet es bis Juli nicht. Und in der Trockenzeit ist es zu heiß. Früher hatten wir 33 bis 35 °C, heute steigen die Temperaturen in Phnom Penh bis 40 oder 42 °C. Und in der Windzeit ist es zu kalt, dann kann es in Phnom Penh bis zu −17 °C kalt werden.

Das Meer wird immer ärmer. Wir können nicht mehr zurück.

Cesar Miguel

Karl Andres

Vincent

Sovichea

Jorge

Armando

Fabian

Pedro Luís

Armando / *Lebt in Mexiko*
In Mexiko wird nicht gut über die Natur aufgeklärt. Das gibt es nicht. Die maßlose Abholzung der Wälder geht sehr schnell voran, immer schneller. Die ökonomische Globalisierung zieht uns alle mit … Heute kann ein Tzeltal seinen Baum für zehn oder hundert Pesos verkaufen und davon leben; vor hundert oder 150 Jahren sprach er, bevor er einen Baum fällte oder den Boden für die Maissaat vorbereitete, ein Gebet und bat um Vergebung. Heut macht man das nicht mehr. Die Zerstörung der Natur geht auf die ökonomische Globalisierung zurück, und darunter leidet die Gesellschaft. Das ist die Angst, meine Angst, denn ich würde gerne weiterleben, ohne dass es zu einer Katastrophe kommt. Ich würde gerne. Aber bei diesem immer schnelleren Tempo, ich weiß nicht …

Fabian / *Lebt in Buenos Aires, Argentinien*
Ich mache mir große Sorgen um das Wasser. In unserem Land gibt es sehr viele Trinkwasserquellen. Und da bestimmte Länder wie die USA es fertigbringen, für Erdöl sehr viele Menschen zu töten, würde es mich nicht wundern, wenn sie bei uns einfallen würden, um sich das Wasser zu sichern. Vielleicht übertreibe ich ein bisschen, aber es gibt in der Welt nicht viel Trinkwasser, und wenn das Wasser einmal verbraucht ist und wir noch welches haben, dann weiß ich nicht, wozu die imperialistischen, kapitalistischen Länder in der Lage sind, um an dieses Wasser heranzukommen. Ich stelle mir meine Nichte vor, wie sie für einen Wucherpreis einen Liter Wasser pro Tag kaufen muss. Ich stelle mir vor, wie der halbe Lohn eines Arbeiters dafür draufgeht, ein bisschen Wasser zum Überleben zu kaufen. Denn wenn Wassermangel herrscht, wird das Wasser verkauft werden. Ich mache mir Sorgen um das Wasser in meinem Land, und ich mache mir Sorgen darüber, dass das Land allmählich zu einer Wüste wird.

Jorge / *Lebt in Brasilien*
Wenn man versucht, Amazonien zu zerstören und die Luft, die wir atmen, und auch das Wasser, das wir trinken, dann ist das ein Angriff auf unsere Freiheit. Indem wir unsere Freiheit angreifen, greifen wir uns selbst an. Indem wir die Natur angreifen, greifen wir uns selbst an.

Pedro Luís / *Lebt in Kuba*
Von der Natur habe ich schon viel reden hören, aber ich hatte noch keine Gelegenheit, mich dafür zu interessieren. So, wie wir hier in Kuba leben, haben wir keine Zeit für die Natur. Du hast keine Zeit zu realisieren, dass du da gerade eine Konservenbüchse auf den Boden wirfst, du hast keine Zeit, darüber nachzudenken, dass man Müll nur in den Abfalleimer werfen darf. Die Kubaner haben keine Zeit, einen Baum zu pflanzen, noch nicht einmal einen Busch. Sie beten, damit es regnet, damit sie überleben, damit Bäume wachsen, damit es zu essen gibt, damit es Obst gibt, alles das, damit die Büsche schön werden, aber sie kümmern sich nicht selbst darum. Es ist sehr selten, dass einmal jemand eine Gießkanne nimmt und gießt. Die Kubaner tun nichts für die Umwelt.

WAS BEDEUTET IHNEN DIE NATUR?

Samir / *Lebt in Frankreich*
Man kann nicht gerade sagen, dass es mir egal ist, aber es ist nicht mein Hauptanliegen, und ich denke nicht jeden Tag daran. So wie an das Ozonloch oder daran, dass man weiß, dass von heute auf morgen plötzlich kein Wasser mehr aus dem Wasserhahn kommt, denn es stimmt ja, irgendwann haben wir kein Wasser mehr. Aber das gehört nicht zu meinen wichtigsten Sorgen. Das ist vielleicht schade, aber es ist so. Vielleicht liegt es daran, dass ich die ganze Zeit im Beton lebe?

Scott / *Lebt in Texas, USA*
Ich fahre über die Straßen wie alle. Ich fahre einen dicken Pick-up, der viel verbraucht. Mir ist schon bewusst, dass es mit der Umwelt Probleme gibt. Aber ich denke mal … ich mache, wozu ich Lust habe. Ich fahre über die Straßen wie jeder andere Amerikaner auch. Das klingt nicht so toll, aber … Ich nehme meinen dicken Pick-up, der Rest ist mir egal.

Yasmine / *Lebt in Los Angeles, USA*
Die Natur nimmt in meinem Leben keinen breiten Raum ein, ich wandere nicht, ich fahre nicht in die Berge. Eigentlich habe ich Angst vor den großen Bergen und vor dem Meer, also vielleicht kann man auch sagen, ich habe Angst vor der Natur, weil sie zu mächtig ist. Der Ozean ist so riesig, die Berge sind so gigantisch, und dann sind da diese Tiere … Ganz ehrlich, ich glaube, ich habe Angst vor der Natur!

Ferrante / *Lebt in Italien*
Die Natur ist etwas sehr Böses. Die ganze Natur lebt davon, dass einer den anderen frisst. Wir träumen immer noch von der Natur als etwas Romantischem, etwas Schönem. Natur bedeutet, dass alle Tiere sich weiter gegenseitig fressen. Und wenn wir die Schwalben kreisen sehen, dann meinen wir immer, das wäre etwas Großartiges, aber wir vergessen, dass diese Schwalben, die da kreisen, gerade Insekten fressen. Und ich glaube nicht, dass die Insekten begeistert davon sind, sich auffressen zu lassen! Also haben wir es auch da ständig mit Morden zu tun, und wir finden das schön und romantisch! Der Flug der Schwalben ruft bei uns wunderbare Erinnerungen wach, aber die Natur ist böse.

Die Natur ist etwas sehr Böses. Die ganze Natur lebt davon, dass einer den anderen frisst.

232

Samir

Yasmine

Scott

Ferrante

Jacques / *Lebt in Frankreich*
Die Natur ist etwas, was ich nicht mag, weil ich eher der Meinung zuneige, dass es das Wesen des Menschen ist, der Natur zu entkommen; die Natur ist wild, bestialisch, tierisch, und die Zivilisation ist genau das Gegenteil. Zivilisation ist, was der Mensch aus der Natur macht. Ich mag also lieber Gärten als Wälder, ich bevorzuge etwas Konstruiertes gegenüber dem, was einfach da ist, obwohl ich entschieden für den Naturschutz bin und meine, dass der Mensch nichts konstruieren kann, wenn er die Umwelt zerstört, in der zu leben er das Privileg hat. Aber für mich birgt die Natur – und die gesamte Naturphilosophie – die große Gefahr, die Bestialität zu rechtfertigen.

Nancy / *Lebt in Hongkong, China*
Die Natur ist sehr mächtig, wenn der Wind bläst, wenn das Meer steigt, das ist zugleich sehr nützlich und zerstörerisch. Unglaublich und schön.

Stephanie / *Lebt in Australien*
Die Natur gehört zur Spiritualität in unserer Kultur. Wir bewahren sie lebendig in uns. Wir tanzen auf dem Boden, auf dem wir geboren sind. Genauso wie wir sorgsam mit der Mutter Natur umgehen, geht die Mutter Natur auch sorgsam mit uns um.

Anatoli / *Lebt in Sibirien, Russland*
Im Schamanismus ist der Tempel das, was uns umgibt. Die Kuppel darüber ist der ewig blaue Himmel, und was uns umgibt, sind die Attribute aller Tempel. Der moderne Mensch täuscht sich, wenn er eine Kirche betritt, eine Kerze anzündet, ein Gebet spricht und wieder geht. Er denkt, er hätte etwas Spirituelles getan, dann vergisst er, was er gesagt und worum er Gott gebeten hat. Wenn wir in unserem Tempel sind, im universellen Heiligtum des Menschen, fühlen wir uns eins mit der Natur. Der heilige Baikal, das heilige Sajangebirge, die heiligen Zedern, die Birken, die wilden Kirschen. Wir Buriaten fühlen uns als Teil dieser Natur. Wie kann man sich der Natur gegenüber schlecht verhalten, wenn wir selbst ein Stück davon sind? Alles hat eine Seele, mit allem muss man sorgsam umgehen.

Atta / *Lebt in Taiwan*
Bloß nicht wie die jungen Leute, die Bergsteiger von heute. Sie machen keine solche Gebetszeremonie, bevor sie aufbrechen. Sie denken doch nur daran, den Gipfel zu bezwingen, aber ohne dieses Gefühl des Respekts von früher, ohne im Gebet zu erfragen, ob sie gehen sollen oder nicht. Dieser Respekt von früher gefällt mir gut. Wenn man im Herzen nicht respektvoll ist, bleiben die Dinge oberflächlich. Bei allem, was wir tun, brauchen wir diesen Respekt.

Bruno / *Lebt in Frankreich*
Wir kommen aus der Natur, aber wir beachten sie nicht mehr. Die Natur spricht zu uns, aber der Mensch hört ihr nicht zu. Wenn man einen Wetterbericht haben will, nimmt man das Radio, schaltet es an ... Wenn man wissen will, ob Regen kommt, hört man Nachrichten. Dabei sagt es einem doch die Natur, das ist ganz einfach! Wolken liegen auf dem Cagne-Massiv: Wenn die Wolken hoch stehen, heißt das zwei Tage Wind, also haben wir unsere Ruhe, es wird nicht regnen. Hängen die Wolken genau auf der Spitze des Gebirges? Achtung, Südwestwind! Ziehen die Wolken ins Tal hinunter? Achtung, der Südwestwind frischt kräftig auf. Das Wasser steigt? Achtung, gleich kommt ein heftiger Wellenschlag. Die Kormorane landen? Bald kommt Nordwestwind auf. Aber wir hören der Natur nicht mehr zu, wir haben keine Zeit mehr dazu, wir rennen umher ...

Wir kommen aus der Natur, aber wir beachten sie nicht mehr. Die Natur spricht zu uns, aber der Mensch hört ihr nicht zu.

Thérèse / *Lebt in Frankreich*
Natur und Mensch sind völlig gegensätzlich. Ich wohne in einem absolut bezaubernden Dorf, und was wollen Bürgermeister und Gemeinde? Beton, damit man sich wie in der Stadt fühlt ... Also so etwas schockiert mich!

Fujii / *Lebt in Japan*
Die Natur ist alles! Alles ist Natur! Auch wenn ich an der großen Kreuzung von Shibuya (Tokio) bin, mit Millionen Menschen mitten im Stau, dann ist für mich auch das Natur. Die Natur ist nicht bloß Strand, Gebirge, Wald ... Auch Häuser, Menschen, sogar die Technik kommt aus der Natur. Silikon ist aus Erdöl, also ist es Natur. Also für mich ist alles Natur.

Hayrettin / *Lebt in der Türkei*
Wenn ich von der Natur spreche, meine ich das Ökosystem. Man muss sich an der Natur ein Beispiel nehmen, denn in der Natur muss jeder für sein Leben die anderen nutzen, aber keine Art verbraucht so viel, dass eine andere Art ausstirbt. Jedes Wesen lebt dank der anderen, das heißt, es herrscht ein echtes Gleichgewicht, es gibt echte Regeln: Um leben zu können, muss man leben lassen. Du willst leben? Dann musst du alle anderen leben lassen, denn wenn es sie nicht gäbe, gäbe es auch dich nicht. Sie sehen, Natur ist Gleichgewicht: Um zu leben, muss jeder für das Überleben des anderen kämpfen. Wenn ich Natur sage, kommt mir diese Art Glück in den Sinn, dieses Gleichgewicht des Teilens.

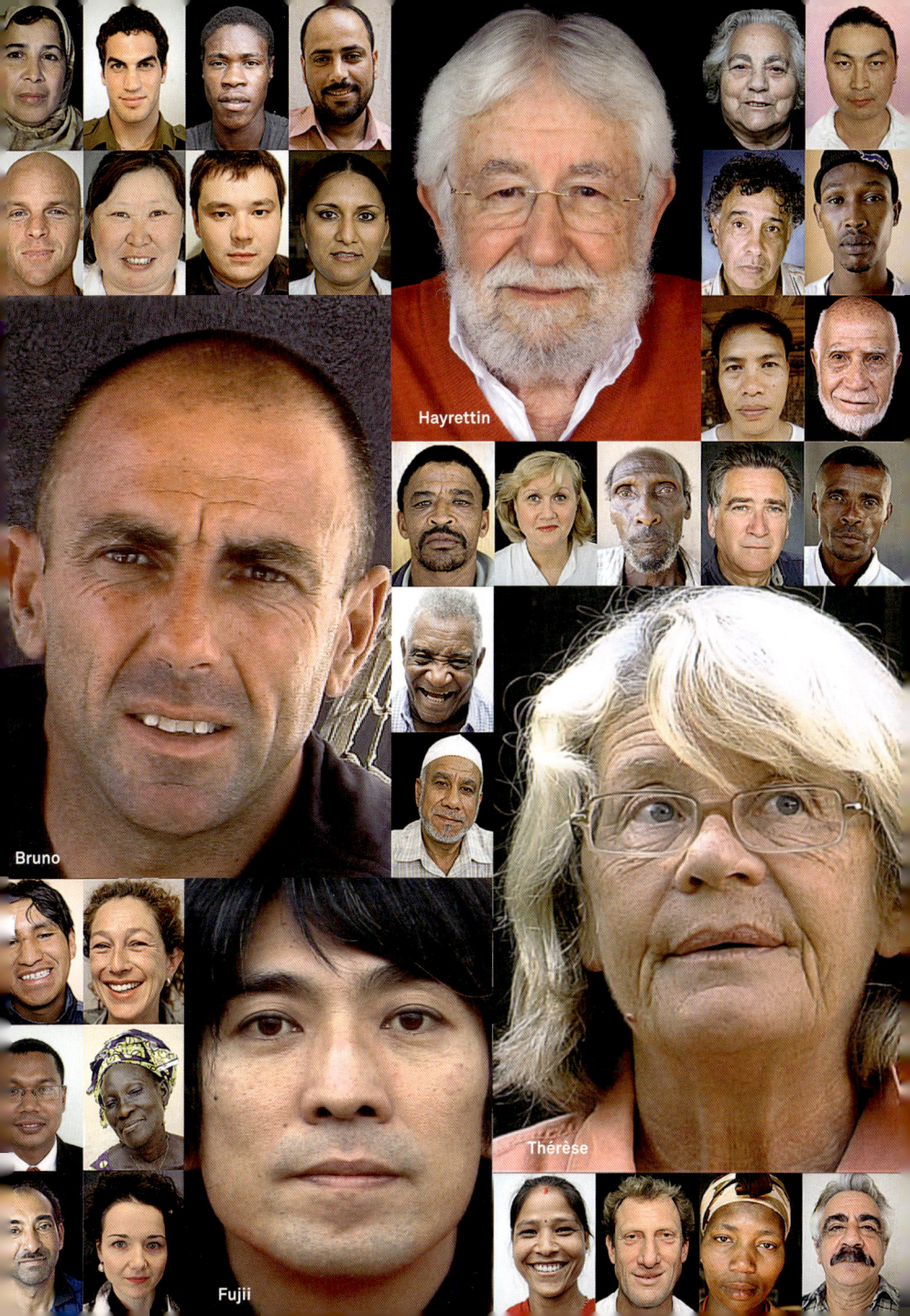

Hayrettin

Bruno

Thérèse

Fujii

Magalys Dolores

Lebt in Kuba

Wissen Sie, was es heißt, ohne Dach über dem Kopf zu leben? Nicht vor der Sonne geschützt zu sein, und es sich auf den Kopf regnen zu lassen?

Porträt / Ich heiße Magalys Dolores. Ich bin 53 Jahre alt. Ich bin in Guantánamo geboren, aber ich wohne in Santiago de Cuba. Ich habe einen Sohn von 29 Jahren, der mein ganzes Leben ist. Außerdem habe ich eine Schwester und einen Neffen. Aber meine Familie ist mein Sohn.

Familie / Familie kann eine sehr weite Bedeutung haben. Für mich aber nicht. Da waren es immer Mama, meine Schwester und ich. Mama ist nicht mehr da, aber meine Schwester, mein Neffe und mein Sohn. __ Wenn man die Familie ausweitet, mein Vater hatte 36 Kinder! Aber das ist nicht meine Familie. Ich kenne sie nicht. 16 von ihnen habe ich kennengelernt, aber ich hatte nie eine Beziehung zu ihnen. Meine wirkliche Familie ist mein Sohn.

Von den Eltern gelernt / Von meinem Vater habe ich nichts gelernt. Ich habe ihn mit neun Jahren kennengelernt und hatte nie eine Beziehung zu ihm, ich wusste nur das, was ich über ihn erzählt bekam. Aber ein Vater mit 36 Kindern ist kein gutes Vorbild! __ Von meiner Mutter habe ich die Brille, durch die ich das Leben sehe. __ Von ihr habe ich meine heutige Abscheu – Abscheu ist vielleicht übertrieben – vor Männern. Diese Haltung habe ich großenteils von ihr geerbt, wegen ihrer Einsamkeit in all diesen Jahren. __ Ich kann die schlechten Angewohnheiten der Männer nicht ertragen. __ Sie hat mir auch beigebracht, im Leben ein Ziel zu haben. Sie hat es nicht wirklich erreicht, aber versucht hat sie es. Wie sagt man in Kuba? Sie lebte und atmete für den Kommunismus.

Würde sie sehen, wie es heute zugeht, dann würde sie sich im Grabe umdrehen! Sie hatte sich die Gesellschaft anders vorgestellt …

Mitgeben / Was ich meinem Sohn immer sage, macht er gerade wahr: Man muss studieren, man muss einen Beruf haben, denn egal in welchem Land, egal in welchem System, Wissen kann niemals zu viel sein. Eine positive Einstellung zum Leben haben, ein gutes Benehmen. Die anderen lieben und immer helfen, wem man helfen kann. Nicht egoistisch sein, nicht ehrgeizig. Und immer auf dem besten Weg vorangehen, vorausgesetzt, es geht um das, was man selbst will. Denn wir Eltern können nichts aufzwingen. Wir können orientieren, Vorschläge machen. Aber ich will nicht, dass er denkt wie ich, sondern dass er immer so gut wie möglich handelt, egal, wo er ist.

Erinnerung / Was ich nie vergessen werde … die Schläge, die meine Mutter von ihrem Mann bekam. Ständig. __ Positive Erinnerungen habe ich keine. __ Denn außerdem bestrafte meine Mutter mich auch oft. Und meine Schwester holte den Gürtel, einen breiten Ledergürtel, und sie gab ihn meiner Mutter, damit sie mich … __ Ich weiß nicht, ob meine Schwester sich daran erinnert, aber für mich ist das immer noch präsent. Vielleicht verstehen wir uns deshalb nicht. Weil die Wunde immer noch tief ist.

Kinderträume / Träume sind, wie sagt der Dichter Becker, »Träume sind nur Träume«. Man muss immer welche haben. Ich habe ja nur sehr wenig von meinen Kleinmädchenträumen wahr gemacht. Ich wollte Balletttänzerin werden. Das war meine Leidenschaft: Künstlerin werden. Das und Stomatologin! __ Geschafft habe ich es nicht, aber nicht, weil ich nicht gelernt hätte. Im Abitur gab es eine Rangliste. Als ich mich für ein Studium in Stomatologie (Wissenschaft von den Krankheiten der Mundhöhle) beworben habe, hat das Mädchen vor mir den letzten Platz bekommen. Tja. __ Und Tänzerin konnte ich nicht werden, weil das meiner Mutter nicht passte. __ Ich sehnte mich nach dem, was mir immer noch fehlt: ein kleines bisschen Komfort. Deshalb habe ich studiert. __ Denn als Schwarze war es nicht … Oh! Der Rassismus ist nicht Vergangenheit, es gibt ihn immer noch, in anderem Gewand, aber es gibt ihn. Das ist ein Handicap. Obwohl Fidel ihn ablehnt und allen dieselben Rechte gibt, aber den Rassismus gibt es noch. __ Ich habe studiert, um Erfolg zu haben. Um ein schönes Haus zu haben, mehrere Kinder, einen Mann an meiner Seite … Das habe ich alles nicht … Aber ich habe meinen Sohn. Mein einziger Erfolg.

Beruf / Ich war Lehrerin, Spanischlehrerin mit Abschluss. Ich habe gerne unterrichtet, aber ich arbeite nicht mehr.

Unsere wirtschaftliche Lage ist bestimmt vom Überleben.

Arbeit / Damals war es nicht schwierig, Lehrer zu werden, wenn man ordentlich studiert hatte. __ Danach wurde es anders: Man musste alle Schüler durchkommen lassen, egal wie. Wenn nicht ein bestimmter Anteil unserer Schüler erfolgreich war, wurden wir weniger bezahlt! Dabei können doch gar nicht alle Schüler so gut sein ... __ Diese Nachgiebigkeit missfiel mir. Wenn ich doch gut unterrichtete, warum sollte ich dann die Schüler belohnen, die nicht lernten? Der Staat bewilligte einem Lehrer eine Prämie von 100 Pesos, wenn seine Schüler alle durchkamen. __ Außerdem musste man noch an Nebentätigkeiten teilnehmen. Wissen Sie, was so eine Nebentätigkeit ist? Sozusagen freiwillige Zwangsarbeit. __ Ich bin zum Beispiel Lehrerin, aber ich arbeite auf dem Feld und bekomme ... hm ... eine Prämie. Tue ich es nicht, dann sinkt mein Lohn. __ Als Lehrerin bekam ich ein lächerliches Gehalt. Außerdem ist alles teurer geworden: 198 Pesos die *bombona*. Wissen Sie, was eine *bombona* ist? Bei uns ist das so eine Flasche, in der man Fett aufbewahrt, Öl, Schmalz. Ich aß immer ohne Fett, ich konnte mir das nicht leisten. Mein Sohn hatte keine Schuhe.

Lohn / Der Lohn hängt von deinem Abschluss ab. Mit meinem mittleren Uniabschluss und dem Dienstalter bekam ich ungefähr 5200 Pesos, also 20 Dollar! Damit hast du nicht genug. Du lebst immer mit Einschränkungen. Viele geben irgendwann auf, völlig ausgebrannt. __ Unsere wirtschaftliche Lage beschränkt sich aufs Überleben. Du brauchst nicht über ein Lieblingsessen nachzudenken oder darüber, ob du Lust auf einen Ausflug hast. Das ist hier unmöglich.

Geld / In Bezug auf das, was wir hier ... wie heißt das ... die Quote nennen, die der Staat jedem zugesteht, haben wir offiziell genug Geld. Jeder kann seine Nahrungsquote im Lebensmittelladen kaufen: Fünf Pfund Reis, das steht dir zu. Nur reicht das nicht für einen Monat ... __ Und ein Arbeitsloser oder ein Rentner bekommt, sagen wir, 150 Pesos. Seine Quote im Laden, sein Reis ... das geht nicht über 20 Pesos. Davon kann er nicht leben. Dazu kommt noch der Strom, die Miete, die modernen Bedürfnisse.

Armut / Wissen Sie, was es heißt, ohne Dach über dem Kopf zu leben? Nicht vor der Sonne geschützt zu sein, und es sich auf den Kopf regnen zu lassen? Morgens mit nassen Schuhen aufzustehen? So habe ich gelebt. Und denken Sie nicht, das war 1959. __ Das war in den 1990er Jahren. Ich deckte uns mit einer Nylonplane zu, damit wir beide schlafen konnten, mein Sohn und ich. »Ich muss meine Arbeit aufgeben und etwas anderes versuchen«, sagte ich mir. Und das habe ich mich schließlich getraut: Ich habe meinen Beruf aufgegeben, damit ich besser leben kann und damit mein Sohn nicht durchmacht, was ich durchgemacht habe. Entschuldigen Sie meine Tränen, aber das tut weh.

Schlimmste Erfahrung / Ich habe einiges durchgemacht: als alleinstehende Mutter, als Studentin ohne Einkommen ... Meine Mutter verdiente nur 56 Pesos. Das war alles, was wir zu Hause hatten. Davon konnten wir nicht leben. __ Für ein junges Mädchen, wissen Sie, war es sehr schwierig, der Mutter zu sagen: »Ich bin schwanger.« Bis heute habe ich allem die Stirn geboten. Das und dass ich zu arbeiten aufgehört habe, sind meine schlimmsten Erfahrungen. Aufzustehen und seinem Kind nichts zu essen geben zu können, das ist nicht leicht. Und dabei noch weiterzustudieren ... __ Ich verlangte von niemandem etwas, ich bitte nicht gerne, aber ich versuchte, Lösungen zu finden: »Ach, schau mal, ich könnte diese Wäsche für dich waschen«, »Ich kann deine Wohnung für dich putzen« ... Ich fragte Kinder ab ... Ich tat alles das, damit mein Sohn zu essen bekam. __ Aber aufzustehen und nichts zu essen zu haben, das war sehr schwierig. Und nicht davon reden! Nicht an eine Tür gehen und sagen: »Ich habe nichts.« __ Jetzt versuche ich, so gut wie möglich denen zu helfen, von denen ich weiß, dass sie nichts zu essen haben. Wenn ich ein Brot habe, schneide ich es entzwei. Manche sagen, ich bin zu ... ich weiß nicht ... man darf nicht zu gutmütig sein, aber man muss einander helfen.

Die Revolution siegt, die Jahre vergehen, und dann nichts mehr ...

Liebe / Ich ertrage keine schlechte Behandlung. Die Kubaner ... Ich weiß nicht, wie Sie sind, aber die Kubaner sind die größten Machos der Welt. Schlechte Behandlung ... __ Das kannst du nicht aushalten, dass ein Mann dich misshandelt und dich dann »Liebling« nennt, dass er dich anfassen will, mit dir schlafen ... Das ist doch keine Liebe! __ In der Liebe muss man sich selbst aufgeben können, wenn du dich nicht für den anderen aufgibst, ist das keine Liebe.

Unterschied zwischen Mann und Frau / Das hängt vom Paar ab. Vor ein paar Jahren war der Unterschied noch deutlich. Die Frau musste sich um die Kinder kümmern, musste waschen, bügeln, den ganzen Haushalt machen. Der Mann musste das Essen heimbringen, das Dach reparieren ... Heute teilen sich die Paare zum Glück ihre Aufgaben. Wenn ich von der Arbeit komme, hat mein Sohn den Haushalt gemacht, die Wäsche und hat geputzt. __ Früher gab es das nicht. Ein Mann ließ sich nicht dazu herab, zu waschen oder zu bügeln ... Für einen Latino war das sogar peinlich: Man legte es ihm als homosexuelle Neigung aus! Dabei ist das doch kein Beweis, dass einer schwul ist, oder? __ Wenn ein Kind krank ist, kann nach dem neuen Gesetz die Mutter weiterarbeiten und der Vater zu Hause bleiben. Das war vorher nicht möglich. Diese Veränderung ist sehr positiv.

Erfolg im Leben / Mein großer Erfolg ist mein Sohn. Er wird mich eines Tages verlassen, aber er ist mein Sohn. Heute sind die meisten jungen Leute ein bisschen ... So ist eben die Jugend. __ Viele junge Leute springen übel mit ihren Eltern um. Mein Sohn nicht. Wir verstehen uns wirklich gut. Wahrscheinlich liegt es an allem, was ich durchgemacht habe, ich zwinge ihn zu nichts. Wir tauschen uns aus.

Freiheit / Freiheit ist etwas sehr Schönes, aber na ja ... du kannst denken, was du willst: Deine Gedanken sind frei. Über Wirtschaft, Politik, Gesellschaft denke ich, was ich will. Aber ich kann nicht alles sagen, was ich denke.

Sein Land verändern / Mein Land verändern? (Sehr lange Pause.) Da verzichte ich auf eine Antwort ... Sie haben mich eben gefragt, was Freiheit bedeutet ...

Revolution / Ich war noch klein, aber ich habe sehr schlechte Erinnerungen an die Zeit vor der Revolution. Ich lebte in Guantánamo auf der Straße, und glauben Sie mir, die Diktatur war furchtbar! Sie misshandelten uns: Ich habe gesehen, wie mein Großvater verprügelt wurde, meine Mutter mit einem Gewehrkolben geschlagen wurde; ich höre noch heute die endlosen Schießereien. Meine Mutter kämpfte für die Revolution, oh ja! Ich sehe noch meine Mutter in ihren weiten Zigeunerkleidern, unter denen sie einen Genossen in einen Unterschlupf schleuste. Auch Pistolen und Munition transportierte sie so. Für die Revolution riskierte sie ihr Leben. __ Die Revolution siegt, die Jahre vergehen, und dann nichts mehr ... Ich war ungeduldig, sie nicht. Meine Mutter sagte immer, wir haben nicht für materielle Interessen gekämpft, sondern für eine Veränderung. Veränderung ist nicht immer positiv. Aber dank der Revolution konnte ich studieren, obwohl ich Schwarze war und arm ...

Erziehung / 1959 wurden die Kasernen in Schulen umgewandelt. Jetzt kann mein Sohn kostenlos studieren ... Und ein Schwarzer kann jetzt überall hingehen wie ein Weißer. Damals nicht. Ich erinnere mich, dass es einen Park gab, in dem die Weißen spazieren gehen und auf Bänken sitzen durften, und die Schwarzen blieben draußen.

Kampf / Der typische Spruch eines Kubaners heißt: »Wir kämpfen!« Selbst wenn ein Kubaner dasitzt und du ihn fragst, wie es geht, sagt er, er ist »mitten im Kampf«.

Veränderungen im Land / Nichts ist vollkommen, aber wenn Ihnen einer sagt, vorher war es besser, dann ist es ein Reicher. Anders geht es nicht.

Milton

Ramesh

Teresa

Joseph

Edward

WAS BEDEUTET IHNEN GELD?

Edward / *Lebt in New York, USA*
Geld bedeutet, dass sie einem nicht den Strom abstellen, Geld bedeutet, dass ich bei niemandem leihen muss, Geld bedeutet, dass meine Frau sich keine Sorgen machen muss, Geld bedeutet, dass meine Kinder unbesorgt sein können, und Geld bedeutet, dass ich nicht ständig krank vor Angst zu sein brauche.

Ramesh / *Lebt in Nepal*
Mit dem Geld ist es nicht mehr wie früher, es ist etwas sehr Wichtiges. Jetzt ist Geld überall. Und für uns Arme heißt das, wenn man nicht wenigstens zehn oder 20 Rupien hat, muss man zu Fuß gehen, dann kann man noch nicht einmal den Bus nehmen. Geld ist wirklich etwas sehr Wichtiges, jedenfalls nimmt es unsere Gedanken sehr in Beschlag.

Joseph / *Asylbewerber aus Kamerun, lebt in Melilla, Spanien*
Heutzutage wird die Welt nun einmal vom Kapitalismus beherrscht, die Menschen sind in ihrer Mentalität von diesem Wirtschaftssystem infiziert. In der globalen Gesellschaft steigt der Stellenwert des Geldes immer weiter an. Aber obwohl das Geld diesen Platz einnimmt, ist doch irgendwann Schluss, alles kann man mit Geld auch nicht erreichen. Aber das Geld hat in der Gesellschaft seinen Platz, denn ohne Geld kannst du kein anständiges Leben führen.

Milton / *Lebt in Australien*
Ohne Geld geht gar nichts! Wir müssen überleben, wir müssen leben, ohne Geld sind wir nichts. Ich kann nicht zurückgehen in den Regenwald und essen und leben wie meine Vorfahren.

Teresa / *Lebt in Bolivien*
Das Geld in meinem Leben ... Tja, ich stamme aus einer Familie mit sehr viel Geld, und das in diesem bitterarmen Land Bolivien; also war Geld in meinem Leben eine Zeit lang gleichbedeutend mit Schuld. Geld zu haben, war nicht gut, weil es auch Menschen gab, die noch nicht einmal genug zu essen hatten. Und jetzt bedeutet es auch eine Notwendigkeit, um unabhängig zu werden und durchzukommen, und dafür musste ich sogar eine Therapie machen, weil ich den Wert des Geldes gar nicht richtig begriff. Wenn ich eine Arbeit annehme, denke ich nie an das Gehalt, ans Geld. Dann schimpfen mich immer alle und sagen: »Warum hast du nichts Angemesseneres herausgehandelt? Warum verlangst du denn kein anständiges Gehalt?« Ich nehme eine Arbeit nämlich an, wenn mich das Projekt reizt, nie für das Geld. Deshalb habe ich beschlossen, zu einem Therapeuten zu gehen, damit einmal analysiert wird, wo dieses Problem mit dem Geld herkommt. Ich habe also Geld ausgegeben, um herauszufinden, warum ich ein Problem mit Geld habe! Und ich glaube, das liegt eben daran, dass ich es nicht gewohnt bin, Geld zu verdienen.

Jelica / *Lebt in Serbien*
Es ist nicht leicht, Geld zu verdienen.
Eine Schufterei, es ist sehr schwierig.
Heute sammle ich hundert Kilo Alteisen,
und was bekomme ich dafür? Sechs oder
sieben Dinar, das ist gar nichts! In einem
Monat verdienst du damit 200, 300 Euro ...
Wie soll man davon leben? Und im Win-
ter gibt es nirgends Arbeit. Was wir jetzt
im Sommer machen, muss für das ganze
Jahr reichen. Wir haben keinen Ausweg.
Geld ist nicht so schnell verdient ...

Elizabeth / *Lebt in Äthiopien*
Ja, mit meinen acht Kindern habe ich
mich wirklich den Problemen stellen
müssen; es gab nichts zu essen im Haus,
keine Kleider, nichts. Mein Mann ist auf
und davon mit allem, was im Haus war.
Das war eine schwere Herausforderung,
aber ich bin zu einem Schuldirektor
gegangen und habe 50 Birr (etwa fünf
Euro) von ihm geliehen. Ich habe ihn
gefragt, ob ich den Schulkindern Tee
und Kaffee verkaufen darf. Er hat mich
gefragt, wie ich das schaffen will, und
ich habe ihm gesagt, dass ich unbedingt
Arbeit brauchte. Also habe ich mit seinen 50 Birr Tee und Kaffee gekauft.
Dann habe ich äthiopisches Brot gemacht
und es den Kindern verkauft. An einem
Tag hatte ich 47 Birr Gewinn gemacht,
ich hatte also 97 Birr eingenommen.
Von diesem Tag an fing das Leben wieder an. Meine Kinder hatten wieder zu
essen. Ich habe die Probleme überwun-
den, indem ich mich ihnen gestellt
habe. Wenn man sich aus der Patsche
ziehen will, ist das Wichtigste, keine
Arbeit abzulehnen.

Stefen / *Lebt in Singapur*
Ich habe meine Stelle als Ingenieur aufgegeben, um Fotograf zu werden. Ich verdiene jetzt ein Viertel von dem, was ich
vorher bekam. Ich habe das gemacht, weil
ich das Bedürfnis hatte, meiner Leidenschaft nachzugehen. Und ich glaube, wenn
ich mich auf meinem Gebiet bewähre,
kommt das Geld als Bonus obendrein.

Risma / *Lebt in Indonesien*
Für mich bedeutet Geld nichts. Aber man
braucht Geld. Mein Bruder ist in seinem
letzten Studienjahr, und ich brauche
Geld, um mein Haus zu reparieren. Aber
ich will mich nicht nur aufs Geld konzentrieren, denn wenn ich nur für das
Geld arbeite, verliere ich mein Herz.

Ana Isabel / *Lebt in Mexiko*
Es gibt eine Redensart, die heißt: »Mit
Geld kannst du ein Bett kaufen, aber kei-
nen Schlaf.« Und das stimmt auch. Es
gibt viele Leute, die mit allem Geld der
Welt nicht glücklich sind.

Manuel / *Lebt in Ecuador*
Ich bin glücklich in meiner Armut, weil
ich in meinem Haus mit meiner Familie,
meiner Frau glücklich lebe. Ich lebe
glücklich, weil ... Was soll ich weiter?
Mich über meine Armut beklagen? Das
kann ich nicht. Ich muss danken für
das, was Gott mir überlassen hat, und
Gott sagt, ich muss leiden für das, was ich
bin. Da ich arm bin, muss ich mit meiner Familie glücklich sein und an dem
festhalten, was es an meiner Armut Gutes
gibt. Also lebe ich glücklich mit meiner
Familie, meiner Frau, meinem Sohn,
meinem Enkel und meiner Armut.

Felica

Elizabeth

Ana Isabel

Risma

Manuel

Stefen

Mehrnouche

Hugh

Kisean

Vanessa

Melanie

Mehrnouche / *Lebt im Iran*

Armut ist etwas absolut Relatives, man kann nicht einen, der in Paris, im Nabel Frankreichs, lebt, vergleichen mit einem, der in Afrika lebt. Vielleicht ist ein Afrikaner glücklicher: Armut ist nichts Materielles; einen Fernseher mit Satellitenschüssel zu haben, ein Handy ... bedeutet nichts. Ich glaube, in der westlichen Gesellschaft ist die Armut des inneren Menschen entscheidender. Deshalb nehmen die Leute Drogen und Alkohol, um sich zu beruhigen; aber in den sogenannten weniger fortschrittlichen Gesellschaften sind wir vielleicht glücklicher, obwohl wir finanziell schlechter dastehen. Meines Erachtens kann man Armut nicht global definieren.

Hugh / *Lebt in Irland*

Ich kann Ihnen eine kleine Geschichte erzählen, die vor ein paar Jahren passiert ist. Ich war in einem Wohltätigkeitsverein, und eine unserer Aufgaben war es, an Weihnachten Leute zu besuchen. Ich erinnere mich, dass wir einen Mann besuchten, der in einem regelrechten Saustall wohnte. Es war absolut schrecklich, wenn man aus einem gemütlichen Haus kam und einen Mann in diesem Dreck leben sah. Dann sind wir zu einem anderen Typen gegangen, der ganz allein in einem kleinen Haus ganz oben auf dem Berg wohnte. Er hatte überhaupt keine Familie, konnte zu Weihnachten nirgends hin. Er wollte mich mit allen Mitteln halten, ich sollte stundenlang bleiben, nur um diese unendliche Einsamkeit zu durchbrechen, in der er sich in diesem Moment befand. Das ist eine Art Armut. Armut von Geist und Seele ist noch viel schlimmer als finanzielle Armut.

Kisean / *Lebt in Kenia*

Für uns Massai ist Geld nicht das Wichtigste; am wichtigsten sind die Kühe. Wenn man Kühe hat, braucht man kein Geld, Geld braucht man nur, wenn man keine Kühe hat.

Vanessa / *Lebt in Südafrika*

Für mich ist Geld sehr wichtig. Ich träume nur von Geld. Ich sage immer, wenn ich einmal einen Freund habe, muss er Geld haben. Ich sage immer zu den Männern: »Nein, dich will ich nicht, du hast kein Geld!« Dann sagen sie mir: »Würdest du mich für mein Geld lieben?« Nein, für mich gibt es keine Liebe, ich brauche Geld, und wenn er mir das nicht geben kann ... Ich will Geld, ich liebe das Geld, ich brauche Geld, für mich bedeutet Geld alles!

Melanie / *Lebt in Australien*

Wenn du zur Welt kommst, bist du nackt und ohne alles. Und wenn du gehst, nimmst du nur die Kleider mit, die du am Leib trägst. Du wirst wieder zu Staub da, wo du herkommst, Schwester! Deshalb behalte ich kein Geld. Ich spare nicht, ich lege nichts zurück, auch nicht für den Tag, an dem ich vielleicht in Schwierigkeiten bin ... Wenn ich welches habe, gebe ich es aus!

Zein / *Lebt in Indonesien*
Für mich ist Geld wie mein Bart. Hätte ich es geschafft, zu sparen, dann würde mein Bart bis zum Boden reichen. Aber wenn er zu lang wird, rasiere ich ihn ab, und dann habe ich kein Geld mehr. Er wächst, ich rasiere ihn ab, er wächst nach und ich rasiere ihn wieder ab.

Maremba / *Lebt in Papua-Neuguinea*
Dieses Geld macht mich verrückt. Es landet in meiner Tasche. Dort bleibt es nur zwei oder drei Tage, dann ist es wieder weg. Danach verschwende ich meine Zeit damit herauszufinden, wohin es verschwunden ist.

Petrica / *Lebt in Rumänien*
Die Geschichte, die mich am meisten geprägt hat, war, als ich in der 5. Klasse war, da hatte ich einen 100-Lei-Schein gemalt (etwa 30 Euro). Das war damals ein blauer Schein mit Balcescu darauf. Ich hatte zu Hause mit einem Füller und meinen Buntstiften einen Hunderter gemacht. Ich stellte fest, dass er mir gut gelungen war. Ich machte mehrere davon, die einen waren vorne und hinten bemalt, die anderen nur auf einer Seite. Und zum Spaß zerknitterte ich sie und ließ sie in der Gasse fallen, damit die Leute sie fanden und sich freuten. Eines Tages habe ich so einen hübsch zerknitterten Schein auf die Gasse gelegt; da kam ein Mann, ein Bauer aus unserer Gegend, auf seinem Pferd, er kam aus dem Wirtshaus – denn bei uns trinken die Bauern immer –, er war auf dem Heimweg und ärgerte sich, dass er sein ganzes Geld ausgegeben hatte. Als er die 100 Lei sah, stieg er schnell vom Pferd, ging nach Hause, und ohne auf seine Frau zu achten band er sein Pferd fest und ging wieder ins Wirtshaus.

Ulrich / *Lebt in Tamil Nadu, Indien*
Viele Menschen, auch ich, denken: »Ach, wenn ich Geld hätte, könnte ich ...«; und die Leute, auch ich, träumen davon, was sie alles machen könnten, wenn sie nur Geld dafür hätten. Aber wenn du dann irgendwann Geld hast, sieht alles anders aus. Mir persönlich hat das unglaubliche Verantwortung auferlegt, die mit Macht und auch der Gefahr der Korruption zu tun hatte. Du betrachtest das Geld nicht wie etwas Eigenes, sondern als Potenzial. Geld selbst ist nichts. Es erlaubt dir, eine Vision zu materialisieren; und wenn du dir dessen bewusst bist, dass du diese Verantwortung trägst, dann ist diese Verantwortung nicht leicht zu übernehmen, ohne dich von der Macht des Geldes fangen zu lassen. Wenn die Leute zum Beispiel zu dir kommen, um das Geld zu verwenden. Ich war in dieser Lage, Geld zu haben, und da habe ich vieles gelernt, was ich sonst nicht begriffen hätte.

Du betrachtest das Geld nicht wie etwas Eigenes, sondern als Potenzial.

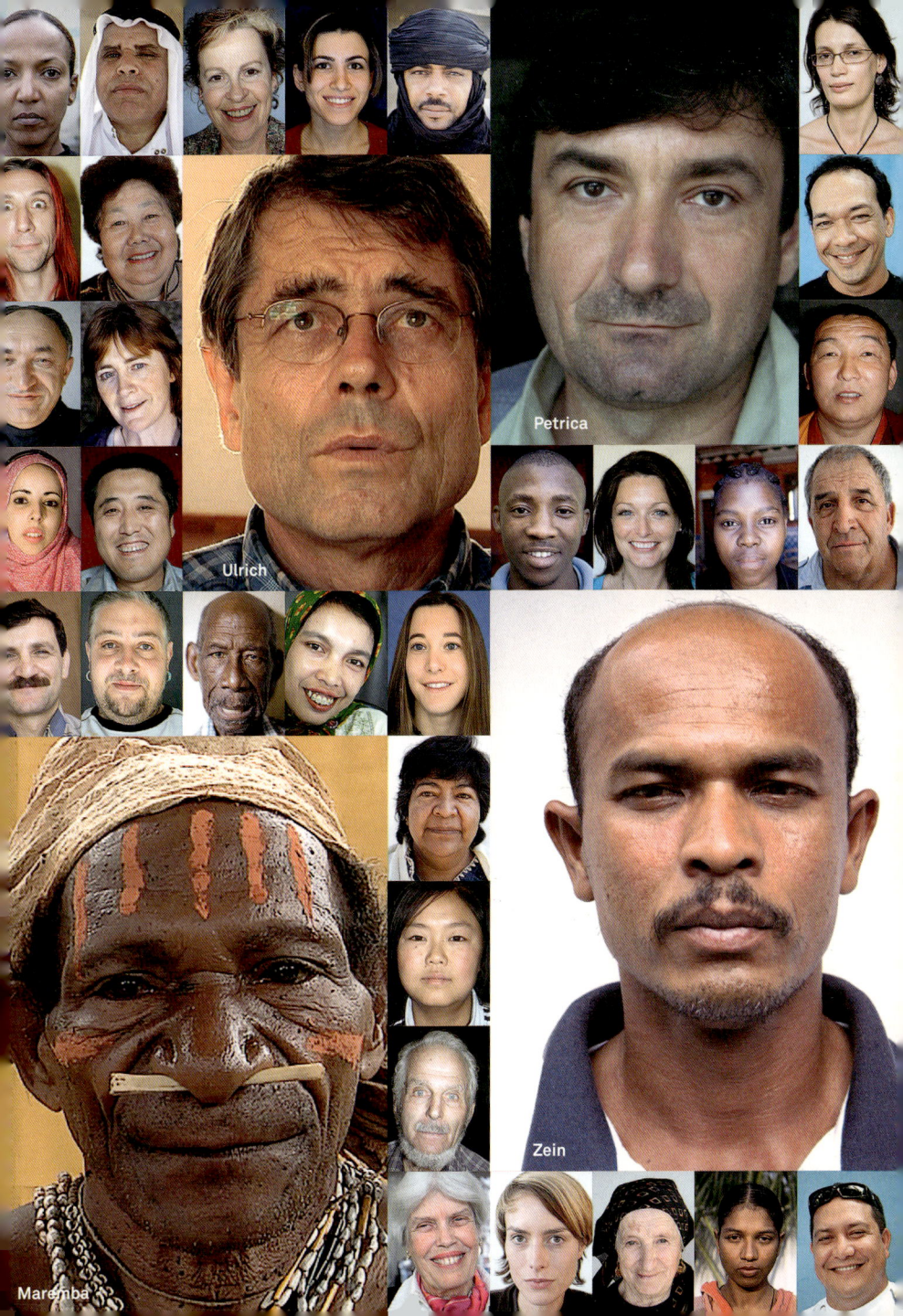

Ulrich

Petrica

Maremba

Zein

She Shiu

Lebt in Yunnan, China

Im Leben muss man zum Wohl der Menschheit beitragen. Man muss anderen Menschen nützlich sein.

Porträt / Ich heiße She Shiu und bin 84 Jahre alt. Ich leite eine Klinik für traditionelle chinesische Medizin im Dorf Baisha am Fuß des Jadedrachen-Schneebergs. Menschen aus der ganzen Welt respektieren mich. Ich bin sehr glücklich. Ich hoffe, es wird bis in alle Ewigkeit die Medizin und das Konzept des *Ren* (sich gerne um andere kümmern) geben.

Beruf / Ich war zunächst gar kein Arzt. Aber ich war krank, und man konnte nichts dagegen tun. Niemand kümmerte sich um mich. Also informierte ich mich und behandelte mich dann selbst. Und heilte mich. Danach begann ich, andere zu behandeln. Bestimmte Krankheiten sind sehr verbreitet, andere sind komplizierter und müssen im Krankenhaus behandelt werden. Damals war ich arm, und meine Patienten waren es auch. So behandelte ich sie umsonst. __ Nach den Reformen und der Öffnung Chinas kamen Patienten aus der ganzen Welt. Ich behandelte sie nicht immer gegen Geld; sie bezahlten mich im Rahmen ihrer Möglichkeiten. So wurde ich mit der Zeit bekannt.

Botschaft / Ich möchte das Wissen um die traditionelle Medizin an meinen Sohn und meinen Enkel weitergeben. Mein Enkel studiert in Peking. Außerdem haben wir unsere Erkenntnisse patentieren lassen. Mein Enkel studiert, um ins Ausland zu gehen und unser Wissen zu verbreiten. Er braucht fundierte Kenntnisse, um meine Nachfolge antreten zu können.

Familie / Die Familie ist mir sehr wichtig. Mir wurde beigebracht, dass man ein harmonisches Zuhause braucht, um Frieden im Land zu haben. __ Erfolgreich studieren, eine funktionierende Familie haben – das sind die wichtigen Dinge. Wenn es in der Familie nicht gut läuft, ist es schwer, Erfolg zu haben. Darum geht es eben in dem chinesischen Sprichwort: »Harmonie zu Hause führt zu Frieden im Land.« Wer weder einen guten Studienabschluss noch eine harmonische Familie hat, kann seinem Land wohl kaum nützlich sein. Ich weiß, meine Ansichten sind ziemlich traditionell. Ich bin sehr alt. Vielleicht halten Sie mich für einen Sturkopf, aber ich möchte ehrlich sein.

Schlimmste Erfahrung / Das Schwerste war für mich der Sportunterricht. Ich war damals krank, und das war sehr hart. Deshalb begann ich mit meinen medizinischen Nachforschungen.

Liebe zur Heimat / Ich bin 84 Jahre alt und damit schon lebende Geschichte! Ich habe den Krieg gegen Japan, den Befreiungskrieg und viele andere Ereignisse miterlebt. Meiner Meinung nach haben wir heute die beste Gesellschaft. __ Jedenfalls zahlen die chinesischen Bauern keine Steuern mehr. Früher zahlte ich Steuern, heute nicht mehr. Ich erhalte sogar Zuschüsse. Von einem Leben wie unserem heutigen hatte ich vorher noch nie gehört.

Freude / Meine größte Freude besteht darin, mich um andere zu kümmern. Wenn sie geheilt sind, bin ich der glücklichste Mensch. __ Die Person dort in roter Kleidung (er zeigt auf ein Foto) hatte Leukämie und nahm jahrelang Medikamente. Nun konnte sie die Schule fortsetzen und machte ein gutes Abitur. Darüber freue ich mich sehr. Ich habe die Protokolle all ihrer Untersuchungen aufbewahrt. __ Besonders stolz bin ich in meinem Leben darauf, viele Kranke geheilt zu haben – obwohl ich darauf nicht stolz sein sollte, denn es ist meine Pflicht.

Geld / Viele Menschen, die kein Geld haben, gehen nicht ins Krankenhaus. Manchmal nehmen Kranke nur ein oder zwei Tage ihre Medikamente, weil sie kein Geld für die gesamte Dosis haben. Aber wenn ich etwas verschreibe, denke ich nicht ans Geld. Wenn eine Krankheit eine Behandlungsdauer von einem Monat erfordert, verschreibe ich das. Sind es zwei Monate, verschreibe ich auch dies. Ich denke nicht ans Geld, sondern an die Erkrankung. Ist es eine langfristige Erkrankung, verschreibe ich mehr Medikamente. Geht sie schnell vorbei, reichen wenige. __ Manche Patienten machen sich Sorgen um den Preis. Sie sagen: »Herr Doktor, ich brauche nicht so viel …« In Wahrheit haben sie einfach nicht genug Geld. Ich beruhige sie: »Nimm die Medizin. Ich verlange kein Geld von dir, ich will nur deine Krankheit heilen.«

Fortschritt / Ich habe keine Website, aber ich werde auf vielen Websites erwähnt. Ich habe nur eine E-Mail-Adresse. Das ist praktisch, denn wenn ein Kranker weit entfernt lebt, schreiben wir uns E-Mails und ich schicke ihm Medikamente. Die Welt wird immer kleiner.

Lachen / Ich lache nicht viel. Ich bin eher ernst und mache mit meinen Patienten keine Späße. Lachen ist nicht gut. Man muss ernsthaft arbeiten und ehrlich mit den Leuten umgehen. Ich lache wenig und gehe wenig aus. Einmal las ich in einem Heftchen: »Doktor H. ist ein wenig eigen, weil er sich nicht amüsiert und wenig ausgeht.«

Weinen / Weinen? Ich weine wenig. Selbst in schwierigen Momenten habe ich nicht geweint und alles für mich behalten. Ich bin sehr stark. Auf Chinesisch sagt man: »Die Kraft des Geistes überwindet alle Hindernisse.« Das glaube ich auch.

Religion / Ich werde oft gefragt: »Sind die Naxis gläubig?« Als ich klein war, gab es zu Hause viele Götter, einen für die Berge, einen für die Brücken ... In Lijang trifft man auf Buddhisten, Lamaisten, Muslime und Christen. All diese Religionen leben friedlich nebeneinander her. __ Als wir klein waren, gingen wir jeden Samstag zur Kirche. Aber ich stamme aus einem animistischen Haushalt. Manchmal gingen wir ins Kloster, manchmal in die Moschee oder zum Tempel der Lamas. Man kann gläubig sein oder nicht, aber alle Religionen sind gleich bedeutend. Sie lehren alle, Gutes zu tun und das Schlechte zu meiden. __ Das Volk von Lijang liebt den Frieden.

Nach dem Tod / Im Leben muss man zum Wohl der Menschheit beitragen. Man muss anderen Menschen nützlich sein. Ich sage oft, dass Schriftsteller durch ihre Bücher leben. In der Vergangenheit gab es viele Menschen, die zum Gemeinwohl beigetragen haben. Sie leben in der Erinnerung der Völker weiter. __ Das Bild, das nach dem Tod von einem bleibt, hängt mit den Taten zu Lebzeiten zusammen. Wenn man Schlechtes tut, mögen einen die Leute nicht und erinnern sich nur an das Schlechte. Deshalb muss man schöne Dinge tun. Ich weiß nicht, was nach dem Tod ist, aber jeder Tote lebt in den Herzen der Menschen weiter.

Spruch / Mein Lieblingszitat stammt von Konfuzius und besteht nur aus einem Wort: *Ren*. Das Wort *Ren* verehre ich. In der chinesischen Medizin behandelt man mit *Ren*. Auch in der Politik muss man *Ren* anwenden. Und es gibt viele weitere Gebiete, in denen es praktiziert werden muss. Es ist der Kern der konfuzianischen Philosophie. Deshalb liebe ich dieses Wort und schenke meinen Freunden oft *Ren*-Kalligrafien.

Botschaft / Zunächst wünsche ich allen Frieden und Gesundheit. Wer reich, aber krank ist, ist machtlos. Wer nicht in Frieden lebt, auch. Und ohne Frieden gibt es keine Gesundheit. Zwei Worte nur: Frieden und Gesundheit. Mehr braucht man nicht.

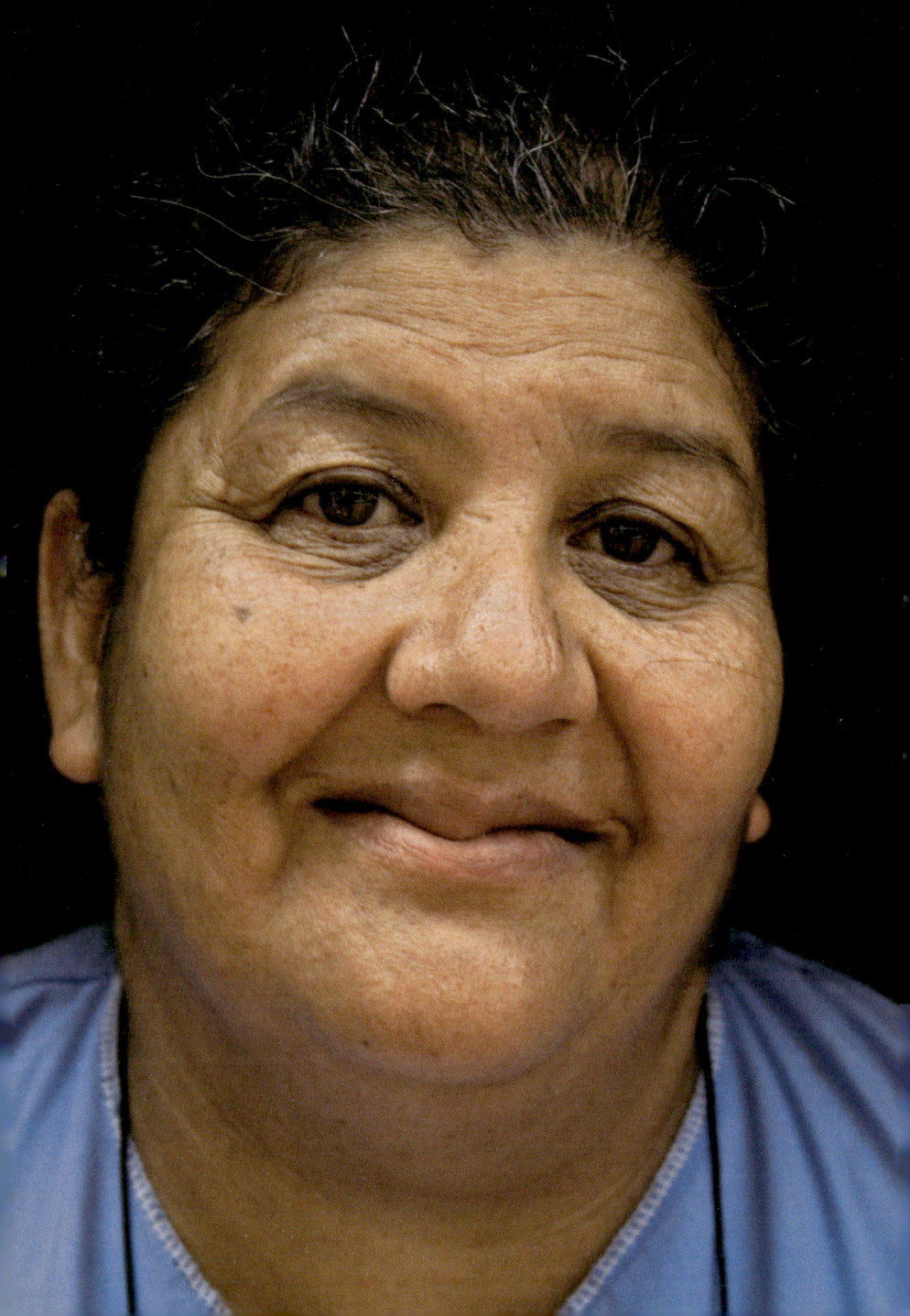

Graciela

Lebt in Argentinien

Der Sinn des Lebens? Dass kein Kind vor Hunger weint.

Porträt / Ich heiße Graciela und bin 52 Jahre alt. Ich bin Argentinierin und stamme aus der Provinz Santa Fe. Ich habe acht Kinder und fünf Enkel. __ Eine meiner Töchter ist behindert und eine, bald 19, hat ein Drogenproblem. Drogen sind hier eine Geißel wie in ganz Lateinamerika.

Kinderträume / Ich wollte immer berühmt werden. Du wirst lachen …: Ich sang im Hühnerstall, wollte eine berühmte Sängerin werden und den Armen helfen. Heute halte ich das für eine bürgerliche Idee: viel Geld verdienen und den Armen helfen. Ich bin arm, bin eine schlecht verdienende Arbeiterin. __ Ich kämpfe für eine eigene kleine Wohnung. Dort möchte ich mit meinen Kindern leben und ihnen sagen können: »Wenn ich sterbe, gehört das hier euch!« Stimmt doch, oder nicht?

Familie / Familie bedeutet mir alles. Sie bestimmt mein Leben. Wenn ich mich an meine eigene Kindheit erinnere … Ich wurde bereits mit sieben Jahren Vollwaise. Eine Schwester zog mich groß. Sie schlug mich und lehnte mich wegen meiner Hautfarbe ab, weil ihre Familie weiß ist. Meine Brüder sind auch weiß, sie haben weiße Haut, grüne Augen und blonde Haare. Ich stamme aus einer zweiten Ehe. Mein Vater kommt von hier. Wir kamen also dunkelhäutig zur Welt. Von meiner Familie fühlte ich mich deshalb nie akzeptiert. __ Ich bin mit Schlägen aufgewachsen. __ Vielleicht bin ich wegen der Schläge weggegangen. Mit 15 Jahren hielt ich mich für alt genug. Ich verließ mein Zuhause. Durch das Leben lernte ich, dass es das Schönste ist, sich für seine Familie einzusetzen. Deshalb kämpfe ich heute für meine Familie. Dafür, dass meine Kinder zusammen sind, einander verstehen und lieben. __ Ich gehörte als Jugendliche zu den Militanten. Mit 16 Jahren widmete ich mich der Politik.

Lehren von den Eltern / Ich glaube, von meinen Eltern hätte ich gerne gelernt, wie man mit anderen spricht. Nicht schreien, sich gut verhalten, Liebe geben und wissen, dass es im Leben noch etwas anderes gibt als Brutalität. Mit diesem Problem hatte ich in meiner eigenen Familie lange zu kämpfen. Schließlich trennte ich mich vom Vater meiner Kinder, der ein gewalttätiger Alkoholiker war. Ich zog meine Kinder ganz allein groß. __ Das hatte nichts mit meinen Träumen zu tun. Ich wollte, dass meine Kinder mit einem guten Vater in einer heilen Familie aufwachsen, zur Schule gehen und Arbeit finden. __ Ich war ganz allein und konnte meine Ziele nicht verwirklichen.

Diskriminierung / Schon früh hinderte mich die Diskriminierung daran, meine Weiblichkeit richtig zu entwickeln. Ich musste andere Rollen übernehmen. Um mich besser verteidigen zu können, kleidete ich mich als halber Junge. Ich befand mich immer hinter einem Schutzschild, immer in der Defensive, damit mir ja nichts zustieß. Diese Haltung übertrug ich auf meine Kinder. Ich nenne sie »inneren Groll«. Ich dachte: »Ich bin schwarz, niemand liebt dich, du bist zu nichts nütze ...« Das ist noch schlimmer, wenn man arm ist.

Politik / Zum Ende der Regierung Alfonsin, zwischen 1987 und 1989, glaubte ich an die Revolution. Genau wie am 19. und 20. Dezember 2001 (als auf der Plaza de Mai Massendemonstrationen gegen die Regierung stattfanden). Ich war glücklich und glaubte, alles würde sich ändern, alle wären von nun an gleichberechtigt, die Reichen würden enteignet ...

Arbeit / Für mich bedeutet Arbeit Würde. Wie soll ich das erklären? Ich fühlte mich mutlos und glaubte, zu nichts nütze zu sein. Auf der Straße provozierte ich wahllos Leute. Ich glaubte, man müsse aggressiv sein. So war ich immer auf Streit aus. Ich hatte Probleme, war wütend über die Ungerechtigkeit der Armut und dachte an all die Dinge, die ich meinen Kindern hätte geben können, wenn ich Arbeit gehabt hätte. Später begann ich zu arbeiten und distanzierte mich zunehmend von der Gesellschaft. Damals gab es viele *Piqueteros* (Demonstranten, die Straßen sperrten). Plötzlich behandelte uns jeder als dreckige, nutzlose Schwarze. __ Die Arbeit gab mir innere Kraft, ich hatte Eigentum und konnte meine Kinder ernähren. Ich konnte mir gutes Essen leisten, nichts Besonderes, aber gute Lebensmittel. Und ich ermöglichte ihnen eine gute Schulbildung.

Botschaft / Ich finde es besonders schwierig, meinen Kindern zu vermitteln, was ich für sie getan habe. Zwar habe ich sie oft allein gelassen. Ich habe ihnen nicht genug Aufmerksamkeit und Verständnis entgegengebracht und ihnen nicht genug bei den Hausaufgaben geholfen, wie es andere Mütter tun. Das wollte ich nicht. __ Aber ich musste mich politisch engagieren. Das war mir eine Herzensangelegenheit. Vielleicht beginnen sie jetzt zu verstehen, warum ich gearbeitet, mich in der militanten Szene engagiert und gekämpft habe. Ich tat es, damit dieses Land sich verändert und meine Kinder ein besseres Leben haben als ich. __ Ich wünschte, alle Kinder könnten in normalen Häusern aufwachsen: mit Betten, Frühstück und Abendessen, einer guten Schulbildung. Das alles hatte ich nicht. __ Manchmal bin ich entsetzt über die Lebensbedingungen vor allem der alleinstehenden Frauen in meinem Land. Für sie kämpfe ich, damit sie und ihre Kinder es besser haben als ich.

Schlimmstes Erlebnis / Meine härteste Erfahrung liegt ungefähr zwei Jahre zurück. Es war, als meine Tochter sprang ... Sie warf sich vom Hausdach. Als ich sie auf dem Boden liegen sah, wusste ich, wenn sie sterben würde, wäre auch ein Teil von mir tot. Ich sprach mit den Ärzten, kämpfte um sie. Das war eine schreckliche Erfahrung, die mir sehr wehtat. __ Wir hatten einige besetzte Gebiete unterstützt. Die Polizei kam, verjagte alle und riss die Häuser nieder. Meine Tochter glaubte, wir könnten diese Ländereien nie zurückbekommen. Sie wurde depressiv und wollte sich umbringen. Es war schrecklich, sie so zu finden. __ Meine Tochter hat psychische Probleme. Nach der Geburt ihres Kindes wurde sie krank. Wegen unserer finanziellen Situation entzog uns der Kindsvater das Baby. Und sie ... __ Ich war daran gewöhnt, andere leiden zu sehen und ihnen zu helfen. Diesmal jedoch war ich an der Reihe. __ Ich konnte nur schwer akzeptieren, meine Tochter im Rollstuhl durch die Straßen zu schieben. Das ist eine furchtbare Erfahrung.

Bittere Wahrheiten / Am schwersten fiele mir, meinen Kindern zu gestehen, dass ich sie gegen die Revolution eintauschen würde. Gegen die bewaffnete Revolution meines Volks. Sie würden das nicht verstehen. __ Wenn man mich morgen anriefe und sagte: »Negra, wir bauen unsere Armee auf«, dann wäre es schwer, ihnen das zu sagen. Aber ich würde es tun. __ Sie würden denken, dass ich sie nicht liebe. __ Ich erkläre ihnen oft, dass man die Niederlage nicht akzeptieren darf und weiter für eine bessere Gesellschaft kämpfen muss. Sie verstehen mich kaum.

Töten / Ob ich jemanden töten würde? Ja klar! Und zwar die Mörder meiner Mitstreiter. Massi, Dario und die anderen 30 000 Vermissten. Ich würde keine Sekunde zögern. Ja, einen Macero, einen Videla ... Weil sie kein Mitleid hatten, weil sie junge Seelen ermordet haben, die unser Leid beenden wollten. __ Solche Leute werden in unserem Land recht milde bestraft. Während man einen Hühnerdieb hart straft und manchmal sogar zum Tode verurteilt, können die Mörder ihre Haft zu Hause absitzen. Das ist völlig ungerecht.

Der Sinn des Lebens / Der Sinn des Lebens? Dass kein Kind vor Hunger weint. Vielleicht hungern meine Kinder, weil auch ich in meiner Kindheit Hunger hatte. Hunger in all seinen Bedeutungen. Verstehst du?

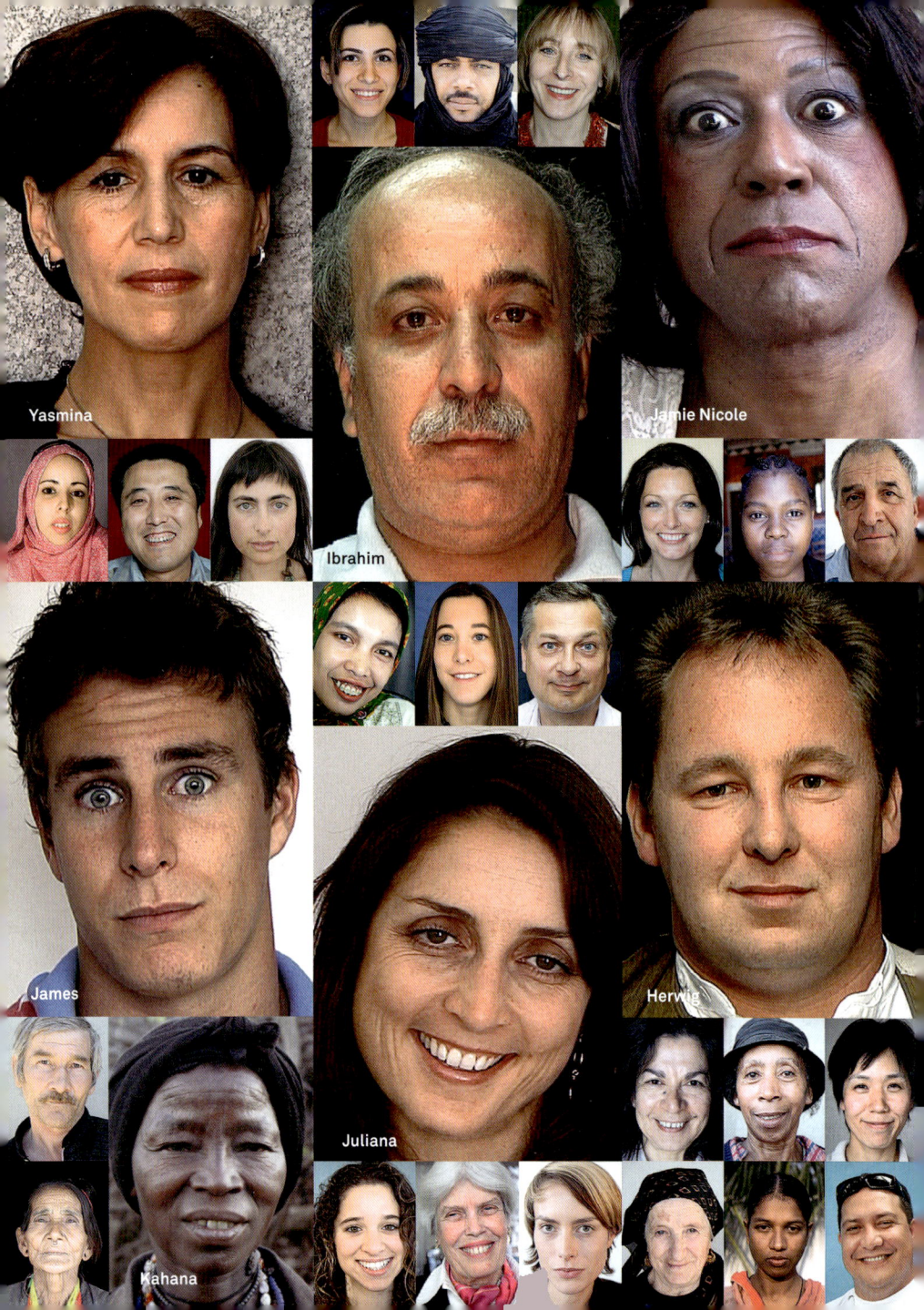

Yasmina

Jamie Nicole

Ibrahim

James

Herwig

Juliana

Kahana

WORIN LIEGT DER SINN DES LEBENS?

Yasmina / *Lebt in Algerien*
Ein italienischer Philosoph hat gesagt:
»Der Mensch durchläuft drei Phasen:
Geburt, Leben und Tod. Er merkt nichts
von seiner Geburt. Er vergisst, zu leben.
Und er leidet so sehr, dass er stirbt.«

Herwig / *Lebt in Deutschland*
Ich bin kein Philosoph, ich kann dazu
nichts sagen. Für mich besteht der Sinn
des Lebens darin, freitagabends mit
meinen Freunden in meiner Lieblings-
kneipe Bier zu trinken.

Juliana / *Lebt in Los Angeles, USA*
Der Sinn des Lebens ist die Liebe. Die
Liebe zur Familie, zu den Freunden, dem
Ehemann, der Ehefrau, den Kindern,
dem Partner, wem auch immer – aber es
ist ganz sicher die Liebe.

James / *Lebt in Australien*
Der Sinn meines Lebens ... ich weiß
nicht. Ich bin noch nicht sicher. Fragen
Sie mich in 20 Jahren noch einmal,
vielleicht habe ich dann eine genauere
Vorstellung.

»Der Mensch durchläuft drei Phasen: Geburt, Leben und Tod.«

Kahana / *Lebt in Äthiopien*
Der Sinn des Lebens? Für mich liegt
er in der Arbeit auf den Feldern, der Her-
stellung und dem Verkauf des *Chaka*
(Bier aus Sorghum-Getreide) sowie der
Suche nach Nahrung.

Ich glaube, mein Leben hat den gleichen Sinn wie alle anderen Leben.

Ibrahim / *Lebt in Israel*
Der Sinn meines Lebens sind Liebe,
Küsse, Blumen, gutes Essen, Fisch, ein
schönes Auto und Gott. Zuerst natürlich Gott.

Jamie Nicole / *Lebt in Ohio, USA*
Ich glaube, mein Leben hat den gleichen
Sinn wie alle anderen Leben. Warum
hat Gott uns erschaffen? Um nicht allein
zu sein. Und ich glaube wirklich, was ich
sage. Das hat nichts mit meiner Kirche
zu tun, sondern ist meine persönliche
Überzeugung. Ich glaube, Gott hat die
Menschen erschaffen, um sich nicht
allein zu fühlen.

Mary / *Lebt in Großbritannien*
Der Sinn des Lebens! Hat denn das
Leben einen Sinn? Gibt es einen Grund,
zu leben? Ich würde sagen, es gibt weder
Sinn noch Ziel. Ich weiß nicht, warum
wir alle hier sind, was wir tun oder voll-
bringen sollen. Ich glaube, das Leben
hat keinen bestimmten Sinn. Ich habe
mir nie einen wie auch immer gearteten
Zweck vorgestellt. Das ist ein Sakrileg,
ein antireligiöser Standpunkt!

Shigeru / *Lebt in Japan*
Selbst mit 70 Jahren kenne ich den
Sinn des Lebens nicht. Das Leben zieht
vorüber, bis zum Ende, und man fragt
sich: »Worin besteht er, worin besteht
er?«

Xavier / *Lebt in Frankreich*
Ich verstehe die Frage nicht – so etwas
gibt es nicht. Niemand hat mich gefragt,
ob ich auf die Welt kommen, ob ich auf
der Erde leben will. Niemand hat mich
das gefragt! Ich bin hier, und so ist es
nun einmal.

Esefa / *Lebt in Bosnien-Herzegowina*
Wenn ich keine Kinder hätte, wäre
mein Leben sinnlos. Es würde mir nichts
bedeuten. Als mein Mann und meine
Familie verschwanden, fragte ich mich,
warum ich nicht auch verschwunden
bin. Doch meine Kinder hielten mich am
Leben, sie sind der Sinn meines Lebens,
und ich lebe für sie.

Payana / *Lebt in Äthiopien*
Unsere Kultur gibt unserem Leben den
Sinn. Kultur bedeutet hier zum Beispiel
den Generationenbaum: Er wird alle
18 Jahre vom Stammeschef gepflanzt.

Jedes Dorf hat einen Generationenbaum, er gehört zum Leben der Konso,
zu unserem Leben. Wenn die Bäume
nicht gepflanzt werden, ist unser Leben
nicht vollständig. Wenn die Stammes-
chefs sie nicht pflanzen, hat ihr Leben
keinen Sinn.

Anca / *Lebt in Rumänien*
Der Sinn des Lebens sind nicht die
Kinder, nicht die Fortpflanzung, sondern
die Suche nach sich selbst, im eigenen
Inneren. Was tut man auf dieser Erde?
Wurde man nur hierhergeschickt, um
zu essen und Kinder zu zeugen? Aber
nein! Jeder von uns ist ein kleines Stück
von Gott, also ein Schöpfer: Was erschafft
man auf dieser Erde? Ist man nur hier,
um zu konsumieren und wegzuwerfen,
oder trägt man zu etwas bei? Das ist der
Sinn des Lebens – sonst hätte das alles
hier gar keinen Sinn.

Salwa / *Lebt in Ägypten*
Das Leben hat zwei Türen. Durch eine
betritt man es, durch die andere verlässt
man es. Ein intelligenter Mensch tritt
mit vielen guten Dingen in der Tasche
durch den Ausgang. Wer Gutes getan
hat, wird dafür entschädigt werden und
kommt ins Paradies. Das Leben ist ein
Leidensweg, den man beschreiten muss,
um ins nächste Leben zu gelangen – ins
Paradies.

Mary

Payana

Salwa

Xavier

Shigeru

Esefa

Anca

Ali

Laya

Lucie

Erick

Ato

Aischa

Erick / *Lebt in Kuba*
Der Sinn des Lebens liegt momentan darin, zu kämpfen, mein Bruder. Um alles zu kämpfen. Um die Liebe, sich selbst, die Welt und das Universum. Um die Menschheit und die Natur. Um das Glück. Darum, nicht aufzugeben und den Kampf zu lieben. Das ist der Sinn des Lebens.

Laya / *Lebt in Mali*
Ich habe einen Grund, zu leben. Ich habe meinen Wehrdienst abgeleistet, meinem Volk gedient, und ich diene ihm weiterhin. Momentan bin ich Präsidentin der CAFO, der Coordination des Associations et ONG féminines (Koordinationsstelle für Vereinigungen und NGOs von Frauen). Ich diene mit Körper und Geist, ich gebe meinem Leben einen Sinn, ich kämpfe für die Frauen, um ihnen aus ihrer misslichen Lage herauszuhelfen. Das ist immerhin etwas.

Lucie / *Lebt in Frankreich*
Zur humanitären Arbeit hat mich die Erkenntnis gebracht, dass ich in der Gesellschaft, in der ich lebte, zu nichts nütze war. Ich arbeitete, verdiente gut, aber wozu das alles? Eines Tages fragte ich mich:»Warum mache ich das?« Ich wollte schon immer gerne reisen. An der Uni machte ich zur Vorbereitung einen Englisch-Intensivkurs. Der Kosovo-Krieg war ausgebrochen; ich sprach bereits Serbisch. Und ich dachte:»Vielleicht kann diese Sprache, die ich nie gebrauchen konnte, nun endlich nützlich sein?« Also stellte ich mich bei einer humanitären Organisation in Lyon vor und wurde sofort genommen.

Aischa / *Lebt in Mali*
Jeden Tag baut der Geist auf den Erlebnissen des Vortages auf. Die Augen öffnen sich täglich mehr, und man lernt Dinge, die man gestern noch nicht wusste. Man erwacht heute anders, als man sich gestern hingelegt hatte. Darin liegt der Sinn des Lebens.

Ato / *Lebt in Schanghai, China*
Der Sinn des Lebens besteht darin, seine Sinne zu nutzen. Weil die Sinne ganz bei uns sind. Ich glaube an das Hier und Jetzt; ich mag keine Dinge, die weit entfernt sind. Ich glaube an die nahen Dinge: meine Haut, meine Sinne, meine Augen, ich nutze sie alle. Für mich sind sie das größte Geschenk im Leben.

Ali / *Lebt in Israel*
Das Leben ist ein Geruch. Das Leben ist eine Farbe. Das Leben ist ein Gemälde. Wenn man sich gut anzieht, ist das ein Teil des Lebens. Duschen ist ein Teil des Lebens. Kinder gebären ist das Leben. Die Wechsel der Jahreszeiten sind das wunderbare Leben: Schnee, Wüste, Norden, Süden. Im Leben selbst liegt für mich der Sinn, im Wort »Leben« haben wir das Leben.

Allen

Lebt in New Orleans, USA

Ich glaube an die Bedeutung jeder schweren Prüfung … Ich bin ein frommer Gläubiger. Das ist keine Frage der Religion, sondern des Glaubens.

Porträt / Ich heiße Allen und bin 60 Jahre alt. Ich habe einen fünf Jahre älteren Bruder. Wir sind genau fünf Jahre und zwölf Stunden auseinander und am selben Tag geboren! Ich bin das dritte Kind. __ Seit über 25 Jahren bin ich mit einer sehr schönen Frau namens Linda verheiratet. Wir haben 1980 oder 1988 geheiratet, keiner von uns kann sich genau an das Datum erinnern. Dazu müssten wir in den Unterlagen nachsehen. __ Ich bin heute Invalide und arbeite in Teilzeit. Ich bin Chef einer Eventagentur; wir organisieren Festivals und Kulturveranstaltungen in New Orleans und in der ganzen Welt.

Kinderträume / Mein Großvater hatte einen gut gehenden Friseursalon hier in New Orleans. Wenn ich auf seinem Schoß saß, sagte er immer, er wolle, dass wir Ärzte, Anwälte oder indische Chefs werden. Das weckte meine Neugier, und ich fragte ihn: »Was ist ein indischer Chef?« Er antwortete: »Das ist jemand, der auf alles Einfluss hat.« __ Mein Leben lang versuchte ich, alles Mögliche zu lernen. Beeinflusst durch meinen Großvater übte ich erfolgreich verschiedene Berufe aus. Geschäftssinn liegt bei uns in der Familie. Genau wie Pünktlichkeit. Die letzten Worte meiner Mutter waren, dass es wichtig sei, pünktlich zu sein.

Lehren aus dem Elternhaus / Meine Eltern haben mir einige Dinge beigebracht. Am wichtigsten sind Stolz, Integrität und Ehre. Zu seinem Wort stehen. Nicht lügen, egal unter welchen Umständen. Nicht von anderen abhängig sein. Immer die andere Wange hinhalten. Seinen Nächsten lieben und denen helfen, die Hilfe brauchen.

Heutige Träume / Dank Gott hatte ich ein erfülltes Leben. Ich habe die fünf Kontinente bereist. Persönliche Träume habe ich nicht, aber ich habe Träume für die anderen. Für die jüngsten Mitglieder meiner Familie und Gemeinde wünsche ich mir, dass alle zusammen und bei guter Gesundheit leben. Ich habe wirklich ein wunderbares Leben. Das wird auch so weitergehen! Ich bin voller Tatendrang und gebe mich nicht mit Träumen zufrieden. Ich tue, was ich tun möchte.

Arbeit / Ich habe schon viele Berufe ausgeübt. Ich trug und trage alle möglichen Arten von Mützen! Schließlich wurde ich Eventmanager und war mit der Planung von Veranstaltungen betraut. Aber ich habe schon alles Mögliche gemacht. __ Ich habe handwerkliche Arbeiten gemacht ... ich kann jede Arbeit verrichten. Ich kann putzen oder als Geschäftsmann tätig sein. Ich habe schon Lebens- und Krankenversicherungen sowie Autos verkauft, habe große Festivals und Veranstaltungen organisiert, im Hotelgewerbe gearbeitet ... ich habe wirklich schon alles gemacht. __ Heute arbeite ich als ... nun ja, ich bin Invalide, denn ich habe eine Atemwegserkrankung. Aber ich organisiere immer noch Veranstaltungen in meiner Gemeinde. New Orleans ist derzeit gänzlich zersplittert, und wir brauchen Leute, die das Kommando übernehmen. Das versuche ich. Wir brauchen auch Infrastruktur für die Jugend, etwa Schulen. Wir müssen uns damit auseinandersetzen, wohin sich die Stadt entwickelt.

Freude / Eine der glücklichsten Zeiten meines Lebens verbrachte ich in Südafrika. Auf dem Gipfel des Tafelberges wurde ich vor Freude fast verrückt. Das ist für mich eine der schönsten Gegenden der Welt. Dort wurde mir klar, dass Gott, der Schöpfer dieser Landschaft, ein Künstler sein muss. __ Der Besuch in Afrika verband mich mit meinen Vorfahren. Bis dato hatte ich hier in Amerika immer nur die Tarzan-Filme gesehen. Afrika hatte mich stets interessiert, und ich hatte die Gelegenheit, das Land mehrmals zu besuchen. Dort fand ich Freunde, die für mich heute zur Familie gehören.

Ich glaube, die größte Angst ist die vor der Angst selbst.

Das schlimmste Erlebnis / Der schwierigste und schmerzvollste Moment meines Lebens war der Tod meiner Tochter mit 26 Jahren. Sie wartete auf eine Herz- und Lungentransplantation. Ich sah sie sechs Monate lang leiden; sie war sehr mutig. Nie fragte sie: »Warum ich?« Nie beklagte sie sich. Da wusste ich, dass es tatsächlich einen Gott gibt und einen Jesus Christus. Dies bestärkte mich in meinen Überzeugungen und machte mich zu einem besseren Menschen. __ Als ich meiner Tochter im Moment des Sterbens in die Augen blickte, in jenem Augenblick, als Gott sie zu sich rief ... Meine Eltern waren auch da, und Gott nahm meine Tochter auf in sein Königreich. Diesen Augenblick zu ertragen war sehr schwer für mich.

Religion / Welche Religion man ausübt, ist nicht wichtig. Ich bin katholisch und habe meine ganz eigene Beziehung zu Gott und Jesus Christus. Als meine Tochter starb, spürte ich die Anwesenheit Christi; ich spürte, dass Engel bei ihm waren, genauer meine Eltern, die gekommen waren, meine Tochter zu holen. Ich wusste, dass sie da waren, ich spürte es genau. __ Als Kind war ich seltsam. Ich wurde mit einer sogenannten Membran auf dem Gesicht geboren. Ich kann sehr gut unterscheiden, was ich sehe und was ich glaube. Die Jugend in New Orleans war nicht leicht. Es ist ein schwieriges Umfeld, und ich weiß, dass Gott mich immer beschützt hat, genau wie Jesus Christus und der Heilige Geist. __ Ich glaube an die Bedeutung jeder schweren Prüfung. Ich bin überzeugt, dass es Gott gibt und dass Jesus in den Himmel aufgefahren ist und zu seiner Rechten sitzt. Ich bin ein frommer Gläubiger. Das ist keine Frage der Religion, sondern des Glaubens.

Gott / Für mich ist er unvorstellbar. Er ist so groß, so stark! Durch Jesus hat er menschliche Gestalt, und ich stelle ihn mir so vor wie auf den typischen Bildern: mit Bart – wie ich –, langen *Dreadlocks*, krausem Haar und mattem Teint. __ Weil ich mit Kindern und alten Menschen arbeite, weiß ich um die Güte und Aura Gottes. Doch ich sehe auch die körperliche Präsenz Jesu. Sobald ich an die Dreifaltigkeit denke, sehe ich sie vor mir: Gott den Vater, Gott den Sohn und den Heiligen Geist.

Angst / Ich habe nur vor wenigen Dingen Angst. Ich habe Angst vor der Unwissenheit. Aber ich glaube, die größte Angst ist die vor der Angst selbst. Und weil ich an der Seite Gottes und Jesu gehe, habe ich vor nichts Angst.

Töten / Ich werde mich stets unter Kontrolle haben. »Du sollst nicht töten« ist eines der Zehn Gebote. Ich bin nicht der Typ, der jemanden tötet. Ich sage es vielleicht, aber ich würde es nie tun. Das ist Gottes Aufgabe, nicht meine.

Nach dem Tod / Ich stelle mir etwas Wunderbares vor. Keine Krankheiten, keine Verbrechen, keine Lügen. Haufenweise schöne Blumen und Menschen, die nichts zu verbergen haben und die nackt umhergehen, wie Gott es wollte, als er den Menschen schuf. Etwas Wunderbares ohne Hunger und Krankheit. So sehe ich das.

Verzeihen / Unverzeihlich sind für mich die bewusste Lüge, die Verfälschung der Wahrheit, Diebstahl und Mord. Es ist schwierig, jemandem zu verzeihen, der nicht die Wahrheit sagt. Das ist schwer. Man kann verzeihen, aber es ist sehr schwer. __ In New Orleans gibt es einen alten Spruch, der besagt: »Pinkel mir nicht ans Bein und versuche mir dann zu erzählen, dass es regnet.« Diesen Satz finde ich gut. Erzähl mir nicht, dass es regnet. Denn ich weiß es besser als du.

Wut / Die Regierung … ihr Verhalten nach dem Sturm Katrina. Wie die Bundesregierung uns fallen ließ. Die Regierung ist unfähig, Entscheidungen zu treffen. Die Stadtoberen sind inkompetent. Das macht mich wütend. __ 19 Monate sind seit Katrina vergangen, und wir erleben gerade unsere zweite Wirbelsturmsaison! Wir leben alle in prekären

Verhältnissen. Wir warten auf das Geld der Versicherungen und auf die Hilfe der Bundes-regierung. Aber das dauert zu lange! __ Bei mir zu Hause sieht es noch schlimm aus. Ich kann Sie nicht einmal einladen; überall liegen Sachen herum. Ich versuche auf-zuräumen. Dabei habe ich noch mehr Glück gehabt als die meisten. Ich bin davon-gekommen. Manche müssen in vom Staat bereitgestellten Wohnwagen leben.

Die Zukunft der Erde / Ich glaube, das Schwinden der Ozonschicht und das Abschmelzen der Eismassen in Grönland und der Antarktis stellt uns vor massive Probleme. Die Meeresspiegel werden steigen. Es wird viele Überflutungen geben, und viel Land wird im Meer verschwinden.

Macht / Ich entscheide nicht über die Politik, weder weltweit noch in den Vereinigten Staaten oder in New Orleans. Ich bin nur ein Mensch unter anderen, der versucht, inmitten all der von den Machthabern verursachten Schäden zu überleben. __ Die Mächtigen und Reichen verursachen die Probleme. Nicht kleine Leute wie ich. Ich versuche nur, zu überleben. Ich versuche ganz einfach, zu leben.

Liebe / Ich liebe meine Frau. Wir sind seit dem Tag unserer ersten Begegnung zu-sammen ... genauer gesagt seit unserer zweiten Begegnung. Seither haben wir einander nie verlassen. Sie liebt mich von ganzem Herzen und ich sie auch. Dabei geht es nicht nur um Sex, sondern auch um Gefühle. __ Sie ist wunderbar, ich finde sie schön, und ich habe wirklich Glück, dass sie Teil meines Lebens ist. Ich hoffe, dass sie das Gleiche über mich denkt! __ Ich persönlich probiere gerne Verschiedenes aus und liebe die Leidenschaft. Ich mag den körperlichen und den geistigen Orgasmus. Ich lache und flirte gern. Ich mag Sex, aber nicht dessen Kommerzialisierung. Ich mag die Frauen. Ich glaube, sie wurden geschaffen, damit ich sie genießen kann. __ Der Liebe wohnt eine gewisse Kraft inne, und ich will, dass die Person sie spürt. Das macht mich glücklich, und ich bin froh, dass Gott mir als Mann dieses Geschenk gemacht hat: den Körper einer Frau, ihre Seele und ihren Geist. Das finde ich wunderbar. Meine Damen, ich liebe sie! Sie sind das Beste überhaupt! __ Ich blicke ihnen lieber direkt in die Augen und sage ihnen, dass ich mit ihnen schlafen will, als ihnen ein gemeinsames Leben zu versprechen. Im ersten Fall ist es die Wahrheit, im zweiten unehrlich. Denn ich würde meine Frau nie für eine andere oder für Geld verlassen, aber ich schlafe natürlich gerne mit ihnen. Verstehen Sie? __ Ich teile hier nicht die Ansicht der Mehrheit der Amerikaner. Ich bin nicht für die Polygamie, aber ich habe grundlegende Überzeugungen: Es gibt Dinge, auf die ich nicht verzichten werde. Ich strebe sie nicht gezielt an, aber ich verzichte auch nicht auf sie. Der Grund ist, dass ich ehrlich zu mir selbst und meiner Sexualität sein will. Wenn man sich an Äpfel gewöhnt hat, schmecken sie nach dem Genuss einer Orange manchmal sogar noch besser.

Das Leben ändern / Mein höchstes Ziel im Leben, das ich unbedingt erreichen möchte, ist gute Gesundheit. Ich habe eine Atemwegserkrankung, gegen die ich ankämpfe. Ich möchte gesund werden und wieder all das tun, was ich mag: reisen, schwimmen, solche

Dinge. Das ist wirklich ein Problem für mich. __ Hätte ich nicht 40 Jahre lang geraucht, wäre ich vernünftig gewesen und hätte vor langer Zeit aufgehört, als die Gefahren des Tabakkonsums bekannt wurden, dann hätte ich diese Krankheit jetzt vielleicht nicht! Wenn ich etwas ändern könnte, dann das.

Botschaft / Meine Botschaft wäre: Wenn Sie rauchen, hören Sie auf! Hören Sie auf! Ihr Körper und Ihr Leben sind zu wichtig. Ich bin 60 Jahre alt. Ich bin ein Mann, der im Leben steht und geistig fit ist. __ Aber weil ich viele Jahre lang geraucht habe, muss ich auf vieles verzichten, was ich liebe – reisen, tanzen, schwimmen –, weil ich nicht richtig atmen kann. Meine Lungen funktionieren nur noch zu 50 Prozent. Wenn Sie also rauchen, dann hören Sie bitte auf! Es ist nicht gesund.

Yovana

Marcos

Naba Manega

Dominique

Cut

Agnès

Alohosty

WAS IST GOTT FÜR SIE?

Naba Manega / *Lebt in Burkina Faso*
Hast du Gott gesehen? Als ich geboren wurde, hörte ich Gottes Namen, aber wenn du Gott gesehen hast, dann komm nur her und zeige ihn mir!

Cut / *Lebt in Indonesien*
Man kann Gott nicht sehen, man spürt ihn, wenn man die Welt betrachtet, denn alles ist sein Werk.

Alohosty / *Lebt in Madagaskar*
Ich weiß nicht, wie ich das erklären soll, aber wir Madagassen beten so zu Gott: »Lieber Gott, mach, dass wir Fische fangen!« Tatsächlich wissen wir aber nicht, wo Gott ist. So kann ich es vielleicht erklären. Man kann nicht genau erklären, was man sieht, aber am Morgen sagt man einfach: »Lieber Gott, verhilf mir zum Glück!« Mehr kann man nicht tun, man weiß nicht, wo er ist. Man sagt, er sei oben, aber man sieht sein Gesicht nicht. So erkläre ich mir das. Wir wissen nicht, ob er oben oder unter uns ist. Wir wissen es nicht.

Marcos / *Lebt in Brasilien*
Ich erinnere mich an ein kleines Eingeborenenmädchen, das zum ersten Mal in einem Flugzeug flog. Sie blickte hinaus und fragte: »Papa, ist hier der Himmel?« – »Ja, hier ist der Himmel«, antwortete ihr Vater. Da fragte das kleine Mädchen: »Wo ist Gottes Haus?« Wie soll man auf diese einfache und doch so komplizierte Frage antworten?

Yovana / *Lebt in Bolivien*
Mein Gott ist ein gutes, großes Wesen mit großem Herzen, und er ist Afrikaner wie ich.

Dominique / *Lebt in Frankreich*
Mein Gott ist meine Frau, und er ist großartig. Er lacht mich jeden Morgen an, ich glaube, das ist das Allerschönste.

Agnès / *Lebt in den Niederlanden*
Ich glaube, Gott sitzt auf einem Berg. Wie die griechischen Götter auf dem Olymp, aber es gibt nur einen Gott. Er schaut auf diese verdorbene Welt und muss unglaublich lachen. Es ist ein böses kleines Männchen, das auf seinem Hintern sitzt und der Welt beim Untergang zusieht.

Man kann Gott nicht sehen, man spürt ihn, wenn man die Welt betrachtet, denn alles ist sein Werk.

Nermeen / *Lebt in Ägypten*
Ich unterscheide zwischen Gott und der Religion. Ich glaube an keine Religion. Und mein Gott ist nicht der Gott der anderen. Ich erschaffe meinen eigenen

Gott. Einen Gott, den ich liebe und der mich liebt. Wir sprechen miteinander, amüsieren uns und Ähnliches. Für mich ist Gott ein netter Freund.

Houria / *Lebt in Algerien*
Ich erzähle ihm Sachen, die ich sonst niemandem erzähle. In Frankreich zum Beispiel kann man zu einem Priester gehen und sich ihm anvertrauen; er darf es niemandem weitererzählen. Wir in Algerien haben diese Möglichkeit nicht. Wenn man sich einem Imam anvertraut, hört er nicht zu, also vertraut man sich Gott an. Er ist meiner Meinung nach der beste Freund.

Nadia / *Lebt in Marokko*
Für mich ist es der Zufall. Der Zufall hat den Urknall ausgelöst. Man könnte ihn auch Gott nennen. Der Zufall hat dazu geführt, dass die Pflanzen die Bestäubung entwickelten – vielleicht war das Gott. Er ist der Zufall. Das sind zwei Konzepte, die sich in meinem Kopf vermischen, Göttlichkeit und Zufall, das Gleichgewicht der Dinge.

Sune / *Lebt in Schweden*
Wenn man wie ich mitten in der Natur lebt, ist es leicht, an Gott zu glauben. Jedes Jahr ereignet sich aufs Neue ein Wunder. Wenn die Blätter sich öffnen, es wärmer wird und die Vögel ihre Jungen großziehen. Zugleich weiß ich, dass es keinen Beweis für die Existenz Gottes gibt. Jeder muss sich selbst entscheiden, ob er an Gott glaubt. Ich hoffe, dass es einen Gott gibt, auf den man sich verlassen kann, wenn man ihn braucht. Aber das ist schwierig.

Ich versuche, an Gott zu glauben, aber es ist mir nie gelungen, mich von seiner Existenz zu überzeugen. Ich glaube, ich bin Agnostiker.

Françoise / *Lebt in Frankreich*
Ich glaube überhaupt nicht an Gott. Ich glaube, ich bin ... ich neige nicht die Spur zum Mystizismus. Der Punkt ist nicht, dass ich nicht an Gott glaube, sondern eher, dass er mich nicht interessiert. Das gehört nicht zu meinem Leben, mein Leben spielt sich in anderen Bereichen ab. Wenn es Gott gäbe, dann gäbe es ihn, aber es würde nichts an meinem Leben ändern.

Galina / *Lebt in Sibirien, Russland*
Wissen Sie, unter den Sowjets wurden alle Kirchen zerstört, und die Menschen waren Atheisten. Es gab viel Propaganda. Mit der Zeit begriffen wir aber, dass Gott existiert.

Burwell / *Lebt in Neuseeland*
Ich versuche, an Gott zu glauben, aber es ist mir nie gelungen, mich von seiner Existenz zu überzeugen. Ich glaube, ich bin Agnostiker.

Nadia

Burwell

Nermeen

Françoise

Sune

Houria

Galina

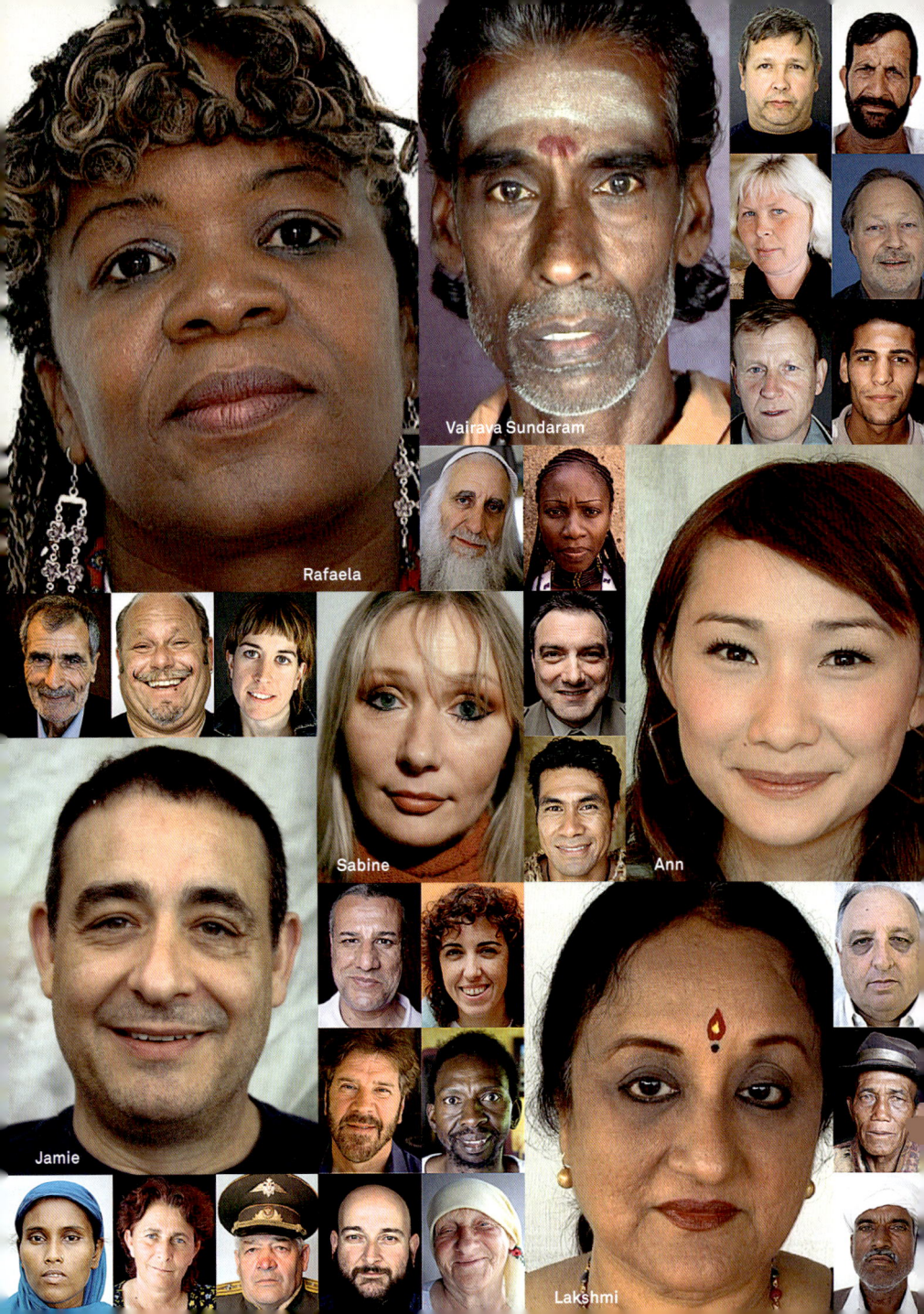

Vairava Sundaram

Rafaela

Sabine

Ann

Jamie

Lakshmi

Sabine / *Lebt in Berlin, Deutschland*
Als meine Mutter starb, entschied ich, dass Gott nicht existiert. Wenn er meine Mutter – eine so freundliche Frau – so leiden ließ ... Nein, es gibt keinen Gott! Wenn ich Sorgen habe, bete ich nicht, aber ich hoffe. Das ist auch eine Art Glauben: zu hoffen, dass alles gut wird. Jeder sucht nach seinem eigenen Glauben, und für mich ist der Glaube die Hoffnung.

Ann / *Lebt in Hongkong, China*
Ich glaube, ich bin meine eigene Göttin. Man kontrolliert alles im Leben selbst. Man muss sich auf die eigenen Hände, den eigenen Willen und die eigenen Entscheidungen verlassen, um so arbeiten zu können, wie man möchte. Ich glaube mehr an mich selbst, verlasse mich mehr auf mich selbst als auf eine bestimmte Sache.

Rafaela / *Lebt in Kuba*
Nein, ich glaube an mich und nicht an Gott. Ich glaube an mich, an das, was ich sehe. Ich glaube an unseren Präsidenten, weil er uns den Fortschritt gebracht hat, an meine Eltern und an den Menschen. Ich glaube an das, was ich sehe.

Vairava Sundaram / *Lebt in Tamil Nadu, Indien*
Ich glaube nicht an den Menschen. Seit ich wirklich an Gott glaube, geschehen in meinem Leben nur gute Dinge. Ich glaube wirklich nicht an den Menschen. Ich tue nichts Schlechtes, vermeide alle Konflikte mit anderen und bete viel.

Lakshmi / *Lebt in Tamil Nadu, Indien*
Wenn man mir diese Frage stellt, bin ich immer peinlich berührt, denn es ist, als fragte man mich:»Hast du eine Nase? Kannst du atmen? Schläfst du?« So einfach ist das. Wir leben mit der Vorstellung von Gott, das ist für uns ganz natürlich. Das müssen wir nicht erklären.

Jamie / *Lebt in New Orleans, USA*
Ich war sechs Jahre lang Priester. Das war eine sehr schöne Zeit für mich. Ich wollte die Menschen Dinge lehren, bis zu dem Tag, an dem man meine Lehrmittel – die Heilige Schrift und die Gospels – in Frage stellte. Mein Bischof berief mich ein und sagte mir, ich sei der Häresie bezichtigt worden.»Häresie? Wovon sprechen Sie?« Ich erklärte ihm, dass ich mich der genannten Quellen bediente, damit die Menschen über ihren Glauben nachdächten. Er antwortete:»Ihre Aufgabe ist nicht, ihnen das Denken beizubringen, sondern den Glauben.« Da erlosch die Flamme in mir.»Sie haben recht! Ich bin nicht dazu da, den Menschen den Glauben beizubringen, sondern das Denken.« So verlor ich all meine Illusionen hinsichtlich der religiösen Institutionen und musste eine neue Aufgabe finden. Ich wurde Lehrer und rege die Menschen zum Nachdenken an. Wenigstens hoffe ich das.

Walid / *Lebt in Algerien*
Ich glaube an Gott, an einen gerechten Gott. Doch in Wahrheit zweifle ich manchmal an ihm, weil ich finde, man macht es sich zu leicht, wenn man sagt, Gott existiert. Wir sagen, er existiert, um uns das harte, hässliche Leben zu erleichtern. Wir

glauben: »Es gibt einen guten Gott. Mag es mir jetzt auch schlecht gehen, später geht es mir besser, ich komme ins Paradies.« Manchmal denke ich, Gott ist eine Erfindung des Menschen, um sich sicherer zu fühlen. Aber trotzdem glaube ich an ihn. Vielleicht täusche ich mich, vielleicht belüge ich mich, aber es ist eine rettende Lüge, eine wohltuende Lüge. Ob es nun wahr ist oder falsch: Ich glaube an Gott.

Sophie / *Lebt in Großbritannien*
Als Jugendliche begann ich, mir bestimmte Fragen zu stellen. Und mit 18 Jahren – vielleicht lag es an der Volljährigkeit – wollte ich mich von all dem distanzieren. Ich glaube – das ist vielleicht ein extremer Standpunkt –, die Religion erlaubt den Leuten, bestimmten Fragen auszuweichen. Sie ist bequem. Sie liefert den Menschen die Antworten bezüglich des Universums, der Schöpfung und allem anderen auf einem Silbertablett.

Josiane / *Lebt in Frankreich*
Ich glaube leider – oder glücklicherweise – nur dann an Gott, wenn es mir in den Kram passt. Ich wurde von Nonnen unterrichtet. Ich bin keine praktizierende Gläubige, aber beim kleinsten gesundheitlichen Problem meiner Kinder oder Enkel wende ich mich an Gott.

Charlene / *Lebt in Los Angeles, USA*
Ja, ich glaube, ich muss Gott in meinem täglichen Leben ehren. Um ehrlich zu sein, nachdem ich krank wurde, hatte ich Schwierigkeiten, Gott zu ehren. Ich war sehr wütend auf ihn, aber das tat mir

nicht gut, ich musste zu ihm zurückkehren. Heute spreche ich nicht mehr so mit Gott, wie ich das früher tat: Ich betete täglich, dankte ihm für seine Gaben und bat ihn um Vergebung für meine Sünden. Das tue ich auch heute noch, aber ich ehre ihn nicht mehr so wie früher.

Claude / *Lebt in Frankreich*
Meine Religion ist meine Religion. Ich brauche nichts und niemanden und keine vorgefertigten Angebote. Religion ist wie ein Kühlschrank oder ein Auto: Es gibt verschiedene Marken, aber alle dienen dem gleichen Zweck. Für mich bedeutet Religion, dass ich den Leuten ihre Ruhe lasse und die Leute mir meine Ruhe lassen. Als meinen Gott könnte man die Sonne bezeichnen. Jeden Tag sitze ich auf der Bank, esse Sardinen, hebe mein Glas zur Sonne und sage: »Dir zu Ehren, Phöbus!«

Ich glaube leider – oder glücklicherweise – nur dann an Gott, wenn es mir in den Kram passt.

Josiane

Walid

Sophie

Claude

Charlene

Marie-Jeanne

Lysiane

Shabnan

Cristina

Bassem

Lysiane / *Lebt auf Tahiti, Frankreich*
Ich selbst glaube an Gott. Aber nicht an den Gott, den man uns von Kindesbeinen an präsentiert hat, mit Jesus und Maria und all dem. Die ganze katholische Lehre. Ich bin Protestantin, aber ich glaube eher an den Gott der Natur, ich glaube eher an den Wind, an den Regen, an die Sonne, an die Vögel in der Luft. Seltsamerweise passiert immer etwas Schlimmes, wenn ein kleiner Vogel mit langem Schnabel am Ufer entlangfliegt und einen Schrei ausstößt. Das ist seltsam. Daran glaube ich.

Cristina / *Lebt in Italien*
Ich habe ziemlich krasse Einstellungen. Im Jahr 2008 an Gott zu glauben, ist, wie an den Weihnachtsmann zu glauben. An den Weihnachtsmann glaubt man mit fünf Jahren nicht mehr, warum glaubt man bis zum Schluss an Gott? Und was ändert das? Gott wurde nach dem Bild des Menschen geschaffen. Ich begreife nicht, wieso die Menschen sich auf den Glauben an Gott versteifen und weshalb so viele Interessen damit verbunden sind.

Marie-Jeanne / *Lebt in Ruanda*
Gott? Vor den schrecklichen Geschehnissen glaubten wir an Gott und fühlten uns ihm nahe. Aber heute spüren wir, dass der Glauben uns entgleitet. Wenn man jemanden sieht, der eine Familie getötet hat und zu Gott betet, und wenn man dann an seine Taten denkt, an das, was er getan hat, dann verschwindet Gott, und man denkt eher an diesen Menschen.

Bassem / *Lebt in den Palästinensischen Autonomiegebieten*
Was bedeutet Gott für mich? Manchmal glaube ich, er schläft, macht eine lange Siesta. Manchmal frage ich mich angesichts der Ereignisse und Veränderungen auf der Welt, ob er wirklich existiert. Das mindert den Glauben.

Shabnan / *Lebt in Gujarat, Indien*
Viele Leute sagen:»In jeder Religion geht es um Frieden«, aber wo geht es denn um Frieden? Die Religionen thematisieren den Frieden nur in abstrakter Weise. In der Praxis propagieren sie Hass und bringen die Menschen dazu, einander zu töten. Ich habe noch keine Religion gesehen, die Frieden propagiert, das gibt es nur in der Theorie. Egal, welchen religiösen Text man liest, man merkt sofort, dass er nur Probleme verursacht. Ich möchte nicht darüber sprechen, weil das sofort blasphemisch wird. Aber mit welcher Religion man sich auch immer beschäftigt – sie schließt andere Standpunkte aus. Zum Beispiel die Geschlechtergleichheit: Es gibt keine Religion, die Frauen gleichstellt, ob Islam, Hinduismus oder Christentum – gar keine. Das sehe ich sehr kritisch, aber sobald man darauf hinweist, verursacht man einen riesigen Skandal und je fünf *Maulvis* (Imame) und *Pandits* regen sich furchtbar auf.

Nasra / *Lebt in der Türkei*
Ich vergesse nie zu beten, ich bete mittags und abends. Es geht nicht nur um das Beten. Ich gehorche Gott: Ich lüge nie, man soll nicht töten und niemanden schlagen. Was rät uns Gott? Alles, was

gut ist. Wieso sollte man den rechten Weg verlassen und den falschen einschlagen?

Gemdasu / *Lebt in Papua-Neuguinea*
Als die Religion kam, galten die Lehren meiner Vorfahren plötzlich nichts mehr. Die Unterscheidung von Gut und Schlecht fällt mir sehr schwer. Ich glaube an Gott, aber ich möchte nach meinem Tod trotzdem einbalsamiert werden, wie unsere Stammesgesetze es vorsehen. Nach meinem Tod werde ich wissen, ob das Christentum oder mein Stammesglauben recht hat. Ich weiß es nicht. Alles, was ich weiß, ist, dass ich einbalsamiert und in der Grotte unter meinem Dorf bestattet werden will. Das möchte ich.

Kanha / *Lebt in Kambodscha*
Nach meiner Vorstellung hat Gott uns und die Erde geschaffen. In der Schule wurde mir aber beigebracht, dass nicht Gott die Erde erschaffen hat, sondern dass sie im Weltraum, in den Galaxien entstanden ist. Die Wissenschaft sagt also etwas anderes als die Religion. Das vermischt sich alles in meinem Kopf.

Aviva / *Lebt in den USA*
Meine Mutter war Parsin und gehörte zu den Zoroastriern, praktizierte aber nicht. Mein Vater war nicht praktizierender Hindu. Ich habe eine jüdische Großmutter, einen jüdischen Vornamen, bin öfters in der Synagoge gewesen und habe jüdische Freunde. Ich ging zur christlichen Sonntagsschule, weil man sagt, Jesus sei Jude gewesen. Dann ging ich auf eine katholische französische

Schule in San Francisco und später auf ein protestantisches Internat der Church of England. Für mich ist alles das Gleiche, ich bin nicht dogmatisch, glaube an spirituelle Dinge und finde alle Formen von Religion interessant.

Ich glaube an Gott, aber ich möchte nach meinem Tod trotzdem einbalsamiert werden … Nach meinem Tod werde ich wissen, ob das Christentum oder mein Stammesglauben recht hat.

Aviva

Nasra

Gemdasu

Kanha

Stephen

*Lebt in Papua-
Neuguinea*

Ich habe Momente erlebt, in denen eindeutig Geister anwesend waren.

Porträt / Ich heiße Stephen Day. Ich stamme aus Australien und lebe seit 1977 in Papua-Neuguinea.

Beruf / Ich kam in den Ferien her, um das Land kennenzulernen, und es gefiel mir. Zum Glück auch meiner Frau und meinen Kindern. Also ließen wir uns hier nieder. In Australien war ich Bauer wie schon mein Vater. Papua-Neuguinea bot uns viel mehr Möglichkeiten jenseits des Normalen. __ Hier sagt man, ein weißer Mann sei entweder Söldner oder Missionar, jedenfalls für das Leben hier ungeeignet. Auf manche trifft all das zu. Uns interessierte der hiesige Lebensstil. Als wir kurz nach der Unabhängigkeit hierherkamen, konnte man mit etwas Talent noch gutes Geld verdienen. Es gab viele Arbeitsplätze. Der andersartige Lebensstil zog uns einfach an.

Familie / Was bedeutet Familie für mich? Ich habe keine Partnerin, sondern eine Frau. Ich bin nicht modern und habe traditionelle Werte und Prinzipien. Von der Emanzipation der Frau halte ich nichts. Ich glaube, ich bin ein Chauvinist. Die Familie ist mein Leben. Ich finde Junggesellen bemitleidenswert. Und ich finde, in der modernen westlichen Welt gibt es die Familie gar nicht mehr. Jeder denkt nur an sich selbst. Deshalb halten auch die Ehen nicht: Persönliche Interessen werden über die Werte der Familie gestellt. Mit meiner engsten Familie, meinen Brüdern, habe ich nicht viel zu tun. Ich lebe hier, sie in Australien. Ich sehe sie alle zwei Jahre für eine Woche. Wir haben wenig gemeinsam.

Liebe / Die Frage ist: Gebe ich genug Liebe? Die Antwort lautet wahrscheinlich: nein. Ich bin kein Typ, der Zärtlichkeiten verteilt. Ich wurde in eine Welt ohne Zärtlichkeit hineingeboren. Sich umarmen und küssen ist nicht Teil meiner Welt. Deshalb interessiere ich mich nicht wirklich für die Liebe. Ich bevorzuge den Respekt. Ich will eher, dass die Leute mich respektieren, als dass sie mich lieben. Vielleicht lieben sie mich auch ein wenig, wenn sie mich respektieren. Aber ich bemühe mich nicht um die

Liebe der anderen. Das ist mir nicht wichtig. Wenn sie mich mögen, so wie ich bin, dann ist das gut. Wenn nicht, dann haben sie ein Recht auf ihre Meinung.

Das schlimmste Erlebnis / Ich glaube, der Ausbruch des Vulkans Rabaul hat mein Leben – oder unsere Leben – am stärksten geprägt, weil es sie radikal verändert hat. Ohne diesen Ausbruch wäre ich nicht hier und würde nicht das tun, was ich tue. Ich hatte ein völlig anderes Leben. Mein Geschäft lief gut und wurde durch den Ausbruch zerstört. Wäre das nicht geschehen, wäre ich nicht hier. Der Vulkanausbruch war das prägendste Ereignis meines Lebens.

Verzicht / Ich glaube, ich habe auf nichts verzichtet. Wenigstens nichts Wichtiges, an das ich mich erinnern würde. Aber das kommt aufs Gleiche heraus. Wenn man mit geschärftem Realitätssinn aufwächst, fantasiert man nicht so viel. Und wenn man etwas anpackt, dann mit dem nötigen Realismus, und meistens funktioniert es auch.

Tränen / Kürzlich habe ich einen traurigen Film gesehen. Ich weine leicht, zwar nicht vor anderen Leuten, aber … _ Schwierigkeiten habe ich mit dem Tod von Kindern. Das berührt mich immer sehr. Ich habe eine Sargfabrik. Wir verkaufen ungefähr 250 Särge im Jahr. Nun, die Menschen werden geboren, leben und sterben. Irgendjemand muss die Särge bauen, und das geschieht eben in meiner Fabrik. Aber mit kleinen Särgen habe ich Schwierigkeiten.

Freude / Meine größte Freude sind wahrscheinlich die Kinder. Ich liebe Kinder, und Kinder lieben mich – erstaunlicherweise. Je älter ich werde, umso brummiger werde ich. Aber ich mag es, wenn Kinder sich wie Kinder verhalten. Das ist schwierig geworden, weil wir in einer Welt leben, in der Kinder nicht mehr Kinder sein können. Wegen der Videospiele. Aber in diesem Land sind Kinder noch Kinder. Kleine Wesen, die sich am Leben freuen. Ich liebe Kinder. Und Segeln – ich liebe das Segeln!

Gewalt / Ich habe ein sehr gewalttätiges Naturell und habe diesbezüglich kein Schuldbewusstsein. Ich bin gewalttätig wie mein Vater, dessen Brüder und Cousins. Ich stamme aus einer Familie, die sehr gewalttätig sein kann. Aber ich mag das nicht. Dass ich ein gewalttätiges Naturell habe, bedeutet nicht, dass ich auch gewalttätig war. Ich habe die schlechte Angewohnheit, Gewalt gegenüber Menschen auszuüben, die mich ärgern. Aber ich bin ein großer Junge, und wenn du es auch bist, kommst du schon damit klar. Die Gewalt sitzt in meinem Innersten. Oft möchte ich jemandem die Faust ins Gesicht schlagen, aber ich schaffe es immer, mich zu beherrschen. Ich hasse es, wenn gewalttätige Menschen sich nicht kontrollieren können. Ich bin überzeugt, dass das so ähnlich ist wie Ertrinken.

Wut / Lüge, Unehrlichkeit, Faulheit, Prinzipienlosigkeit, alles das macht mich wütend. Wer eine Ohrfeige möchte, braucht mich nur anzulügen. Und wenn ich jemanden entlarve, und dieser streitet alles ab, dann hat er ein echtes Problem. Unehrlichkeit und Diebstahl bringen mich zum Kochen. Ich hasse es, bestohlen zu werden.

Natur / Das Meer finde ich sehr schön. Ich liebe es, wie es in einem Moment so friedlich und im nächsten so wild sein kann. Ein bisschen wie ich.

Das Land verändern / Die Auswirkungen der Korruption auf ein Entwicklungsland wie dieses sind sehr konkret und vor allem auf gesellschaftlicher Ebene zu beobachten. Schaffte man alle Korruption in diesem Land ab und bekäme all das von den Politikern und Funktionären gestohlene Geld zurück, hinderte sie daran, Häuser in Australien oder Neuseeland zu kaufen und speiste diese Geld wieder ins hiesige System ein, dann ginge es dem Durchschnittsbürger hier deutlich besser. __ Ich möchte nicht, dass Papua-Neuguinea fast nur noch von Weißen bevölkert ist. Natur und Gesellschaft sind hier nicht dazu bestimmt, ein rein westliches Industrieland zu werden. Dieses Land wird ein Agrarstaat bleiben, in dem die Menschen frei entscheiden können, was sie tun wollen, und sich um ihre fruchtbaren Böden kümmern können.

Gott / Ich sehe die moderne Welt der Weißen sehr kritisch. Ich glaube, ohne Religion können die Menschen nicht überleben. Die westliche Welt lehnt die Religion der Kirchen ab und ersetzt sie durch die Religion des Materialismus. Ich sehe das an meiner Familie, meinen Freunden und den Menschen, denen ich hier begegne: Sie sind davon besessen. Sie arbeiten hart, verdienen viel Geld – und davon kaufen sie sich Dinge. __ Glaube ich an Gott? Nicht, dass ich nicht an ihn glauben würde. Ich bin ein Realist. Niemand konnte mir je die Existenz Gottes beweisen. Ich habe noch keinen Beweis gesehen, das schwöre ich. Aber wenn ich die Natur betrachte, muss ich zugeben, dass dies kein Zufall sein kann. Wer sagt, es gäbe keinen Gott, sagt auch, die Natur sei zufällig entstanden. Ist das Universum zufällig entstanden? Dieser These kann ich nur schwer folgen.

Nach dem Tod / An ein Leben nach dem Tod kann man nur glauben, wenn man an Gott glaubt. Da unterscheide ich mich nicht von anderen: Ich warte ab. Ich muss aber zugeben, dass ich schon mehrmals Dinge erlebt habe, die mich an die Existenz von Geistern glauben ließen. Wenn ich an Geister glaube, muss ich auch an das Leben nach dem Tod glauben. Ich habe Momente erlebt, in denen eindeutig Geister anwesend waren. Orte, die ich besucht, Dinge, die ich gesehen habe. Ich spürte, wie etwas in mich eintrat. Aber ich war nicht betrunken. Also müssen es Geister gewesen sein. Hätte man mich in diesen Momenten gefragt, ob es ein Leben nach dem Tod gibt, hätte ich das bestimmt bejaht. Jetzt hatte ich Zeit zum Nachdenken und argumentiere. Ich weiß es nicht. Die Zeit wird es zeigen.

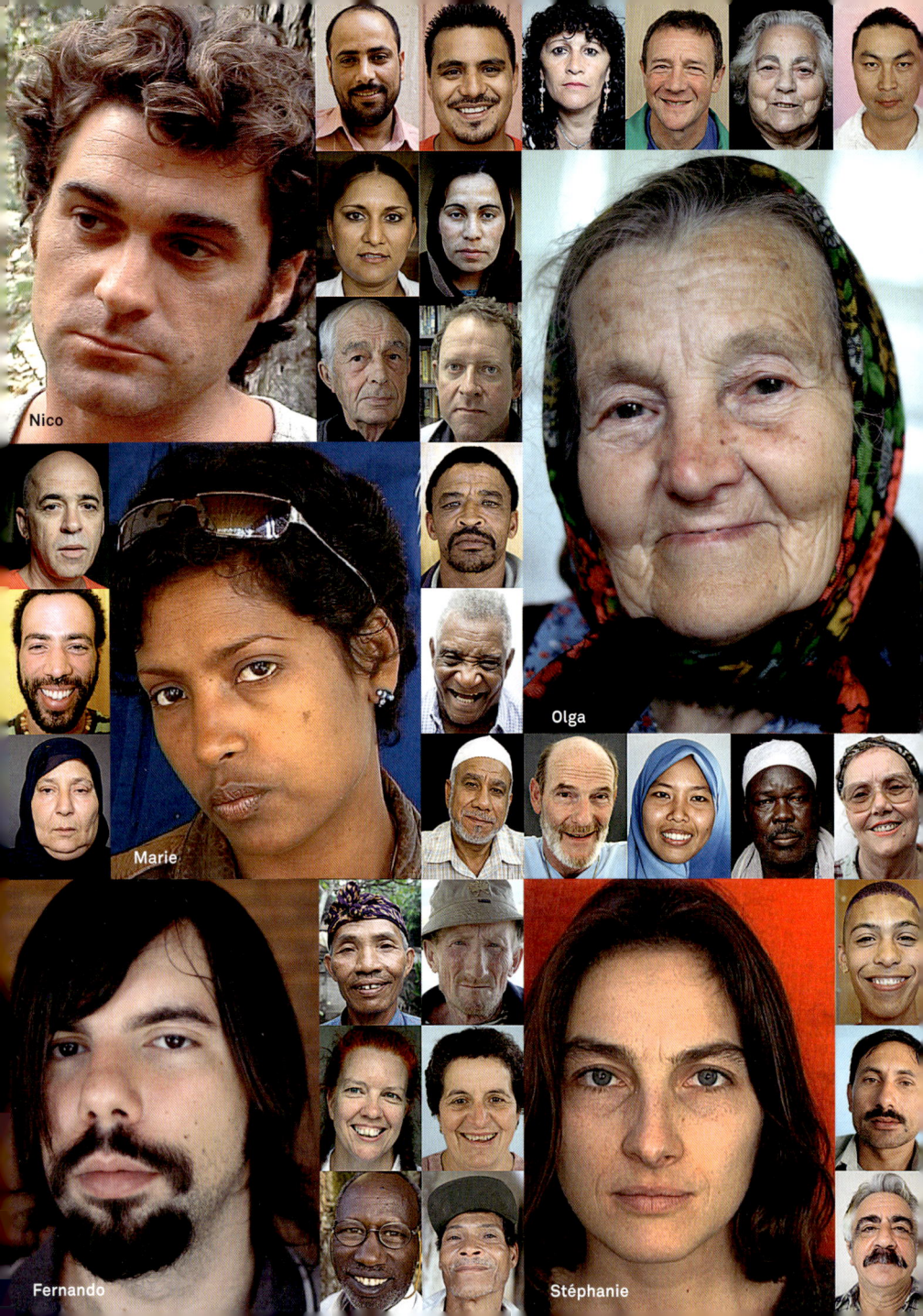

Nico

Olga

Marie

Fernando

Stéphanie

GLAUBEN SIE AN EIN LEBEN NACH DEM TOD?

Nico / *Lebt in Frankreich*
Den Tod gibt es nicht. Nichts stirbt jemals wirklich. Selbst ein Ton stirbt nicht, er wandert unendlich lange um die Erde herum, aber er stirbt nicht, nichts stirbt. Eine Sternschnuppe ist kein sterbender Stern, sondern ein Stern, der sich verändert, der in eine andere Dimension übertritt.

Olga / *Lebt in der Ukraine*
Der Tod kommt, ob man sich nun vor ihm fürchtet oder nicht. Man entgeht dem Tod nicht. Man lebt so lange, wie Gott es vorsieht. Es nützt nichts, Angst zu haben. In Frieden sterben ist ein guter Tod. Man darf keine Angst vor dem Tod haben, aber niemand will sterben. Die Alten müssen sowieso sterben. Traurig ist es, wenn junge Menschen sterben.

Fernando / *Lebt in Buenos Aires, Argentinien*
Tod bedeutet Verlust, Albträume und Erinnerungen. Der Tod gehört seit meiner Jugend zu meinem Leben; schon in meiner Kindheit sind mir nahestehende Personen gestorben. Darüber bin ich noch nicht hinweggekommen, ich habe das noch nicht richtig begriffen. So ist der Tod immer präsent. Sehr präsent. Er ist mir sehr vertraut.

Marie / *Lebt auf La Réunion, Frankreich*
Heute akzeptiere ich, dass ich und alle anderen sterben müssen. Ich möchte gerne jene begleiten, die zurückbleiben.

Wenn jemand stirbt, muss man für die Hinterbliebenen da sein. Wer zurückbleibt, weiß nicht, wie er mit dem Tod umgehen soll. Als es passierte (als ihr Mann starb) versuchte ich, es zu akzeptieren und nicht in der Trauer zu versinken. Das war mein erster Reflex, zu leben, zu überleben. Aber so viele Menschen verharren in der Trauer. Ich sah das und dachte, man darf nicht beim Tod des anderen verharren. Man muss sein Leben bis zum eigenen Tod leben. Und nicht im Tod dessen leben, der gegangen ist.

Stéphanie / *Lebt in Frankreich*
Das schlimmste Erlebnis war der Tod meines Großvaters. Ich glaube, jeder wird so etwas einmal erleben. Aber es ist eine furchtbare Trennung, ein Stück von einem verschwindet. Der schreckliche Abgrund des Unbekannten öffnet sich, die Gewissheiten zerfallen. Man empfindet das Leben als ungerecht. Es herrschen Verzweiflung, Verwirrung, Schwindel. Und zugleich ist es auch sehr schön, weil es mit dem Jenseits verbindet und einem zeigt, dass es über die bekannten Dinge hinaus noch etwas gibt, das einen gänzlich übersteigt. Für die einen heißt es Tod, für die anderen Jenseits, wieder andere nennen es Seelenwanderung. Erneuerung. Man weiß es nicht – es ist jedenfalls weit jenseits des Menschlichen.

Fabrizio / *Lebt in Italien*

Was ich nach dem Tod erwarte? Es gibt zwei Möglichkeiten. Entweder kommt danach nichts, aber die Vorstellung ist schrecklich. Es ist aber eine realistische Möglichkeit, weil heute alles darauf hindeutet. Die zweite Möglichkeit ist, dass dort etwas ist: die Gerechtigkeit, das Paradies oder die Hölle, ich weiß es nicht. Aber wenn es da wäre, wäre es sehr interessant, es zu erkunden.

Amparo / *Lebt in Spanien*

Für praktizierende Katholiken kommt nach dem Tod der Ruhm, zu dem man sich erhebt, weil man im Leben nicht böse, sondern gut war.

José / *Lebt in Spanien*

Ich weiß nicht, was nach dem Tod kommt, also ist es mir egal. Damit beschäftige ich mich nicht. Ich möchte und hoffe, dass nichts weiter kommt, weil die Ewigkeit ... die Vorstellung von Ewigkeit ... Wie Borges sagte: »Die Vorstellung der Ewigkeit ist viel schrecklicher als die Vorstellung vom Tod selbst.«

Tono / *Lebt in Spanien*

Ich hoffe, dass nach dem Tod etwas ist. Denn alle Menschen, die sich schlecht verhalten haben, Kriminelle, die Tausende getötet haben, können doch nicht am selben Ort enden wie alle, die Gutes getan und ihr Leben für andere hingegeben haben. Ich glaube, dort muss etwas sein.

Hamideh / *Lebt im Iran*

Alles, was man hier getan hat, findet man dort wieder wie ein Echo. Statt Worten stehen nun Arme, Beine, der ganze Körper für das, was man getan und gesagt hat.

Salma / *Lebt in Bangladesh*

Wie sieht die andere Welt aus? Darüber denke ich viel nach. Ich bete nicht und halte den Ramadan nicht ein (weil ich nicht kann). In der anderen Welt wird man mich vielleicht verbrennen. Aber Leid wird schon hier nicht geduldet, wie sollte es also dort geduldet werden? Davor habe ich Angst.

Wie Borges sagte: »Die Vorstellung der Ewigkeit ist viel schrecklicher als die Vorstellung vom Tod selbst.«

Hamideh

Amparo

Fabrizio

José

Salma

Tono

Sovichea

Jocelyn

Violette

Wayan

Saskia

Joël

Violette / *Lebt im Libanon*
Nein, nach dem Tod kommt nichts, gar nichts. Paradies und Hölle sind doch schon hier, auf der Erde.

Jocelyn / *Lebt in Neuseeland*
Ich glaube, wir sind wie Tiere. Wenn eine Kuh stirbt, kommt der Bauer, gräbt ein Loch und legt die Kuh hinein. So ist es auch bei uns.

Sovichea / *Lebt in Kambodscha*
Ich glaube, nach dem Tod bleibt nichts übrig. So wie bei der Flamme einer Kerze: Wenn man sie entzündet, verbreitet sie Licht. Wie unser Körper. Wenn unser Körper stirbt, ist das wie das letzte Flackern der Flamme. Danach kommt nichts, und es bleibt einem nur, die Kerze wegzuwerfen. Ich glaube nicht, dass etwas übrig bleibt.

Joël / *Lebt in Yunnan, China*
Man lebt also, um sich fortzupflanzen, und danach verschwindet man einfach? Wenn nach dem Tod nichts kommt, ist das schon sehr betrüblich! Also muss man wenigstens an etwas glauben. Ich habe mir genau überlegt, was ich an meinem Todestag zu denen sagen werde, die bei mir sind. Wenn ich noch kann, werde ich sagen:»Ich breche jetzt in ein neues Abenteuer auf.«

Wayan / *Lebt in Indonesien*
Nach dem Tod haben die Menschen keine Wahl. Der Gott Sang Hyang Drama Kawi trifft die Entscheidung. Alles hängt davon ab, wie man sich im Leben verhalten hat. Wenn man gut war, kommt man in den Himmel und wird nicht wiedergeboren, ansonsten kehrt man als Mensch oder, schlimmer noch, als Pflanze oder Tier auf die Welt zurück.

Saskia / *Lebt in Deutschland*
Ich glaube, alle meine Kinder hatten ihren Charakter, ihre Seele bereits, als sie auf die Welt kamen. Sie waren keine unbeschriebenen Blätter. Woher kommt das, woher hatten sie das? Ich weiß es nicht. Vielleicht waren sie schon einmal auf der Welt. Ich weiß nicht, ob es Wiedergeburt gibt, ich weiß es nicht, aber ich bin sicher, dass wir es nach dem Tod erfahren werden.

Nein, nach dem Tod kommt nichts, gar nichts. Paradies und Hölle sind doch schon hier, auf der Erde.

Myriam / *Lebt in New Orleans, USA*
Ich glaube auf seltsame Weise an die Wiedergeburt. Im Körper gibt es viele Substanzen: Zink, Eisen, Gold ... Und ich glaube, wenn der Körper sich zersetzt, werden wir wieder Teil der Erde. Vielleicht kehren wir in einen Baum oder in einen Fluss zurück, und vielleicht wird das kleine Stückchen Gold, das ich in mir trage, von jemandem gefunden und er macht daraus einen Ring. Ich werde als Ring am Finger eines Menschen wiedergeboren! Ich weiß nicht, vielleicht helfen das Kalzium und das Magnesium einem Baum, Früchte wachsen zu lassen, und dann ernährt dieser Baum Menschen. Ich weiß nicht. Ich glaube, auf diese Art werden wir wiedergeboren. Ich glaube weder an das Paradies noch an die Hölle oder das Purgatorium oder was auch immer.

Kole / *Lebt in Äthiopien*
Wir Hamer glauben, dass nach dem Tod nichts kommt. Aus der Stadt sind Leute in unser Dorf gekommen und haben uns erklärt, dass die Seele nach dem Tod in den Himmel kommt. Wir glauben aber weiterhin, dass sie einfach tot ist.

Dulcie / *Lebt in Australien*
Ganz sicher gibt es ein Leben mit Gott. Manche glauben daran, andere sagen, wir hätten nur dieses eine Leben, aber die werden sich noch wundern, wenn ihre Seele wieder aufwacht. Warum? Weil wir spirituelle Wesen sind. Der Körper ist nur eine Hülle, in uns wohnt ein Geist, der uns am Leben hält. Wir Aborigines leben deshalb in der Welt der Geister, denn wir wissen, dass es ein Leben nach dem Tod gibt, das ist gewiss. Wenn die Nichtgläubigen dann endlich aus ihrer Körperhülle heraustreten, steht ihnen der Mund offen: »Wie? Ich lebe noch? Es gibt also ein anderes Leben!«

Scott / *Lebt in Ohio, USA*
Ich weiß, was nach dem Tod kommt! Ich habe dreimal eine Überdosis gehabt, ich bin gestorben. Beim ersten Mal trat ich aus meinem Körper heraus. Dreimal Acid, dazu Wodka ... ich wollte wie Jim Morrison sein, er war mein Held, oder wie Bob Marley. In dieser Nacht bin ich gestorben, alles ging schief, ich bin gestorben. Woher wusste ich das? Ich schwebte über meinem Körper in der Luft und zu meiner Rechten war ein Typ, ein Schwarzer, der sagte: »Freust du dich, tot zu sein? Bist du sicher?« Und ich antwortete: »Nein, Alter, ich will nicht sterben!« Er schickte mich dann in meinen Körper zurück. Das war mein erster Tod.

Tamara / *Lebt in Sibirien, Russland*
Gott hat mir die Gabe der Hellsichtigkeit gegeben. Ich kann mit den Geistern kommunizieren. Deshalb glaube ich, dass wir nach dem Tod in einer anderen Welt weiterleben und uns um jene kümmern, die auf der Erde zurückgeblieben sind.

Ich werde als Ring am Finger eines Menschen wiedergeboren!

Scott

Dulcie

Myriam

Kole

Tamara

Luigi

Galina

Jossif

Nadeem

Angelo

Immaculée

Galina / *Lebt in Sibirien, Russland*
Ich glaube, es gibt nach dem Tod ein heiliges Leben, in dem ich meine Tochter wiedertreffen werde. Der Glaube an dieses andere Leben beschert mir seit dem Verlust meiner Tochter Frieden, weil ich weiß, dass ich sie wiedersehen werde. Wenn man mir sagt, nach dem Tod kommt nichts, glaube ich das nicht; ich werde wütend und sage, das stimmt nicht. Ich sage, dass es ein anderes Leben gibt, weil das meine einzige Hoffnung ist, um meine Tochter wiederzusehen.

Angelo / *Lebt in Italien*
Ich glaube, nach dem Tod kommt das Leben, ein neuer Kreislauf beginnt. In der Peterskirche in Rom sah ich zum ersten Mal eine bedeutende Statue: die Pietà von Michelangelo. Damals war ich 14 oder 15 Jahre alt. Ich dachte: »Kann es sein, dass diese Statue hier noch steht und von den Gedanken und dem Geist ihres Schöpfers nichts geblieben ist?« Ich glaube nicht, dass nach dem Tod nichts mehr kommt.

Luigi / *Lebt in Italien*
Für mich gibt es nach dem Tod nur die Erinnerung jener, die einen gekannt haben, und die Erinnerung an die Taten während des Lebens. Genau deshalb übe ich den Beruf des Universitätsprofessors und Forschers aus. So kann ich etwas Greifbares hinterlassen: meine Bücher, meine Forschung und das, was ich den Studenten vermittele.

Jossif / *Lebt in Moskau, Russland*
Ich weiß nicht, was nach dem Tod kommt. Ich wünsche mir nur eines: dass die mir Nahestehenden mich nicht vergessen. Dass meine Kinder, meine Frau und meine Enkel an mein Grab kommen und mir Guten Tag sagen.

Nadeem / *Lebt in Pakistan*
Der Gedanke an den Tod macht umso mehr Lust auf das Leben. Je älter man wird, umso öfter denkt man an ihn. Wenn man nie an den Tod denkt, kann man das Leben nicht voll auskosten. Das Leben ist nicht unendlich. Unsere Zeit ist begrenzt. Je mehr ich mir den Tod bewusst mache, desto intensiver möchte ich leben. Das ist wichtig.

Immaculée / *Lebt in Ruanda*
Ich glaube – da ich nicht tot bin –, dass es keinen Grund gibt, nicht auf ein besseres Leben nach dem Tod zu hoffen. Zugleich sind aber meine Kinder glücklich, weil ich noch lebe. Es bringt mir nichts, an Schlechtes zu denken, während ich noch lebe. Ich denke an die nahe Zukunft, an das Kommende, und solange ich lebe, wende ich mich dem Leben zu.

Der Gedanke an den Tod macht umso mehr Lust auf das Leben.

Raatiraore

Lebt auf Tahiti, Französisch-Polynesien

Weil Worte nichts mehr wert sind. »Macht, dass Worte wieder etwas gelten!«

Porträt / Raatiraore. Mein Vorname Raatiraore heißt wörtlich »kein Chef«. Aber er bedeutet auch »Gleichheit«. Ich bin 50 Jahre alt.

Familie / Ich habe 24 Kinder. 17 habe ich gezeugt, aber das hielt mich nicht davon ab, sieben weitere zu adoptieren. Könnte ich alles noch einmal machen, hätte ich 48 Kinder. Ich wollte Kinder haben, ohne sie zu »besitzen«. Ihre Zukunft gehört ihnen, nicht mir! Ich bin nur ihr Erzeuger. Übrigens nenne ich sie »meine Spermien«. __ Familie heißt für mich zuallererst, Verantwortung für seine Kinder zu übernehmen. Wenn man Kinder in die Welt gesetzt hat, muss man autoritär sein – im Sinne von: das Leben beherrschen. Denn das ist Familie! Und nicht so wie in der heutigen Gesellschaft leben, wie in Sardinenbüchsen. Alle sind in Eile, gestresst … Das ist doch kaum zu glauben. __ Meine Kinder sind irgendwie nicht mehr meine Kinder. Ich bin frei, erlebe meinen zweiten Frühling. Von einem Tag auf den anderen ist man selbst die Familie: die eigene Arbeit, die Freunde. Und die Kinder … sie sollen Freunde werden, nicht Kinder bleiben.

Schlimmste Erfahrung / Als ich zwölf Jahre alt war, hörte ich den Arzt sagen, ich hätte nur noch drei Monate zu leben. Heute bin ich 50 und er (der Arzt) ist tot. Ich habe bereits auf sein Grab gepinkelt.

Erfolgreich leben / Das bedeutet, dem Todesurteil entronnen zu sein. Damals hatte ich noch die ganze Jugend vor mir. Und dann sollte ich nur noch drei Monate haben! Nicht zu fassen! __ Ich habe also anders gelebt. Ich vergaß die Krankheit. Sie wurde von einer Krankheit zu einem Feind, gegen den ich kämpfte. Das oder sterben. Später stellte ich Nachforschungen an und begriff, dass es mit den Bombenabwürfen zu tun hatte. __ Wenn alle in die Häuser gehen sollten, blieb ich als Kind draußen und kümmerte mich um den Garten oder fütterte die Schweine. So muss ich Radioaktivität abbekommen haben. __ Ich musste kämpfen. Und denen, die gleichermaßen betroffen sind, sage ich: »Nur ihr selbst könnt euch heilen. Niemand sonst. Durch eure Mentalität, eure Einstellung.«

Weinen / Weinen? Wenn ich weine, dann nie aus Traurigkeit. Im Gegenteil, ich lache aus Traurigkeit und weine aus Freude. Und wenn ich weine, dann freue ich mich richtig. __ Das letzte Mal ist eine Woche her: Ich konnte einem Jungen helfen, der sieben Monate lang im Dreck gelebt hatte. Ich wusch ihn, und als er mich später anstrahlte, angezogen, frisiert, und sich nicht im Spiegel erkannte, da lachte ich zuerst – und dann weinte ich vor Freude!

Lachen / Es war eines Tages auf Bora Bora. Ich war auf dem Beiboot einer Jacht, mit einem kleinen, dicken Japaner und zwei hübschen tahitischen Ladys. Mit dem kleinen 6-PS-Motor konnten wir nicht schnell fahren, es war heiß. Bald sprang ich ins Wasser und der Japaner hinterher. Aber als wir wieder ins Boot steigen wollten ... der Japaner war so fett wie ein Nilpferd. Er kam nicht mehr ins Boot. Eine halbe Stunde später rief ich: »Da sind Haie!« Plötzlich schwamm der Japaner flink wie ein Fisch und kletterte ohne Probleme ins Boot. Ach ja! Wenn ich daran denke oder einen Japaner sehe, muss ich mich kaputtlachen!

Geld / Geld kann das Ergebnis des Erfolgs sein. Wer möchte, wer arbeitet, dem sage ich: Der Lohn der Arbeit kann Geld sein. __ Meine Vorfahren machten noch Tauschgeschäfte. Dann kam der weiße Mann und wir lernten das Geld kennen. Heute dreht sich alles um Geld, wir brauchen es. Alles wird gekauft und verkauft. __ Aber vorher muss man arbeiten. Man muss das Geld im Schweiße seines Angesichts verdienen und darf es anderen nicht stehlen. Geld darf nicht schmutzig sein. Geld ist einfach nur der Lohn der Arbeit.

Armut / Armut? Ich will nicht böse sein, aber ich glaube, es gibt viele Taugenichtse, die einfach nur die Hand aufhalten. Ich selbst flechte Seile aus Kokosfasern. Ich brauche nur Kokosfasern, um gut leben zu können. __ Wenn ich sage »gut leben«, meine ich, dass ich mir das Kokosflechten gut überlegt habe. Ich habe überlegt, ob das, was ich mache, mir das ermöglicht, was ich will, ob es also meinen Bedürfnissen genügt. Es sind nur Kokosfasern, aber sie ermöglichen mir ein gutes Leben.

Fortschritt / Fortschritt? Wenn ich all die gestressten Leute sehe – nein danke! Davon will ich nichts wissen. __ Ehrlich, der Fortschritt verändert die Menschen. Er ist bescheuert! Der Fortschritt ... Man muss nur einen Knopf drücken und schon hat man, was man will. Das hat sicher auch Vorteile. Aber wenn er dem Menschen Stress bereitet, dann: nein danke! Nichts für mich! Und ich als Polynesier ... Der Fortschritt hat doch 300 Jahre gebraucht, um in der Hauptstadt anzukommen. Und ich bin nur ein halbes Jahrhundert alt. Wir müssen uns alles noch einmal erkämpfen ... was für eine Schinderei! Der Fortschritt ... Man muss einfach nur begreifen, was in den verschiedenen Sprachen geschrieben wurde. Fortschritt heißt also, Französisch, Deutsch, Englisch zu sprechen, und schon weiß man, wovon die Leute reden. Fortschritt heißt für mich, deren Stress zu verstehen, ohne selbst gestresst zu sein. __ Deshalb flechte ich Kokosfasern: um in dieser Zeit des Fortschritts nie gestresst zu sein!!!

Gott / Als ich ein Kind war, gab es Gott nur bei Tisch. Hier wurde gebetet. Und wir stellten uns nicht allzu viele Fragen, beteten aus Gewohnheit. __ Mit 15 Jahren betrat ich zum ersten Mal einen Tempel. Dort erkannte ich, dass es einen Gott gibt, und ich folgte von nun an seinen Lehren. __ Ich merkte, dass jene, die ihm folgten, das Gegenteil dessen taten, was er wollte. So trat ich in eine andere Religion ein. __ Dann merkte ich, dass die wahre Religion jene ist, in der man Gottes Namen nicht nennt. Warum? __ Weil wir dessen als Menschen nicht würdig sind. Für mich gibt es keinen Gott, aber etwas Namenloses.

Nach dem Tod / Nach dem Tod kommt das geistige Leben. Warum? __ Weil der Geist nach dem Glauben meiner Vorfahren existiert: der Mana. Der spirituelle Mana, der Mana von Rao Nui, dem Gott, dessen Namen man nicht nennen darf. Er existiert. __ Also, wenn man stirbt ... Ich hatte einmal einen Unfall. Ich ging auf die andere Seite und kehrte zurück. Aber ich wollte nicht in diese Welt zurückkehren. Als ich in meine fleischliche Hülle zurück musste ... würg! Ich hatte das Gefühl, in eine Sickergrube zu gelangen. Aber ich musste! __ Der Tod ist nicht das Ende. Im Gegenteil, ich will bald verrecken. Ich will mich nicht umbringen, nein! Aber eines natürlichen Todes sterben. Ich will bald verrecken, aber das Leben als Mensch voll auskosten. Das Leben als Geist ist viel schöner. Ich habe es erlebt, ich weiß, wovon ich spreche.

Gedicht / Ich bin durch diese Welt gereist __ und habe festgestellt, dass sie wie der Sand am Strand ist. __ Alles bröckelt und meine Knie knicken ein. __ Für Rurutu, für Tunua Toho No He.

Botschaft / Meine Botschaft für den Planeten? Gelernt habe ich: Höflichkeit ... Liebe ... Und dann fiel mir auf, dass alle, die die Welt meiner Vorfahren zerstört haben, sich gar nicht daran halten! Warum? Weil Worte nichts mehr wert sind. »Macht, dass Worte wieder etwas gelten!« Man muss das auch aufschreiben. Denn wenn man etwas sagt, ist es heilig! Ich wende mich deshalb an alle Politiker: »Wenn ihr eure Politik macht, lasst eure Worte etwas gelten! Okay?«

Yovana

Sembal

Danielle

Carolyn

Cristel

WAS MÖCHTEN SIE DEN BEWOHNERN UNSERES PLANETEN MITGEBEN?

Danielle / *Lebt in Frankreich*
Damit meine Botschaft auch von jenen verstanden wird, die nicht Französisch sprechen, mache ich so: (siehe Foto).

Yovana / *Lebt in Bolivien*
Ich möchte wissen, ob alle Menschen so kompliziert sind wie ich, denn ich bin sehr kompliziert. Sind die anderen Leute auf diesem Planeten auch so, oder bin nur ich kompliziert?

Cristel / *Lebt in den Niederlanden*
Eine ganz, ganz einfache Botschaft: Ich wünschte, die Leute würden ein bisschen mehr tanzen. Nicht nur dort, wo man das üblicherweise tut, sondern auch auf der Straße, in den Geschäften, bei der Arbeit, im Büro. Eine kleine Pirouette auf dem Weg zur Tür – es ist wunderbar, wenn die Leute sich bewegen! Vor allem die niederländischen Männer sollten viel mehr tanzen.

Sembal / *Lebt in Äthiopien*
Die Frauen sollen begreifen, dass sie ihr Leben in die Hand nehmen müssen. Wir können nicht darauf warten, dass uns jemand unsere Rechte gibt, wir müssen sie uns selbst nehmen. Wir haben diese Rechte! Um sie zu schützen, müssen wir stark sein. Stark, unabhängig, und zugleich dürfen wir nicht vergessen, uns um die Mitmenschen zu kümmern.

Carolyn / *Lebt in Großbritannien*
Mein größter Traum ist, dass alle Frauen der Welt gemeinsam mobilmachen, ob sie nun unter der Fuchtel der Taliban, ihres Ehemannes oder der Geschichte stehen. Dass jede aufsteht und sagt: »Es reicht! Probieren wir etwas Neues aus! Gehen wir den Weg des Friedens und der Akzeptanz, geben wir Aidsmedikamente gratis ab, werden wir Vegetarierinnen für ein ganzes Jahr und warten, was passiert.« Ich habe eine ganze Liste von Dingen, und ich glaube, ich würde die Frauen der ganzen Welt aufrufen, gemeinsam mit starker, lauter Stimme zu sprechen und ohne Schreien, ohne Brüllen, ohne Kämpfe zu sagen: »Es reicht, wir müssen anders leben, probieren wir etwas Neues!«

Die Frauen sollen begreifen, dass sie ihr Leben in die Hand nehmen müssen.

Herminia / *Lebt in Bolivien*
Ich schicke eine Botschaft an die Mamas und Papas, die unter Gewalt gelitten haben: Ich habe diese schlechte Erfahrung selbst gemacht, habe drei Arten von Gewalt erlebt und gebe dies an meine Kinder weiter. Ich sage ihnen:»Genug Gewalt! Genug Misshandlung, genug Ungerechtigkeit! Das muss mit uns aufhören, euer Vater soll der letzte sein. Ihr seid eine neue Generation, und hier endet die Gewalt!«

Ionel / *Lebt in Rumänien*
Was könnte ich anderen über mein Leben erzählen? Dass ich leiden musste, um zur Schule zu gehen; dass ich in den Kohleminen von Petrila leiden musste. Wer etwas erreichen will, muss träumen. In den dunklen Gängen dachte ich an warmes Licht. Es gelang uns, eine Kulturorganisation zu gründen. Es war nicht leicht, es gab viele Rückschläge, aber jeder kann Erfolg haben, wenn er nach dem Motto vorgeht:»Habe keine Angst, langsam zu gehen, aber hüte dich davor, stehen zu bleiben. Träume, kämpfe und kämpfe für deine Träume.«

Björn / *Lebt in Schweden*
Alles ist möglich, denken Sie daran, glauben Sie daran. Leben Sie die Liebe und denken Sie daran, dass alles möglich ist. Ich lebte in New York, war immer im Stress, lebte so wie im Film, war nur am Rennen und wurde von einem Auto überfahren. Ich hatte mehrere Schädelbrüche und lag im Koma. Alle sagten:»Du wirst nie wieder laufen können, die einfachsten Dinge nie wieder allein tun können und dein Leben lang Hilfe beim Anziehen benötigen.« Ich hörte gar nicht zu, weil ich von Anfang an wusste, dass alles möglich ist. Als man mir sagte:»Heute bringen wir dir bei, die Treppe ohne Halt am Geländer hinunterzugehen«, hatte ich das schon zwei oder drei Wochen lang heimlich geübt. Die Leute sagen mir immer, ich sei so verkopft, dass es schwierig sei, Zeit mit mir zu verbringen, aber das ist manchmal ein Vorteil. Glauben Sie an sich, glauben Sie an das Leben.

Zohreh / *Lebt in Los Angeles, USA*
Leben Sie, als sei es Ihr letzter Tag. So sagt der sufische Dichter Rumi:»Es gibt nur die Gegenwart, die Vergangenheit ist vorbei, die Zukunft ist unbekannt, es gibt nur die Gegenwart.« Nutzen Sie jeden Augenblick, als würden Sie morgen sterben.

Inoussou Asséréou / *Lebt in Benin*
Ich möchte sagen, dass die Menschen auf der Erde eine Gemeinschaft bilden müssen. Sie müssen sich mehr lieben, über alle Grenzen der Hautfarben hinweg. Die Geschichte ist Geschichte, und wenn wir uns mit ihr beschäftigen, sehen wir, dass wir eins sind. Du bist weiß, das ist Zufall und durch Migration bedingt. Die Menschheit muss wissen, dass wir eins sind, es gibt auf der Erde nur den Menschen. Unsere Hautfarbe hängt von der Klimazone ab, in der wir leben. Wie können wir die Menschheit retten? Das ist unsere wichtigste Aufgabe, und wenn wir nicht darum kämpfen, werden wir den Ideologien zum Opfer fallen.

Herminia

Björn

Zohreh

Ionel

Inoussou Asséréou

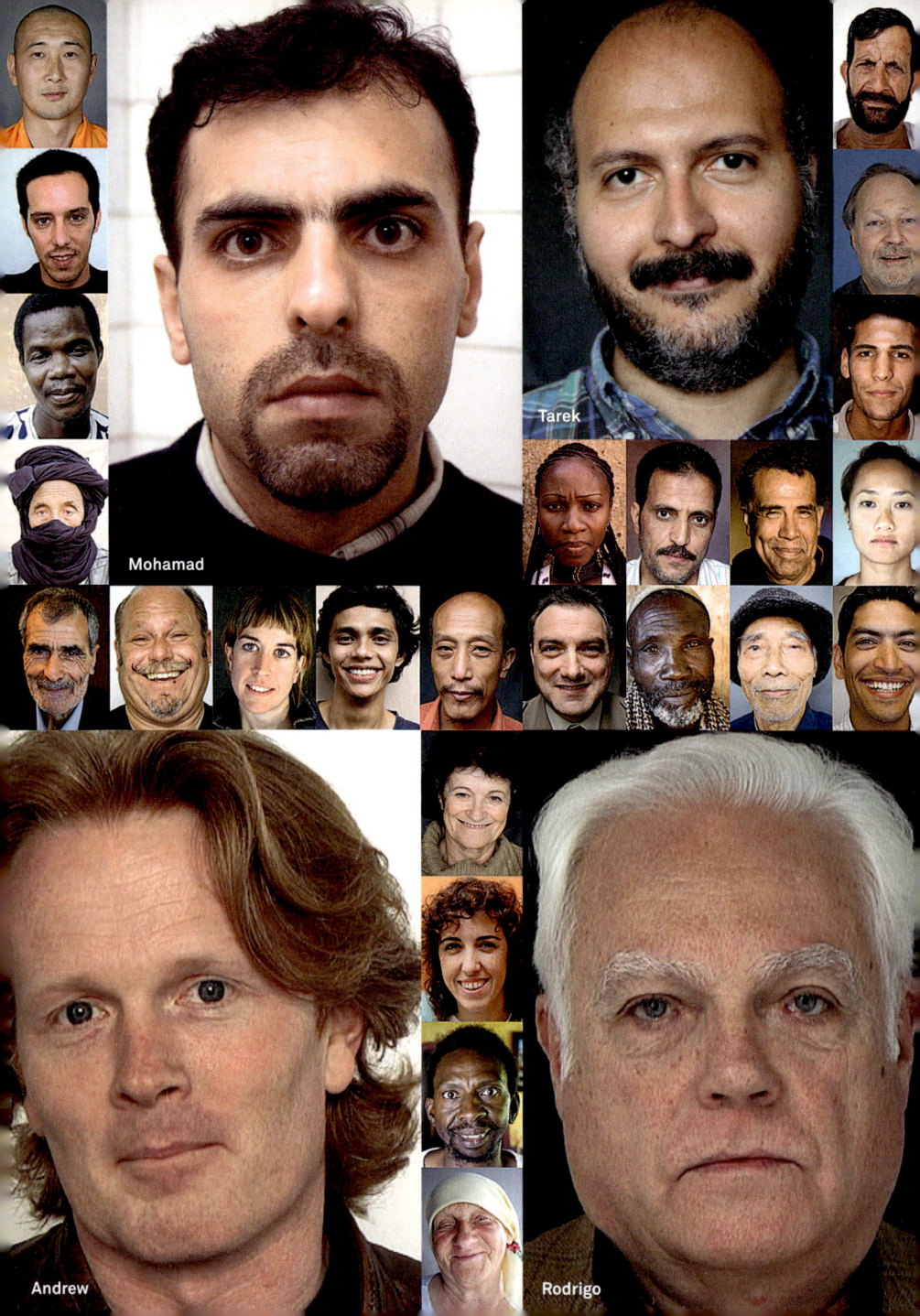

Mohamad

Tarek

Andrew

Rodrigo

Mohamad / *Lebt im Iran*

Ich möchte eine Botschaft an den Präsidenten der Vereinigten Staaten richten und an meinen Präsidenten: Sie sollen die Macht so gebrauchen, dass sie den Menschen zugutekommt und nicht zu Repression führt oder dazu, dass bestimmte Leute aus dem Verkehr gezogen werden. Welchen Fehler hat ein Kind in Afrika begangen? Gott wollte, dass es dort geboren wird, vielleicht hätte ich auch in den USA geboren werden können? Dann wäre ich amerikanischer Bürger. Deshalb sollen sie alle Menschen als gleichberechtigt betrachten.

Tarek / *Lebt in Ägypten*

Bitte nehmen Sie mich auf. Bitte akzeptieren Sie mich. Bitte lieben Sie mich. Allein kann ich nicht leben! Im Alter zwischen 18 und 20 Jahren glaubte ich, allein in der Wüste, im Paradies, weit weg von den anderen leben zu können. Das ist jetzt 16 Jahre her. Heute kann ich mir nicht mehr vorstellen, ohne soziale Kontakte zu leben. Soziale Beziehungen bedeuten Tränen, Frustration, Täuschung, Enttäuschung, Neid, Krieg, Hass, Rassismus, Diskriminierung, Wildheit. Ich bitte Sie, nehmen Sie mich auf. Sehen Sie mich an: Es genügt, wenn ich meinen Bart abrasiere – ich könnte Ihnen Bilder zeigen. Sie würden mich auch ohne Bart, Schnurrbart und ohne diese schmutzigen Haare erkennen. Aber ich bin derselbe Mensch. Bitte, nehmen Sie mich als Ihren Bruder auf. Laden Sie mich zu einem Kaffee oder zum Essen ein. Und ich würde das Gleiche tun.

Rodrigo / *Lebt in Spanien*

Spüren Sie, dass auch Sie Teil der Menschheit sind? Wenn ja, spüren Sie, dass wir Brüder sind? Und wenn Sie sich als mein Bruder fühlen, lieben Sie mich? Ich antworte auf diese Frage: Ich liebe Sie.

Andrew / *Lebt in Frankreich*

Hören Sie mir gut zu. Folgen Sie Ihren Träumen, füllen Sie Ihren Kopf mit schönen Erinnerungen, leben Sie Ihr Leben, jeden Tag. Gehen Sie zu Ihren Freunden und sagen Sie ihnen, dass Sie sie lieben. Beweisen Sie Ihre Liebe durch Taten. Zeigen Sie den Leuten, dass Sie für sie da sind. Seien Sie anwesend. Alles andere hat keine Bedeutung!

Spüren Sie, dass auch Sie Teil der Menschheit sind?

Sanubabu / *Lebt in Nepal*

Ich möchte eine Nachricht an Bina (seine Tochter, die in Frankreich adoptiert wurde) schicken: Ich hoffe, sie ist so glücklich wie möglich, Alexander ruht in Frieden, und sie kommt manchmal nach Nepal. Das ist meine Botschaft.

WAS MÖCHTEN SIE DEN BEWOHNERN UNSERES PLANETEN MITGEBEN?

Fatima / *Lebt in Tschetschenien*
Ich möchte den Leuten sagen, dass sie mich nicht verurteilen sollen. Ich wirke vielleicht etwas schwermütig, aber das liegt am Krieg. Ich wünsche mir von Herzen, zu lachen, manchmal schmerzt es sogar, das nicht zu können. Ich wäre so gerne glücklich, aber ich bin es nicht, und ich wünsche keiner Frau, keinem Menschen, das zu erleben, was wir erlebt haben, was ich selbst erlebt habe. Ich möchte den Menschen sagen, dass sie einander lieben, einander respektieren und nie wieder Krieg führen sollen.

Yannis / *Lebt in New York, USA*
Ich möchte fragen: Wieso führen die Menschen Krieg? Meine Botschaft ist: »Lasst uns, mich als Fotografen und meine Kollegen als Kriegsfotografen, arbeitslos werden. Wir finden bestimmt eine andere Arbeit.«

Yehuda / *Lebt in Israel*
Eine besondere Botschaft für die Palästinenser? Das ist schwer für mich, ich kenne ja ihre Lebensbedingungen. Die Palästinenser bezahlen für das, was hier passiert. Mehr als jeder andere, obwohl sie keine Schuld haben. Niemand fragt sie, was sie wollen. Die Führung hat immer über das Volk entschieden. Der Beweis ist, dass sie sogar ihre eigenen Leute getötet haben. Während der Unruhen von 1936 haben sie mehr Araber als Juden umgebracht. Jeder Araber, der etwas Geld hatte oder an ein Zusammenleben beider Völker glaubte, wurde gezwungen, das Land zu verlassen. Man kann mit diesem Volk nicht sprechen, weil man nur auf es schießt. Deshalb bin ich mit dem Herzen bei ihm. Unter ihnen kenne ich so viele Humanisten – jeder müsste den Hut vor ihnen ziehen. Sie sind wahre Humanisten, aber wer beschützt sie, wenn ihnen ihre Regierung ein Gewehr in die Hand drückt und ihnen Befehle erteilt? Heute massakrieren die Palästinenser im Gazastreifen ihre eigenen Leute. Was kann man ihnen sagen? Dass sie sich wehren sollen? Wenn sie widersprechen, wird man sie erschießen. Ich weiß nicht, was ich ihnen sagen soll.

> Ich möchte den Menschen sagen, dass sie einander lieben, einander respektieren und nie wieder Krieg führen sollen.

Sanubabu

Fatima

Yannis

Yehuda

Nasser

Amal

Olga

Nasser / *Lebt in den Palästinensischen Autonomiegebieten*
Einem Israeli würde ich gerne sagen: »Als Israeli solltest du das Leid des palästinensischen Volkes kennen, verstehen, was es durchmacht, dich unter das Volk mischen, um das Leid zu begreifen. Wenn du nur israelisches Fernsehen siehst, kannst du das nicht, denn diese Informationen sind vergiftet.
Du musst offener werden und Zeit mit Palästinensern verbringen, dich für ihre Gedanken interessieren und ihnen die deinen mitteilen. Über das gegenseitige Erfahren des Leids der anderen kann man eine gemeinsame Ebene finden, auf der wir uns zum Wohl unserer und eurer Kinder annähern können.«
Wir Palästinenser wollen Frieden. Wir wollen Frieden, sonst nichts. Wir wollen keine Juden töten. Wir Palästinenser wollen in Frieden als Nachbarn des Staates Israel leben.

Olga / *Lebt in der Ukraine*
Die Menschen brauchen Bildung. Sie müssen reisen. Die Völker müssen wissen, wie andere Völker leben und was sie brauchen.

Amal / *Lebt im Jemen*
Ich möchte nur eine Frage stellen: Sind wir mit der gegenwärtigen Situation unseres Planeten zufrieden? Mit der Situation in den muslimischen Ländern? Und in den anderen Ländern? Werden wir uns immer so verhalten, bewegungslos die Dinge hinnehmen, ohne miteinander zu kommunizieren, nur aus Angst? Niemand macht sich klar, dass die Angst die Zukunft unserer Kinder bedroht. Niemand denkt darüber nach, was unsere Kinder in den kommenden Jahren erwartet. Es ist eine Frage und zugleich eine Botschaft. Ich hoffe, die ganze Welt wird auf sie hören.

Sind wir mit der gegenwärtigen Situation unseres Planeten zufrieden?

Inhalt

HINTER DEN KULISSEN VON

Ob in Mali oder Bolivien: Das Bildermosaik mit den Gesichtern aus der ganzen Welt eignet sich am besten, um das Projekt Einer unter 6 Milliarden *zu erklären. Die Vielfalt der Gesichter erstaunt und amüsiert zugleich! (Mali)*

Jede Begegnung ist anders. Einige sind improvisiert, andere oft dank des Übersetzers und des Pariser Produktionsteams vorbereitet. Hier stellt Isabelles einheimische Übersetzerin – eine Lehrerin an einer indischen Dorfschule zwei Autostunden von Potosi entfernt – ihr Patricio vor. Er ist Bauer. Sie erklärt ihm mithilfe des Bildermosaiks das Projekt. (Bolivien)

Isabelle in Begleitung von Yoko in einem hanama-chi, *einem Geisha-Viertel. Hier trifft sie Sachiko in ihrem* okiya, *dem Haus der Geishas. Sachiko willigt gleich in das Interview ein, weil sie froh ist, dass man sich zur Abwechslung einmal um sie kümmert. (Japan)*

Nach dem ersten, mit Interviews verbrachten Tag gehen Baptiste und Sibylle in Pakistan auf der Suche nach den treffendsten Formulierungen mit ihren Übersetzern nochmals alle Fragen durch. (Pakistan)

»EINER UNTER 6 MILLIARDEN«

Nicolas kommt in einem dogonsprachigen Dorf an. Wenige Worte genügen, um den Kontakt herzustellen. Saïdou übersetzt und erklärt, weshalb Nicolas gekommen ist. Aïssata ist noch skeptisch und scheint keine Lust zu haben, Fragen zu beantworten und gefilmt zu werden. Im Dorf verschwindet sie ohne ein Wort in ihrem Haus. Zehn Minuten später erscheint sie wieder. Sie trägt einen neuen Boubou (traditionelles Kleidungsstück) und einen neuen Turban. Nun ist sie bereit: »Wann geht das Interview denn los?« (Mali)

Bevor das Interview mit He Zhe Hua in der Nähe von Lijang beginnt, justiert Chloé die Kamera, indem sie ein weißes Blatt filmt. So erhält sie die richtigen Farbeinstellungen. (China)

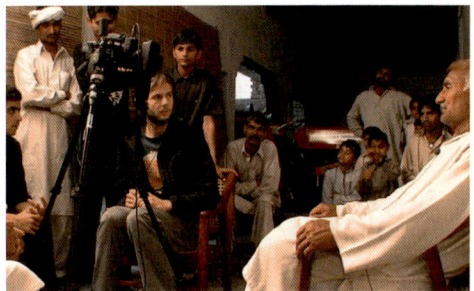

Die Zusammenarbeit mit dem Übersetzer ist unabdingbar. Gefühle werden durch Worte und Gesten zwischen den drei am Interview beteiligten Personen vermittelt. Vor allem kommt es auf die Geschwindigkeit der Übersetzung an, damit das Gespräch stets lebendig bleibt. (China)

Hussein hat Baptiste in ein Dorf eine Autostunde von Lahore entfernt mitgenommen. Dort kennt er eine Bauernfamilie. Anders als bei Interviews, die in ganz privater Atmosphäre stattfinden, hat sich hier eine große Gruppe versammelt. Mohammed möchte im Kreis seiner Familie von sich erzählen, das gibt ihm Halt. Es geht lebendig zu: Jeder reagiert auf die Fragen, macht Witze und will mitmachen! (Pakistan)

Das Interview in Salfiyt in den Palästinensischen Autonomiegebieten findet zwischen Hanis Haus und der Mauer statt. Viele unserer Begegnungen kommen mithilfe der Organisation Ärzte der Welt zustande: Hier stellt ein palästinensisches Mitglied der Organisation Hani und Sibylle einander vor und dolmetscht. (Palästinensische Autonomiegebiete)

Dominique beendet gerade das Interview mit Valerie, einem Fischer von der Insel Olchon im Baikalsee. Während des Gesprächs wird stets nur das Gesicht des Interviewten gefilmt, aber am Ende steht immer eine Ganzkörperaufnahme. (Russland)

Nach mehreren Drehtagen treffen sich Nicolas und Sibylle für einige Tage in Gargando im Norden Timbuktus bei der Familie von Intagrist. Abends beginnen sie mit der Arbeit am Rohschnitt: Sie hören sich die einzelnen Aufzeichnungen nochmals an, um Antworten auszuwählen. Nicolas hat seit Beginn der Reise schon den dritten Dolmetscher. Nach der Sprache der Fulbe und dem Dogon übersetzt nun Abdullah für ihn aus dem Tamascheq, der Sprache der Tuareg. (Mali)

Am Vorabend ihrer Abreise vervollständigt Isabelle alle ihre Übersetzungen, denn ein Quechua-Übersetzer wäre in Paris nicht leicht zu finden. (Bolivien)

Dann reisen die Teams nach Paris zurück und stellen die Übersetzungen fertig. Das Schnittteam (Solveig, Sabrina, Véronique, Romain, Emmanuelle, Anny) übernimmt und sieht sich die Interviews an. Danach bereitet das Produktionsteam (Anne-Laure, Florent, Claire und Florian) die nächsten Aufnahmen vor.

SIE ALLE HABEN GEFILMT, GESCHNITTEN, VORBEREITET, ÜBERSETZT, DEN GROBSCHNITT ERSTELLT, KORRIGIERT UND VIELES MEHR.

Das Team von »Einer unter 6 Milliarden«

Alexa / Nicolas / Anne-Laure / Emmanuelle / Ulla / Baptiste / Camille / Chloé / Christophe /
Claire / Dominique / Anaïs / Estelle / Florent / Florian / Galitt / Giorgio / Inta / Isa / Juan / Julian /
Juliette / Manu / Michel / Nico / Anne / Yann / Pierrick / Romain / Sabrina / Sibylle / Solveig /
Solveig / Pierre / Véronique / Fanny / Virgile / Willfried / Anny / Thomas

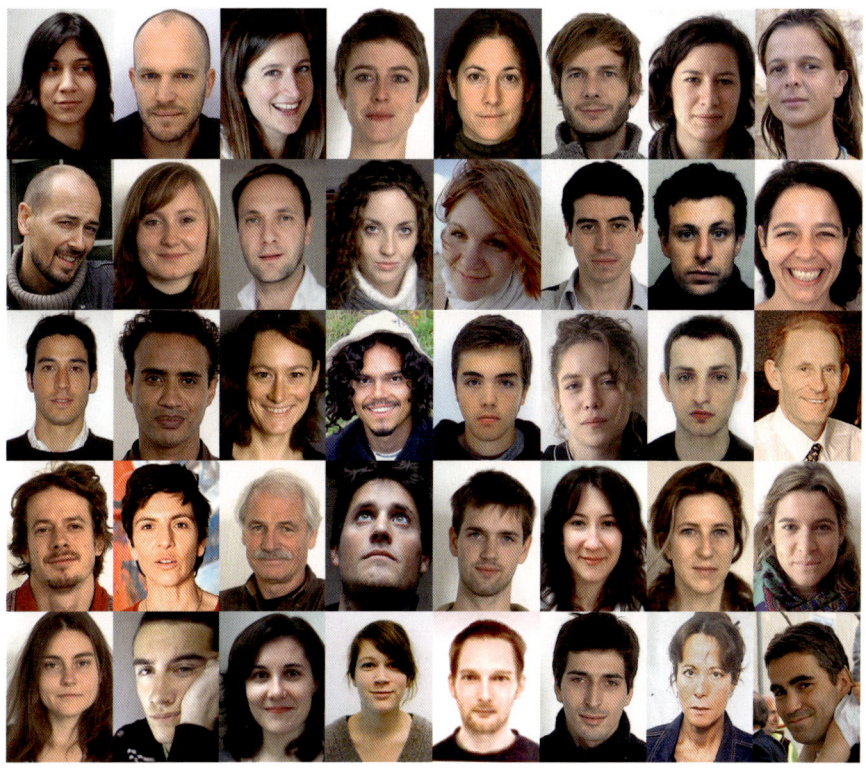

»Einer unter 6 Milliarden« und BNP Paribas: eine sinnvolle Zusammenarbeit

Die Partnerschaft der BNP Paribas mit *Einer unter 6 Milliarden* entstand aus dem gemeinsamen Interesse am anderen, jenseits von Herkunft und Grenzverläufen.

Einer unter 6 Milliarden bildet in 5000 Filmporträts die Vielfalt der Welt ab. BNP Paribas teilt diese von Menschlichkeit geprägte Vision, die unseren Werten entspricht: Vielfalt, Solidarität, Innovation.

168 000 Menschen aus 160 Nationen haben an dem Projekt teilgenommen. BNP Paribas weiß, dass Vielfalt eine Quelle der Kreativität und der Effizienz ist, aus denen sich die Kraft des Unternehmens speist.

BNP Paribas hat Vertrauen in dieses Projekt. Neben finanzieller Unterstützung trugen wir mit neuen Technologien zur Entwicklung der Website 6millardsdautres.org bei.

BNP Paribas ist in vielen Ländern als Förderer der Kultur und des sozialen Lebens bekannt. Dieses Projekt gehört zu der Reihe zukunftsweisender Unternehmungen, deren Unterstützung wir für sinnvoll halten. Wir wollten von Anfang an Teil dieses kreativen, starken und weitreichenden Werks sein.

Baudouin Prot
Generaldirektor BNP Paribas

Danksagungen

Dem ganzen Team von *Einer unter 6 Milliarden*

Intagrist Ag Mohamed Mitta, Véronique Algan, Sabrina Auteau, Julian Bondroit, Anne-Laure Charriot, Christophe Daguet, Anny Danché, Joffrey David, Camille Dhont, Willfried Fedida, Nicolas Franck, Emmanuelle Gachet, Florian Geyer, Florent Gilard, Claire Guibert, Virgile Guiard, Nicolas Henry, Chloé Henry-Biabaud, Pierre Jacquin, Romain Julien, Galitt Kenan, Antoine Laurens, Pascale Leray, Dominque Llorens, Ulla Lohmann, Alexa Marie-Jeanne, Emmanuel Marx, Nicoals Millet, Fanny Mongrolle, Anne Nivat, Michel d'Orgeval, Juliete Penant, Anaïs Plancoulaine, Estelle Revelin, Solveig Risacher, Pierrick Robert, Solveig Rochaud, Jean-Sebastian Seguin, Max Sivaslian, Thomas Sorrentino, Aèle Tayale, Lydie Turpin, Isabelle Vayron.

Wir sind all jenen unendlich dankbar, die uns aufgenommen, sich für uns Zeit genommen und ihre Lebenserfahrungen für dieses Projekt mit uns geteilt haben.
Wir danken auch unseren Dolmetschern und Übersetzern, auf die wir für unsere Interviews nicht hätten verzichten können, sowie allen, die an dem Abenteuer *Einer unter 6 Milliarden* teilgenommen haben.

Der Organisation GoodPlanet und der Agentur Altitude

und insbesondere Isabelle Bruneau, Véronique Jacquet, Françoise Le Roch', Emilie Plumail, Maryse Tordjman.

BNP Paribas

und insbesondere Olivier Dulac, Sophie Maurice, Galdric Pons, Antoine Sire, Louis Treussard, Agnès Zevaco.

Sowie

Jean-Thomas Ceccaldi, Axelle Courier de Méré, Dominique Gimet, Béatrice Pacotte, Alain Taïeb.

Air France / Apple / Sony / Canon / Loca Images und insbesondere M. Tass/ LaCie / Lonely Planet / LowePro / Ärzte der Welt / der UNO / der FIDH / dem französischen Außenministerium.

Beteiligen auch Sie sich an unserem Projekt unter
www.goodplanet.org oder www.6millardsdautres.org

Bibliografische Information
Der Deutschen Nationalbibliothek
Die Deutsche Nationalbibliothek verzeichnet diese
Publikation in der Deutschen Nationalbibliografie;
detaillierte bibliografische Daten sind im Internet
unter http://dnb.d-nb.de abrufbar.

Titel der Originalausgabe: *6 milliards d'Autres*
Erschienen bei Éditions de La Martinière SA,
Paris 2009
Copyright © 2009 Éditions de La Martinière SA,
Paris, Frankreich

Deutsche Erstausgabe
Copyright © 2010 von dem Knesebeck GmbH & Co.
Verlag KG, München
Ein Unternehmen der La Martinière Groupe

Copyright der Fotos © Team des Projektes
Einer unter 6 Milliarden mit Ausnahme einiger
Aufnahmen von Florian Geyer
Projektsteuerung Good Planet: Emmanuelle Gachet

Projektsteuerung Éditions de la Martinière:
Isabelle Grison
Gestaltungskonzept: Marion Laurens, Research Studio
Durchführung Gestaltung: Audrey Hette
Umschlaggestaltung: David Millet und Alban Courtine
Satz: satz & repro Grieb, München
Herstellung: Büro Sieveking
Druck: Firmengruppe APPL, Wemding
Printed in Germany

ISBN 978-3-86873-115-6